債務整理事件処理の手引

生活再建支援に向けて

日本司法書士会連合会 編

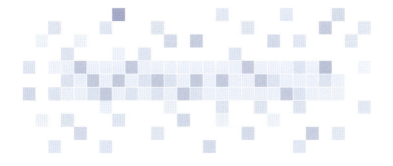

改題『クレサラ・ヤミ金事件処理の手引』

発行 民事法研究会

発刊にあたって

　司法書士は、「くらしの法律家」として、これまで多重債務問題に取り組んできた。本書の前身となる『クレサラ・ヤミ金事件処理の手引』の初版を発刊した平成15年8月から現在までの間には、破産法、司法書士法、貸金業法などの改正法が成立・施行され、政府においては多重債務問題を社会問題として解決すべく「多重債務問題改善プログラム」が策定されるなど、債務整理の実務を取り巻く環境は大きく変化し続けてきた。

　上記の貸金業法の施行（平成22年6月の完全施行）において導入された総量規制により貸金業者からの借入額に制限がかけられたことや、司法書士をはじめとする専門家がこの問題に取り組んできたことにより、自己破産件数や生活経済問題を動機とする自殺者数は大幅に減少したものの、最近では、銀行のカードローンが増加の一途をたどり、減少していた自己破産件数は再び増加し始めた。また、非正規雇用は増加し続けており、債務整理を行っても生活が成り立たない依頼者もいることから、われわれ司法書士には、生活保護制度をはじめとする依頼者の生活を再建するための多方面の知識を得ることや、他団体と連携をしていくことがますます重要となってきている。

　債務整理は依頼者が生活再建へ向かう第一歩であり、終わりではない。多重債務問題に取り組む専門家である司法書士として、依頼者の生活再建を支援するため本書を有効に活用し、一人でも多くの市民の生活再建に貢献することを願ってやまない。

　平成29年10月

日本司法書士会連合会会長　今川　嘉典

はしがき

　貸金業規制法の改正により貸金業法が施行（平成19年12月の第3次施行）されてから10年が経過しようとしている。これまでの債務整理の実務では、過払金の回収や、以前の高金利での借入れについての返済がなくなることで債務整理をすれば生活再建ができることも多くあった。現在では、貸金業者の廃業や倒産により過払金の回収ができなかったり、非正規雇用の増加により収入だけで生活が維持できずに借入れをしている依頼者など、債務整理をするのみでは生活再建ができないこともあり、支援者である司法書士に必要とされる知識はこれまで以上に増加している。

　本書は、平成15年8月に出版された『クレサラ・ヤミ金事件処理の手引』を全面改訂し、これから多重債務問題に取り組む司法書士が実務の流れを学習し、単に多重債務事件を処理するだけではなく、依頼者の生活再建支援にあたって必要となる社会保障制度の解説を盛り込んだ。さらに、奨学金問題や時効にかかった債権の請求の問題など、これまでになかった論点についても加筆した。

　各手続についての詳細な解説をした書籍は数多くあるため、手続についての詳述は避け、司法書士の代理権の範囲や裁判所提出書類作成業務の範囲について、裁判上で争われ、すでに裁判所の判断が確定しているものがあることから、これらの判断に従って適切に事件処理にあたれるよう実務に必要な書式も収録しているので、これまでクレサラ・ヤミ金事件処理を行ってきた司法書士にも執務あり方について再確認ができる内容となっている。

　「くらしの法律家」であるわれわれ司法書士が、日々市民の声を聴く法律家として、債務整理の手続にとどまらず生活再建の専門家となるべく、本書が活用されることを期待するものである。

　平成29年7月

　　　　　　　　　　　　日本司法書士会連合会多重債務問題対策委員会

『債務整理事件処理の手引』

●目　次●

第1章　債務整理事件と司法書士

Ⅰ　多重債務問題と司法書士 …………………………………………………… 2
　1　第一次サラ金パニック ……………………………………………………… 2
　2　第二次クレサラパニック …………………………………………………… 3
　3　無人契約機の登場 …………………………………………………………… 5
　4　クレサラキャラバン ………………………………………………………… 5
　5　商工ローン問題 ……………………………………………………………… 6
　6　貸金業者の空前の利益 ……………………………………………………… 7
　7　ヤミ金融業者の跋扈 ………………………………………………………… 7
　8　特定調停、個人再生手続の開始 …………………………………………… 8
　9　認定司法書士の登場 ………………………………………………………… 9
　10　相次ぐ最高裁判決 …………………………………………………………… 9
　11　貸金業法の抜本的改正 ……………………………………………………… 10
　12　貸金業者の破綻 ……………………………………………………………… 11
　13　生活再建をめざす …………………………………………………………… 11
Ⅱ　債務整理事件と司法書士の代理権の範囲 ………………………………… 12
　1　司法書士法3条1項6号の考え方 ………………………………………… 12
　　(1)　民事調停法の規定による手続 ………………………………………… 12
　　(2)　調停を求める事項の価額の算定方法 ………………………………… 12
　　〈表1〉　分割払いによる経済的利益の算出表／16
　　【書式1】　代理人辞任通知（調停用）／17
　2　司法書士法3条1項7号の考え方 ………………………………………… 18
　　(1)　民事に関する紛争 ……………………………………………………… 18

目 次

 （2） 紛争の目的の価額の算定方法 ································· 18
 3　平成28年最高裁判決からみる執務のあり方 ················· 19
  （1） 裁判外和解における認定司法書士の代理権の範囲に関する考
   え方の違い ··· 19
  （2） 平成28年最高裁判決の判決内容とその射程 ············· 21
  （3） 平成26年大阪高裁判決の確定部分の判断 ··············· 24
 4　裁判書類作成関係業務のあり方 ··························· 28
  （1） 実質的な代理人としての関与であると認定されるおそれがあ
   る事情 ·· 28
  （2） 債務整理事件における裁判書類作成関係業務の留意点 ······ 28
Ⅲ　債務整理事件における司法書士の倫理 ····························· 30
 1　司法書士倫理とその考え方 ······························· 30
  ［DATA 1］　司法書士倫理
  ［DATA 2］　債務整理事件の処理に関する指針
  ［DATA 3］　債務整理事件における報酬に関する指針
  （1） 非司法書士との提携 ···································· 31
  （2） 報酬未払いの場合の措置 ································ 32
  （3） 民事法律扶助制度等の教示 ······························ 33
  （4） 依頼者との金銭貸借等 ·································· 33
  （5） 新たな保証人の要請 ···································· 34
  （6） 共同受任をしている司法書士間での意見の不一致 ········· 35
  （7） 相手方本人との直接交渉 ································ 35
  （8） 相手方からの利益の供与 ································ 36
  （9） 相手方に対する利益の供与 ······························ 37
  ⑽　代理人としての職務懈怠 ································ 38
 2　提携司法書士の問題とその考え方 ························· 38
  （1） 提携司法書士とは ······································ 38
  （2） 非司提携行為 ·· 39

(3)　非司提携以外の具体的な行為 ……………………… 40
　　(4)　懲戒事例 ……………………………………………… 41
　3　広告の問題とその考え方 ………………………………… 42
　　(1)　不十分な面談 ………………………………………… 43
　　(2)　裁判管轄 ……………………………………………… 43
　　(3)　行政等との連携 ……………………………………… 43
　4　事件の選り好みの問題とその考え方 …………………… 44
　5　報酬の問題とその考え方 ………………………………… 45
　　(1)　委任契約書、報酬表明示の必要性 ………………… 45
　　(2)　着手金 ………………………………………………… 45
　　(3)　減額報酬 ……………………………………………… 46
　　(4)　成功報酬 ……………………………………………… 46
　　(5)　裁判書類作成関係業務に係る報酬 ………………… 47
　　(6)　支払代行報酬 ………………………………………… 47
　6　その他の問題とその考え方 ……………………………… 48
　　(1)　業務遅滞 ……………………………………………… 48
　　(2)　一部請求 ……………………………………………… 50

第2章　相談受付けから手続選択までの執務のあり方

Ⅰ　はじめに ………………………………………………………… 52
　　〔図1〕　債務整理の相談から事件処理に至る流れ／52
Ⅱ　相談の受付け …………………………………………………… 54
　1　相談のポイント …………………………………………… 54
　　(1)　相談者に用意してもらう書類 ……………………… 54
　　　【書式2】　債務整理相談カード／55

目　次

　　(2)　相談者から聴取する事項 ………………………………………………… 56
　　【書式3】　債権者一覧表／57
　2　相談に臨む姿勢 …………………………………………………………………… 58
　　(1)　相談時間 …………………………………………………………………… 58
　　(2)　相談場所 …………………………………………………………………… 58
　　(3)　費用の説明 ………………………………………………………………… 59
　　(4)　相談者からの連絡待ちとしない ………………………………………… 59
　　(5)　保証人がいる場合の対応 ………………………………………………… 60
　3　民事法律扶助の利用 …………………………………………………………… 61
　　(1)　法テラスとは ……………………………………………………………… 61
　　(2)　民事法律扶助の援助要件 ………………………………………………… 61
　　(3)　民事法律扶助の手続 ……………………………………………………… 62
　　(4)　民事法律扶助を利用するうえでの留意点 ……………………………… 65
　4　指定信用情報機関の利用 ……………………………………………………… 66
　　(1)　信用情報機関とは ………………………………………………………… 66
　　(2)　信用情報機関が管理している情報 ……………………………………… 67
　　(3)　事故情報の交換システム ………………………………………………… 68
　　(4)　指定信用情報機関の情報提供義務 ……………………………………… 69
　　(5)　情報の登録期間 …………………………………………………………… 70
　　(6)　信用情報機関に対する情報の開示請求 ………………………………… 70
　　(7)　過払金返還請求により信用情報機関に登録されるか ………………… 70
　　〔図2〕　信用情報機関への信用情報登録の流れ／72
　　(8)　信用情報機関の登録情報の親族への影響 ……………………………… 72
Ⅲ　事件の受任 ………………………………………………………………………… 74
　1　司法書士への委任契約 ………………………………………………………… 74
　　(1)　委任契約の内容 …………………………………………………………… 74
　　【書式4】　委任契約書①──簡裁訴訟代理等関係業務／75
　　【書式5】　委任契約書②──裁判書類作成関係業務／77

(2)　代理権限の範囲を超える行為の禁止 ………………………………… 78
　(3)　業務を行い得ない事件と双方代理の禁止 …………………………… 78
　(4)　禁止されるべき行為──司法書士倫理 ……………………………… 79
2　受任時に説明すべき事項と実務上の留意点 ………………………………… 81
　(1)　司法書士の職務範囲、委任契約の内容 ……………………………… 81
　(2)　新たな債務負担行為の禁止 …………………………………………… 82
　(3)　失念債権の届出 ………………………………………………………… 82
　(4)　信用情報機関への登録と効果 ………………………………………… 82
　(5)　債権者の法的権利行使と注意事項 …………………………………… 83
　(6)　受任通知の効果 ………………………………………………………… 83
　　【書式6】　債務整理開始通知（簡裁訴訟代理等関係業務）①
　　　　　　　──貸金業者用／85
　　【書式7】　債務整理開始通知（簡裁訴訟代理等関係業務）②
　　　　　　　──貸金業者以外用／86
　　【書式8】　債権調査回答書／87
　　［DATA 4］　債権調査のお願い
　　［DATA 5］　資料開示のお願い──完済業者用
　(7)　取立行為への対応 ……………………………………………………… 88
　(8)　自動引落しの解約、預貯金口座の解約 ……………………………… 89
　　〈表2〉　預貯金口座からの引落しによる債務返済（受任後から
　　　　　　手続開始まで）／90
　(9)　給与・年金等の振込口座の変更 ……………………………………… 91
　(10)　金銭消費貸借関係書類、カードの引渡し …………………………… 92
　(11)　依頼者と司法書士との連絡方法 ……………………………………… 92
　(12)　弁済原資の確保 ………………………………………………………… 92
　(13)　保証人、物的担保・所有権留保物件への影響 ……………………… 92
　(14)　他の機関との連携 ……………………………………………………… 93
　(15)　家族への影響 …………………………………………………………… 94

目　次

  ⒃　勤務先への影響 ………………………………………………… 94
  ⒄　租税公課の取扱い ……………………………………………… 94
 3　受任時の本人確認 ………………………………………………… 95
Ⅳ　債権調査 ……………………………………………………………… 96
 1　徹底した債権調査の必要性と根拠 ……………………………… 96
  ⑴　債権調査の意義 ………………………………………………… 96
  ⑵　委任契約上の位置づけ ………………………………………… 96
 2　みなし弁済 ………………………………………………………… 97
  ⑴　利息制限法の強行法規性 ……………………………………… 97
  ⑵　みなし弁済の要件と審理の構造 ……………………………… 98
  ⑶　みなし弁済等に関する判例 …………………………………… 99
 3　非協力的な債権者への対応 ……………………………………… 103
  ［DATA 6］　行政指導のお願い
Ⅴ　利息制限法に基づく引直計算 ……………………………………… 105
 1　利息制限法に基づく引直計算の意義 …………………………… 105
 2　原則的な計算方法 ………………………………………………… 106
 3　追加借入れがある場合の計算方法 ……………………………… 107
 4　書換えがある場合の計算方法 …………………………………… 108
 5　延滞があった場合の計算方法 …………………………………… 109
  ［DATA 7］　計算書①──貸金業者の計算
  ［DATA 8］　計算書②──引直計算
 6　貸金業者の利率引下げ …………………………………………… 111
 7　クレジットの計算方法 …………………………………………… 112
 8　過払金に対する利息の計算方法 ………………………………… 112
  ［DATA 9］　計算書③──過払金利息の累積計算
  ［DATA10］　計算書④──過払金利息の追加貸付元本への充当
Ⅵ　事件処理の方針の決定前の弁済の禁止 …………………………… 114
Ⅶ　事件処理の方針の決定 ……………………………………………… 115

8

1	事件処理の方針の決定にあたっての考慮事由 ………………… 115
2	手続の比較と特徴 ……………………………………………… 116
(1)	任意整理 ……………………………………………………… 116
(2)	特定調停 ……………………………………………………… 117
(3)	過払金返還請求 ……………………………………………… 117
(4)	民事再生（個人民事再生）………………………………… 118
(5)	破産（個人破産）…………………………………………… 118
3	委任契約の解除 ………………………………………………… 119

　　[DATA11]　辞任通知①――依頼者あて
　　[DATA12]　辞任通知②――債権者あて

第3章　債務整理手続の流れと実務上の留意点

Ⅰ	任意整理による債務整理 ……………………………………… 122
1	概　要 …………………………………………………………… 122
2	説明すべき事項 ………………………………………………… 122
(1)	任意整理の概要 ……………………………………………… 123
(2)	任意整理の方針 ……………………………………………… 123
(3)	特定調停の利用 ……………………………………………… 123
(4)	予想される手続期間 ………………………………………… 124
(5)	開示請求の意義 ……………………………………………… 124
(6)	和解金の弁済代行 …………………………………………… 124
(7)	和解金の支払遅滞による期限の利益喪失 ………………… 124
(8)	任意整理から破産・民事再生への移行の可能性 ………… 124
(9)	過払金の可能性と交渉の方針 ……………………………… 124
(10)	過払金の管理 ………………………………………………… 124

目　次

　　(11)　過払金返還請求訴訟提起の可能性 ……………………………………… 125
　　(12)　報酬等 ………………………………………………………………………… 125
　3　手続の大まかな流れ ……………………………………………………………… 125
　　〔図3〕　任意整理の手続の大まかな流れ／125
　4　基本事項と実務上の留意点 ……………………………………………………… 126
　　(1)　債務額の確定 ………………………………………………………………… 126
　　(2)　履行可能性のチェック ……………………………………………………… 126
　　　[DATA13]　司法書士による任意整理の統一基準
　　(3)　過払金の回収 ………………………………………………………………… 127
　　　[DATA14]　和解条項①──過払金返還型①
　　　[DATA15]　和解条項②──過払金返還型②
　　　【書式9】　過払金返還請求書／128
　　(4)　和解（弁済）案の策定 ……………………………………………………… 129
　　　[DATA16]　和解条項③──一時払型（損害金条項なし）
　　　[DATA17]　和解条項④──分割払型①（保証人条項付き）
　　　[DATA18]　和解条項⑤──分割払型②（元金・損害金別の条項付き）
　　　[DATA19]　和解条項⑥──分割払型③（根抵当権抹消条項付き）
　　　[DATA20]　和解条項⑦──債務不存在型
　　　[DATA21]　和解条項⑧──過払金・立替払債務相殺型
　　　【書式10】　和解申入書①──全額分割弁済／129
　　　[DATA22]　和解申入書②──元本一部免除後の分割弁済
　　(5)　和解交渉 ……………………………………………………………………… 130
　　　[DATA23]　和解書
　　(6)　履行の管理 …………………………………………………………………… 131
　　(7)　金銭の管理 …………………………………………………………………… 132
　　(8)　認定司法書士の代理権の範囲 ……………………………………………… 133
　5　消滅時効 …………………………………………………………………………… 134

(1) 消滅時効をめぐる最近の状況 ………………………………………… 134
　　(2) 消滅時効の援用 ………………………………………………………… 136
　　【書式11】　消滅時効援用通知①／136
　　［DATA24］　消滅時効援用通知②──業者の請求に応じてしまった場合
　　(3) 消滅時効の例外 ………………………………………………………… 137
　　(4) 時効の起算点 …………………………………………………………… 138
　　(5) 消滅時効の援用権に関する裁判例 …………………………………… 138
Ⅱ　特定調停による債務整理 ……………………………………………………… 141
　1　概　要 …………………………………………………………………………… 141
　　(1) 利息制限法に基づく引直計算と将来利息カット …………………… 141
　　(2) 当事者の呼出しと調停委員の役割 …………………………………… 141
　　(3) 調停調書と17条決定 …………………………………………………… 142
　　(4) 調停不成立と17条決定の異議後の対応 ……………………………… 142
　2　説明すべき事項 ………………………………………………………………… 142
　　(1) 特定調停のメリット・デメリット …………………………………… 143
　　(2) 自庁処理 ………………………………………………………………… 143
　　(3) 調停の手続期間 ………………………………………………………… 143
　　(4) 調停期日の出頭義務 …………………………………………………… 144
　　(5) 裁判所からの呼出しや出頭回数 ……………………………………… 144
　　(6) 取引明細の有無と開示請求の必要性 ………………………………… 144
　　(7) 文書提出命令 …………………………………………………………… 144
　　(8) 民事執行の停止申立て ………………………………………………… 144
　　(9) 弁済計画の立案 ………………………………………………………… 144
　3　手続の大まかな流れ …………………………………………………………… 144
　　〔図4〕　特定調停の手続の大まかな流れ／145
　4　基本事項と実務上の留意点 …………………………………………………… 145
　　(1) 管　轄 …………………………………………………………………… 145

(2) 特定調停を求める事項の価額──司法書士の調停代理権の範囲 …………………………………………………………… 146
　(3) 調停申立書および添付書類 ……………………………………… 146
　　【書式12】 特定調停申立書（名古屋簡易裁判所）／148
　(4) 民事執行停止の申立て ………………………………………… 149
　　【書式13】 民事執行停止決定申立書①──債権差押命令の中止を求める場合／151
　　【書式14】 民事執行停止決定申立書②──不動産競売の中止を求める場合／153
　(5) 調停前の措置命令の申立て …………………………………… 154
　　【書式15】 調停前の措置命令申立書／155
　(6) 関係権利者からの資料提出 …………………………………… 158
　(7) 調停委員会による調査等 ……………………………………… 159
　　【書式16】 調査嘱託を促す上申書／160
　(8) 調査期日および調停期日 ……………………………………… 161
　(9) 17条決定の利用 ………………………………………………… 161
　(10) 調停成立後の過払金返還請求 ………………………………… 162
Ⅲ　過払金返還請求訴訟 ……………………………………………… 164
　1　概　要 …………………………………………………………… 164
　(1) 過払金返還請求にあたっての注意点 ………………………… 164
　(2) 過払金の存在が判明した場合の対応 ………………………… 165
　2　説明すべき事項 ………………………………………………… 165
　(1) 過払金返還請求訴訟の流れ …………………………………… 166
　(2) 訴訟に要する費用 ……………………………………………… 166
　(3) 予想される手続期間 …………………………………………… 166
　(4) 予想される争点の内容 ………………………………………… 166
　(5) 被告による反訴提起の可能性 ………………………………… 166
　(6) 勝訴判決を得た場合の回収方法 ……………………………… 167

(7)　和解基準 ………………………………………………………… 167
　(8)　司法書士の代理権 ……………………………………………… 167
　(9)　上訴への対応 …………………………………………………… 167
　(10)　訴訟委任状 ……………………………………………………… 168
　　【書式17】　訴訟委任状／168
3　基本事項と実務上の留意点 ………………………………………… 169
　(1)　訴え提起時の留意点 …………………………………………… 169
　　［DATA25］　移送申立てに対する反論の意見書
　　【書式18】　訴状①──取引履歴の開示がある場合／170
　　［DATA26］　計算書⑤──訴状①の別紙計算書
　　［DATA27］　計算書⑥──中途開示の取引履歴の例
　　［DATA28］　計算書⑦──冒頭ゼロ計算による引直計算書
　　［DATA29］　訴状②──冒頭ゼロ計算による場合の例
　(2)　訴訟上に現れる論点等 ………………………………………… 176
　(3)　期日の進行・立証および終結 ………………………………… 183
　　［DATA30］　文書提出命令申立書
　　［DATA31］　証拠申出書──原告本人尋問（別紙・陳述書および尋問事項の例）
　　［DATA32］　訴訟費用額確定処分申立書

Ⅳ　民事再生（個人民事再生）による債務整理 ……………………… 186
1　概　要 ………………………………………………………………… 186
2　説明すべき事項 ……………………………………………………… 186
　(1)　民事再生手続の概要 …………………………………………… 187
　(2)　手続に要する費用 ……………………………………………… 187
　(3)　予想される手続期間 …………………………………………… 187
　(4)　予想される再生計画案の概要 ………………………………… 187
　(5)　予想される住宅資金特別条項の概要 ………………………… 188
　(6)　計画弁済に基づく弁済金の弁済代行 ………………………… 188

(7)　裁判所に出頭する回数・時期 ……………………………………… 188
　(8)　民事再生から破産への移行の可能性 ……………………………… 188
　(9)　資格制限がないこと ………………………………………………… 189
　(10)　再生計画の履行 ……………………………………………………… 189
　(11)　再生計画の変更・取消し …………………………………………… 189
　(12)　非免責債権の存在 …………………………………………………… 189
　3　手続の大まかな流れ …………………………………………………… 190
　〔図5〕　個人民事再生の手続の大まかな流れ／191
　4　基本事項と実務上の留意点 …………………………………………… 192
　(1)　申立要件 ……………………………………………………………… 192
　(2)　住宅資金貸付債権 …………………………………………………… 194
　(3)　小規模個人再生か給与所得者等再生かの選択 …………………… 195
　(4)　財産調査 ……………………………………………………………… 196
　(5)　再生計画案 …………………………………………………………… 196
　(6)　不認可事由 …………………………………………………………… 199
　(7)　スケジュール管理の重要性 ………………………………………… 202
　(8)　履行の確保 …………………………………………………………… 203
Ⅴ　破産（個人破産）による債務整理 ……………………………………… 205
　1　概　要 …………………………………………………………………… 205
　2　説明すべき事項 ………………………………………………………… 205
　(1)　破産手続の概要 ……………………………………………………… 206
　(2)　受任後の借入れの禁止 ……………………………………………… 206
　(3)　手続費用 ……………………………………………………………… 206
　(4)　予想される手続期間 ………………………………………………… 207
　(5)　裁判所に出頭する回数・時期 ……………………………………… 207
　(6)　破産した場合の影響 ………………………………………………… 207
　(7)　住宅の取扱い ………………………………………………………… 209
　(8)　給与振込口座の取扱い ……………………………………………… 209

(9)　クレジット引落口座の取扱い ………………………………………… 210
　(10)　保証人への影響 ……………………………………………………… 210
　(11)　管財事件となる可能性 ……………………………………………… 211
　(12)　免責不許可の可能性 ………………………………………………… 211
　(13)　ヤミ金融業者への対応 ……………………………………………… 212
　3　手続の大まかな流れ …………………………………………………… 212
　　〔図6〕　同時廃止事件における手続の流れ／213
　　〔図7〕　管財事件における手続の流れ／214
　4　基本事項と実務上の留意点 …………………………………………… 215
　(1)　開始要件等 ……………………………………………………………… 215
　(2)　申立て ………………………………………………………………… 224
　　　［DATA33］　破産申立通知書
　　　［DATA34］　強制執行中止申立書
　　　［DATA35］　強制執行中止上申書
　　　［DATA36］　強制執行取消上申書

Ⅵ　奨学金債務への対応 ……………………………………………… 232
　1　概　要 …………………………………………………………………… 232
　2　奨学金の返還が困難な場合の救済制度 ……………………………… 232
　　　［DATA37］　奨学金返還救済制度一覧
　(1)　所得連動返還型無利子奨学金制度 ………………………………… 232
　(2)　返還期限の猶予制度 ………………………………………………… 233
　(3)　減額返還制度 ………………………………………………………… 233
　(4)　延滞金減免制度 ……………………………………………………… 233
　(5)　返還免除制度 ………………………………………………………… 233
　(6)　返還期間変更制度 …………………………………………………… 233
　3　消滅時効に関する留意点 ……………………………………………… 234
　4　契約の不成立・無効の主張 …………………………………………… 234

Ⅶ　ヤミ金融業者等への対応 ………………………………………… 236

1　概　要 ……………………………………………………………… 236
　　(1)　ヤミ金融業者とは ……………………………………………… 236
　　(2)　ヤミ金融業者の種類 …………………………………………… 236
　2　説明すべき事項、注意すべき事項 ……………………………… 240
　　(1)　迅速な対応 ……………………………………………………… 241
　　(2)　警察への相談 …………………………………………………… 241
　　(3)　勤務先・親族に対する説明 …………………………………… 242
　　(4)　不法原因給付 …………………………………………………… 242
　3　手続の大まかな流れ ……………………………………………… 242
　　〔図8〕　ヤミ金融業者への対応の大まかな流れ／243
　4　基本事項と実務上の留意点 ……………………………………… 243
　　(1)　適用されうる法律 ……………………………………………… 243
　　(2)　具体的な実務対応 ……………………………………………… 246
　　【書式19】　犯罪事実一覧表／246
　　［DATA38］　振り込め詐欺等不正請求口座情報提供及び要請書
　　［DATA39］　被害回復分配金支払申請書

第4章　生活再建支援のための諸制度とその活用方法

Ⅰ　債務整理における生活再建支援の視点 ……………………………… 252
　1　依頼の目的は将来にわたり生活を営めるようにすること ……… 252
　2　生活再建への取組みにおける連携 ………………………………… 253
　3　生活再建に取り組む主体 …………………………………………… 253
Ⅱ　社会保障制度の概要 …………………………………………………… 255
　1　社会保障制度とは …………………………………………………… 255
　2　社会保障制度の種類 ………………………………………………… 255

	(1) 社会保険 ·· 256
	(2) 社会扶助 ·· 257
	(3) その他の制度 ·· 258
3	その他の各種制度への理解 ·· 259

Ⅲ　生活保護制度の活用方法 ·· 260
　1　生活保護の原理・原則 ·· 260
　　(1)　生活保護の原理 ·· 260
　　(2)　生活保護の原則 ·· 261
　　(3)　被保護者の権利・義務 ·· 262
　　(4)　生活保護の廃止 ·· 262
　2　生活保護の申請と論点 ·· 264
　　(1)　生活保護の申請 ·· 264
　　(2)　補足性の原理をめぐる問題点 ··································· 265
　　(3)　その他の論点 ·· 273
　3　生活保護制度の利用と債務整理 ···································· 276
　　(1)　生活保護利用者の債務整理手続の選択 ··················· 276
　　(2)　生活保護と破産 ·· 276
　　(3)　生活保護と任意整理 ··· 277

Ⅳ　生活困窮者自立支援制度の活用方法 ································· 278
　1　生活困窮者自立支援制度とは ·· 278
　2　生活困窮者自立支援制度の概要と課題 ·························· 278
　　(1)　生活困窮者自立支援法における各事業 ··················· 278
　　　［DATA40］　生活困窮者自立支援制度の事業一覧
　　(2)　生活困窮者就労訓練事業の認定 ······························ 278
　　(3)　生活困窮者自立支援法における「自立」の概念 ······ 279
　　(4)　生活困窮者自立支援制度の課題 ······························ 279
　3　生活困窮者自立支援制度の利用と債務整理 ··················· 280
　4　生活困窮者自立支援法の見直しの動き ·························· 280

目　次

Ⅴ　その他の制度の活用方法 …………………………………………… 282
1　国民年金 ……………………………………………………………… 282
(1) 国民年金 …………………………………………………………… 282
(2) 老齢年金 …………………………………………………………… 282
(3) 障害年金 …………………………………………………………… 286
2　雇用保険 ……………………………………………………………… 289
(1) 雇用保険とは ……………………………………………………… 289
(2) 保険の対象者 ……………………………………………………… 289
(3) 保険給付 …………………………………………………………… 289
3　労災保険 ……………………………………………………………… 292
(1) 労災保険とは ……………………………………………………… 292
(2) 保険給付 …………………………………………………………… 292
4　児童手当 ……………………………………………………………… 293
(1) 児童手当とは ……………………………………………………… 293
(2) 手当月額と支給月 ………………………………………………… 293
(3) 所得制限 …………………………………………………………… 294
5　児童扶養手当 ………………………………………………………… 294
(1) 児童扶養手当とは ………………………………………………… 294
(2) 手当月額と支給月 ………………………………………………… 294
6　児童福祉制度における教育費の父母負担の軽減 ………………… 295
(1) 幼稚園就園奨励費補助金 ………………………………………… 295
(2) 就学援助 …………………………………………………………… 295
(3) 高等学校等就学支援金 …………………………………………… 296
(4) 高校生等奨学給付金 ……………………………………………… 297
7　生活福祉資金貸付制度 ……………………………………………… 298
8　機構の給付奨学金制度 ……………………………………………… 298
(1) 機構の給付奨学金制度とは ……………………………………… 298
(2) 給付奨学金の概要 ………………………………………………… 298

〈表3〉　給付奨学金の対象校／300

・事項索引／303
・判例索引／306
・執筆者紹介／309

【凡　例】

民集	最高裁判所民事判例集
刑集	最高裁判所刑事判例集
集民	最高裁判所裁判集民事
下民集	下級裁判所民事判例集
判時	判例時報
判タ	判例タイムズ
金商	金融・商事判例
金法	金融法務事情
賃社	賃金と社会保障
裁判所HP	最高裁判所「裁判例情報」
兵庫県弁護士会HP	兵庫県弁護士会「消費者問題判例検索システム」

●書式・資料等のダウンロードの方法●

　本書に収録している書式（目次・本文にて【書式○】と表示）、および、本文において参考として掲げている書式・資料等（目次・本文にて〔DATA ○〕と表示）については、弊社ウェブサイト内の本書の書誌情報ページ〈http://www.minjiho.com/shopdetail/000000000941〉からzipファイルをダウンロードすることができます。パスワードは「saimuseiri」です。ぜひご利用ください。

第1章
債務整理事件と司法書士

I　多重債務問題と司法書士

　司法書士は多重債務問題にかかわり、大きな力となって問題解決にあたってきた。この章では、まず司法書士と多重債務問題とのかかわりを、その歴史とともに振り返りたいと思う。

1　第一次サラ金パニック

　昭和30年代から40年頃にかけて、団地金融が後にいうサラリーマン金融（以下、「サラ金」という）として少しずつ浸透し始めた。当初はサラリーマン本人というより専業主婦のための貸金という側面が強かったようであるが、昭和50年代には次第にサラリーマンや自営業者などへの貸付けに移行していった。当時は、貸金業の規制等に関する法律（昭和58年法律第32号。同法は、平成18年法律第115号による改正により題名が「貸金業法」に変更されたことから、本書では「旧貸金業法」という）もなく、一般的な貸出利息は70％から100％程度の貸金業者がほとんどであった。
　容易に想像できると思うが、70％を超えるような金利を支払い続けることは困難であり、支払いをするために借りるという多重債務状態を生み出すことになった。当然そのような自転車操業が長続きするわけはない。支払いが遅れると、待っているのは現在では考えられないような過酷な取立てであった。前述のとおり、旧貸金業法による規制はもちろん、現在の貸金業法のような取立て時間の規制もなく、金利の規制は出資の受入れ、預り金及び金利等の取締りに関する法律（昭和29年法律第195号。以下、「出資法」という）のみであった。いわば無法地帯の状況の中で、社会に知られることもなく被害は拡大していった。
　昭和57年頃、ついにサラ金問題として社会問題化し、マスコミが連日過酷な取立ての状況を報道するに至った。過酷な取立て、自殺者の増加、被害実態が白日の下にさらされた。ここに至り、旧貸金業法の制定に至るわけであるが、いわゆるみなし弁済規定も、この時に盛り込まれたのである。みなし

弁済規定については、弁護士会を中心に強い反対意見があり、かつ当時すでに最高裁判所により、利息制限法（昭和29年法律第100号）遵守の考えが示されていたにもかかわらず（最大判昭和39・11・18民集18巻9号1868頁。第2章Ⅳ2⑴参照）、業界団体の強い意向で、強行法規たる利息制限法の例外として設けられた。

　この頃、サラ金問題の法的救済を求めた法律専門家は弁護士であった。サラ金問題発覚当時の被害者救済の手段は過払金返還請求ではなく、破産法（当時は、平成16年法律第75号による改正前の旧破産法）に基づく破産手続をとることが主であったと思われる。任意整理は難しい状況であったであろう。しかし、弁護士に債務整理を依頼しようが、破産手続開始の申立てをしようが、本人に請求が続き、弁護士の存在さえ無視するような取立てが続いたこともあったようである。当時、救済のために立ち上がった弁護士は少数であった。このような状況の中、みなし弁済規定があったとはいえ、旧貸金業法の制定は大きな成果であった。

　この頃、司法書士の多重債務問題への関与はすでに始まっていた。しかし、それは組織的な広がりをみせることはなく、一部の裁判書類作成業務を行っている司法書士のうち、多重債務問題を根本的に理解しうる先鋭的な司法書士個人に限った対応であった。

　そして大事な出来事があった。サラ金被害者の会（以下、「被害者の会」という）の設立である。これは昭和52年、大阪での設立を皮切りに、以後全国に広がっていく。

2　第二次クレサラパニック

　旧貸金業法制定後、マスコミ報道は減少し、被害は沈静化したかにみえた。しかし、事態はより深刻に進行していたのである。沈静化したかにみえた要因の一つは、空前の好景気であったと思われる。今を生きるわれわれはそれをバブル景気と呼んでいるが、当時の人々がそれを知るよしもなく、好景気が終焉を告げることに気がつかなかった。いわゆるバブル経済の崩壊と同時

に第二次パニックはやってきた（平成2年頃のことである）。サラ金に限らずクレジットカード問題が加わったことを表して第二次クレサラパニックと呼ばれる。当時はクレジットカードの使いすぎによるカード破産と呼ばれた。マスコミは常に新しいフレーズを求める。根本的問題はカードではないので、被害者の会、弁護士会などはカードの問題に限らず被害が深刻化していることを社会に訴えた。

　この頃、司法書士が組織的に対応を始めた。当初は、日本司法書士会連合会（以下、「日司連」という）や、各司法書士会によって対応していたわけではなく、地域ごとの若手司法書士による任意団体や、各地の青年司法書士協議会（青年会など各地により呼び方は異なるが、以下、「青司協」という）が中心となって対応していた。

　マスコミの対応は好意的であった。多重債務の実情と共に司法書士がこの問題に対処できる法律専門家であり、相談会を実施することが各地で大々的に報道された。もちろん対応する法律専門家の第一人者が弁護士であることは間違いなく、それを否定することは当時も今もない。マスコミにとっては弁護士会が対応をするのは珍しいことではなく、司法書士が裁判書類作成業務を通じて、多重債務問題に対応できることが目新しさをもって報道されたのであろう。

　各地の青司協が少しずつ始めた取組みは、次第に全国的な広がりをみせるようになり、平成10年には、全国青年司法書士協議会（以下、「全青司」という）の呼びかけで全国一斉のクレサラ相談会が実施されるに至った。司法書士の取組みは被害者の会へのかかわりへと広がり、被害者の会を全都道府県に広げる活動を各地の司法書士が弁護士と協力して参画していった。毎年開催されるクレサラ被害者交流集会には、司法書士が多く参加するようになった。

　司法書士の強みの一つは、裁判所所在地だけでなく、広く全国各地に事務所が存在していることである。それでも当時はクレサラ問題に取り組む司法書士はまだ少数であり、弁護士においても同様の状況であった。このことは、

当時、司法書士会と弁護士会に組織的対立が生まれることがほとんどなかった要因かもしれない。

当時、いわゆるグレーゾーン金利（出資法の上限金利と利息制限法の上限金利の間の金利）の問題から過払金返還請求ができることは知られていたが、取引履歴資料が債務者の手元にないため、利息制限法に基づく引直計算ができなかった。貸金業者は資料開示にも応じなかったし、それを根拠づける法律や判例もなかった。それでも資料を保持している場合などに、過払金返還請求の訴訟を提起する試みは始まっていた。

しかし、これらの取組みが進んだものの、第二次クレサラパニックは収束を迎えるどころか、多重債務の問題はますます拡大していた。

3　無人契約機の登場

平成5年に、いわゆる無人契約機が登場する。有人店舗に行くことなく、機械によって借入れの申込み（極度額借入契約の申込み）をし、借入れのためのカードが即日発行され、そのカードを利用して即日融資を受けることが可能になった。借入れの手続の簡素化による貸金業者の経費削減という側面があるが、実際に貸金業者が狙っていたのはそれだけではなく、借入れに対する抵抗感をなくすことのほうが大きかったと思われる。最初の1社が導入してから、雪崩を打つかのごとく大手貸金業者に限らず中小貸金業者までも無人契約機を導入した。同時に貸金業者のテレビコマーシャル枠が段々と広がってきた。これらの影響は大きく、貸出店舗が飛躍的に増大し、これまでのサラ金のイメージ払拭に一役買ったことは間違いないであろう。消費者金融という言葉も、この頃広がってきたと思われる。

4　クレサラキャラバン

平成10年には、全国クレジット・サラ金問題対策協議会（いわゆる「クレサラ対協」）に加盟する弁護士、司法書士を中心に、多重債務問題の解決、出資法の上限金利の引下げなどを訴えて、全国各地で相談会やシンポジウム

が開催され、署名活動などが行われた（これをクレサラキャラバンという）。各地の弁護士、司法書士が協力して社会に訴えかけたことは、画期的であった。この時、（全青司を中心とする）多くの司法書士が運動に加わった。被害者の会の存在しない地域では、被害者の会づくりが進められた。各地で司法書士が被害者の会の事務局を務める状況がみられた。

5 商工ローン問題

　クレサラ対協が多重債務問題の解決を訴える中、平成11年頃には、商工ローン問題が社会問題化した。商工ローン業者の貸付手法、取立手法等に関しては多重債務問題に取り組む弁護士、司法書士の間では、以前から問題視されていた。商工ローン業者は一般の消費者への貸付けはせず、自営業者、中小企業を顧客として高利で貸し付ける業者である。特徴は手形貸付けを利用することにある。借主に先日付けの手形を発行させて、期日に取立てに回して貸付金を回収するのである。手形は6カ月間の間に2回不渡りがあると銀行取引停止となるため、借主である事業者は、手形が不渡りにならないよう商工ローン業者の求めに応じてさらに借入れをしてその場しのぎをする。事業者が返済困難になると連帯保証人（親族だけでなく不動産を所有している知人、第三者なども多かった）の給与差押えをしたり、不動産の強制執行を申し立てるなど、裁判手続を利用した取立てが行われていた。手形訴訟制度は債権者に有利に働くので、これも利用された。

　商工ローン問題が社会問題化したきっかけは、商工ローン業者の取立てを電話録音した音声がマスコミに公表され、それが大きく報道されたことであった。「金が返せないなら、腎臓売れ、目ん玉売れ」と恐喝するその取立ての実情は衝撃的であった。

　それらの実情に対応して、クレサラ対協に加盟する弁護士、司法書士を中心に、商工ローン被害の実態をアピールし、行きすぎた取立てへの規制、出資法の上限金利の引下げ運動を大々的に行った。

　その結果、保証人保護のための包括根保証契約に関する規制や、公正証書

の作成や根抵当権仮登記に悪用されていた委任状・承諾書等の取得の制限などが実現した。金利の引下げについてはグレーゾーン金利の撤廃を目標として運動していたが、出資法の上限金利を40.004％から29.2％に引き下げることで決着した。ただし、この頃、大手貸金業者の貸出金利は29.2％程度のところが多かったので、顧客にとっては実質的には引下げとならない法改正であった（平成11年法律第155号による旧貸金業法、出資法、利息制限法等の改正）。

この運動に参加した司法書士にとっては、自分たちの力が社会を変える一助になることを実感できた出来事であった。

6　貸金業者の空前の利益

貸金業者のわが世の春はこの頃であろう。大手貸金業者は都市銀行を上回る収益を上げ、一部の大手貸金業者は株式上場を果たすまでになった。その収益構造（安い金利で資金を調達し、高金利で貸す）は変わらないのであるが、資金調達手段は銀行からの借入れに限らず、社債の発行、株式の発行、海外のファンドからの借入れなど多様化していった。これらは調達金利のさらなる低下に寄与し、貸金業者は空前の利益を上げることになった。

貸金業者は社会的認知を得たといわれることもあったが、その裏では過酷な取立てが相変わらず続いていた。また、利益を上げるためには貸出しを増やすしかないので、過剰融資が横行していた。当初貸金業者は無担保無保証を売りにしていたが、貸金業者の中には、不動産担保ローンの取扱いを始めた業者もあり、不動産を所有する顧客に不動産担保を強引に勧めることもあった。不動産担保を利用して他社に対する債務を清算しても、今度は清算した他社から執拗な貸付けの勧誘を受けて借入れをしてしまい、借入額が一気に増大することになり、たちまち返済に行き詰まる。貸金業者による、このような過剰融資の被害者が続出していた。

7　ヤミ金融業者の跋扈

平成11年頃から、ヤミ金融業者の被害が急増する。ヤミ金融業者とは、出

資法を大幅に超える金利で貸付けを行う業者を指す。貸金業登録をしていない業者が多いが、当時は簡単に貸金業登録できたことから、貸金業登録をしながら違法金利で貸付けを行うヤミ金融業者も横行していた。金利1000％を超えるような違法金利も珍しくなかった。ヤミ金融業者は破産手続開始の申立てを行った者を勧誘して貸付けを行うことがよくあった。後には、破産をしていなくても正規業者に借入れがある者もターゲットになった。商工業者をターゲットにするシステム金融と呼ばれるヤミ金融業者も登場した。マスコミの報道も続き、大きな社会問題となった。この頃、多くの司法書士会で多重債務相談を常設化していたところ、相談のほとんどをヤミ金融業者による被害の相談が占める状況であった。多くの司法書士が、相談だけでなく、実際の事件対応に取り組み、この問題の解決に大きな力を発揮した。

　平成15年に、罰則の大幅強化などを盛り込んだいわゆるヤミ金融対策法が成立し（平成15年法律第136号による旧貸金業法、出資法の改正）、取締りの強化が進んだこともあって次第に沈静化したが、無登録のヤミ金融はいまだに存在し、より悪質化している。なお、日司連では、平成19年6月の第69回定時総会で「ヤミ金融撲滅に向けて最後まで闘い続けること」を宣言決議している。

8　特定調停、個人再生手続の開始

　破産手続開始の申立事件の増大は歯止めがかからず、債務弁済協定調停の民事調停申立事件も増加の一途をたどった。司法書士の債務整理事件への関与は、破産手続開始の申立てと債務弁済協定調停の申立ての書類作成業務を通じてのものであり、弁護士が一般的には民事調停を利用せず任意整理を行うことを考えると、司法書士の関与が件数の増加につながっていた側面もあろう。

　平成12年に、特定債務等の調整の促進のための特定調停に関する法律（平成11年法律第158号。以下、「特定調停法」という）が施行された。特定調停とは、これまで問題となっていた管轄の問題を解決し、債務全体の解決をめざした

債務整理事件に特化した調停手続である。そして、平成13年には、民事再生法（平成11年法律第225号）の改正法（平成12年法律第128号による改正）が施行され、いわゆる個人再生手続が始まった。

当然司法書士はこれらの手続を積極的に利用することになった。特に個人再生手続については、改正法の施行前から、日司連において積極的対応をめざし準備をしていた。いち早く手続を解説する書籍[1]を発刊し、専門のソフトウェアを開発して、施行と同時に申立てができるよう準備を行った。その甲斐あって、施行後しばらくは、各地の裁判所での個人再生手続については、司法書士による申立てがかなりの割合を占めたようである。

9　認定司法書士の登場

司法書士法（昭和25年法律第197号）の平成14年改正により（平成14年法律第33号による改正）、法務大臣の認定を受けた司法書士に簡易裁判所での訴訟代理権が与えられた。同時に簡易裁判所の事物管轄に属する事件についての裁判外和解の代理権も定められた（後記Ⅱ1参照）。

そして、平成15年7月に、その認定を受けた司法書士が誕生した。司法書士は債権調査を徹底することを提唱し、過払い状態になっていた場合には不当利得返還請求を行うことを呼びかけた。平成16年には、これまで増加の一途をたどっていた破産手続開始の申立件数が減少した。これは認定司法書士が徹底した債権調査を行ったことも影響していると思われる。

10　相次ぐ最高裁判決

平成15年に、画期的な最高裁判決が出された（最判平成15・7・18民集57巻7号895頁。第2章Ⅳ2(3)参照）。下級審判決では旧貸金業法43条のいわゆるみなし弁済を認める判決も散見されたところ、最高裁判所はみなし弁済を認め

1　平成13年3月に、日本司法書士会連合会編『個人債務者再生の実務』を発刊した。その後、タイトル変更とともに改訂を重ね、最新版は、平成24年発刊の日本司法書士会連合会消費者問題対策推進委員会編『個人民事再生の実務〔第3版〕』である。

なかったのである。以後、みなし弁済規定を厳格に解釈する流れが定着し、次々と貸金業者側が敗訴する最高裁判決が出された。

11 貸金業法の抜本的改正

　商工ローン問題に端を発した法改正時に（平成11年法律第155号による改正。前記2参照）、3年をめどに見直しを行うことが付帯決議されていた。日本弁護士連合会、日司連、消費者団体などが団結し、貸金業法の抜本的改正をめざし、全国的運動を進めた。最高裁判所では、みなし弁済を事実上認めない判決が次々と出され（最判平成16・2・20民集58巻2号380頁ほか。第2章Ⅳ2(3)参照）、グレーゾーン金利は事実上死文化した。沈静化をみせない多重債務問題に政府は貸金業法等の改正を行い（平成18年法律第115号による改正）、上限金利は引き下げられグレーゾーン金利が事実上なくなり、貸付けの総量規制を盛り込んで貸付けの総額を年収の3分の1までとし、過剰融資に歯止めをかけた。そして、貸金業者の適正化対策として、最低純資産額を5000万円まで引き上げ、取立て等の規制強化がなされた。また、内閣に設けられた多重債務者対策本部は、多重債務問題改善プログラム（平成19年4月20日）を策定し、①丁寧に事情を聞いてアドバイスを行う相談窓口の整備・強化、②借りられなくなった人に対する顔の見えるセーフティネット貸付けの提供、③多重債務者発生予防のための金融経済教育の強化、④ヤミ金融業者の撲滅に向けた取締りの強化の4本の柱を打ち出した。そして、自治体に多重債務相談窓口の設置を要請し、弁護士会、司法書士会との連携が求められた。

　平成22年6月18日に、改正貸金業法は完全施行され今日に至るが、貸金業法の改正が多重債務問題の解決に大きく寄与していることは各種のデータから間違いがない。しかし、貸金業界は金利の引上げや総量規制の撤廃を求め続けており、改悪がなされないようにしなければならない。また、貸金業法の適用を受けない銀行による総量規制を超えた過剰貸付問題など、新たな問題も発生している。

12　貸金業者の破綻

　その後、貸金業者が経営破綻する時代となった。原因は、過払金の返還が経営上の大きな負担となったためである。加えて、上限金利の引下げが行われ、多くの貸金業者は収益が急速に悪化した。平成19年に、比較的規模の大きな株式会社クレディアが再生手続開始の申立てをし、平成22年には、業界最大手の株式会社武富士が会社更生法（平成14年法律第154号）の適用を求めて申立てをした。このほかにも全国展開していた多くの貸金業者が経営破綻している。貸金業者の倒産手続処理上は、通常、過払金は一般債権とされ、特に優遇措置が設けられることはない。債務整理に協力的ではない特定の企業グループが破綻貸金業者の債権を引き受けることも多く、過払金請求権は切り捨てられ、一方で貸付金は損害金も含めて徹底的に取り立てられるなど、貸金業者の経営破綻は、借入れをしている者にとっては、二次被害ともいうべき様相を呈している。

13　生活再建をめざす

　これまで、多重債務問題は、悪質業者の排除、金利の引下げ、負担債務の軽減・解消というものに重きがおかれ、弁護士や司法書士は債務整理手続によってそれらを援助してきた。しかし、債務がなくなっても借金をしなければならなかった状況に変化がなければ、根本的解決とはいえない。めざすべきは、債務を負った人たちの生活再建である。

　クレサラ対協は、平成26年1月に、全国クレサラ・生活再建問題対策協議会に名称を変え、生活再建を重視したさまざまな活動を行うようになった。司法書士も、債務整理手続だけではなく、生活再建の援助ができる専門家として期待されている（第4章Ⅰ参照）。

Ⅱ 債務整理事件と司法書士の代理権の範囲

　司法書士が多重債務者の事件処理を行うにあたっては、司法書士法、とりわけ簡裁訴訟代理等関係業務（同法3条2項）の規定を理解し、司法書士の業務範囲を明確にしておくことが必要である。

　そこで、以下では、簡裁訴訟代理等関係業務と多重債務の事件処理との関係を明らかにしておきたい。

1　司法書士法3条1項6号の考え方

(1)　民事調停法の規定による手続

　司法書士は、民事調停法（昭和26年法律第222号）の規定による手続であって、簡易裁判所において、「調停を求める事項の価額」が裁判所法（昭和22年法律第59号）33条1項1号に定める額を超えないものについて代理することができる（司法書士法3条1項6号ニ）。特定調停法が規定する調停は、民事調停法2条の規定により申し立てることになるから（特定調停法2条3項）、「民事調停法の規定による手続」に含まれる。

　司法書士が民事調停の手続について代理権を有する場合には、その付随手続である調停前の措置の手続（民事調停法12条）、調停に代わる決定に対する異議の手続（同法18条）等も代理して行うことができる。

(2)　調停を求める事項の価額の算定方法

㋐　基本的な考え方

　事物的範囲を画す「調停を求める事項の価額」の算定方法は、基本的には民事訴訟の「訴訟の目的の価額」についての算定と同様である。なお、調停を求める事項の価額とは、調停申立人が申立ての趣旨において自己に帰属すべきものとして主張する利益を金銭に評価した場合の額であり、申立ての趣

2　司法書士法及び土地家屋調査士法の一部を改正する法律（平成14年法律第33号）により新設された（平成15年4月1日に施行）、司法書士法3条1項6号および7号に規定する業務のことをいう。

旨が金銭で表示されているときはその金額によって算定し、金銭で表示されていないときは、これを客観的に金銭化する必要がある。

しかし、債務弁済協定調停や特定調停は、訴訟と異なり、支払猶予や分割払いにより申立人が経済的利益を受けることが多く、その場合の調停を求める事項の価額は、残債務の額ではなく、残債務額の支払免除、支払猶予または分割払い等の弁済計画の変更により申立人が受ける利益であると考えられている。

この点について、債務弁済協定調停事件の場合は、金銭債務の履行猶予期間または分割弁済の期間を明確にできるときには、債務額にその期間に対応する年6分の法定利息を乗じて得た額を、調停を求める事項の価額とし、調停申立て時に残債務額や期間などが不明確な場合には、調停成立時に正確に計算し直すものとされている。年6分の法定利息により経済的利益を算出するのは、利益を受ける者の運用益を計算することにほかならないからである。

さらに、同様な見解ながらも、調停申立て時に調停を求める事項の価額を明示できず、「相当額の支払を求める」旨の申立てをする場合には、とりあえず算定不能として160万円とみなした価額とし（民事訴訟費用等に関する法律（昭和46年法律第40号）4条7号）、調停手続の進行中に調停を求める事項の価額を明らかにするという考え方も示されている。

また、実務では、残債務額の支払猶予や分割払いを求める調停の場合には、残債務額に年6％または5％か、約定利息のいずれか低いほうの年利率を乗じて調停を求める事項の価額とし、債務の免除・放棄を求める調停の場合には、その求める免除・放棄の額を調停を求める事項の価額とする旨の報告も

---

3 梶村太市＝深沢利一『和解・調停の実務〔新版〕』385頁。
4 最高裁判所事務総局民事局監修『債務の調整に関する調停事件執務資料』4頁、小林昭彦＝河合芳光『注釈司法書士法〔第3版〕』90頁。
5 茗茄政信＝近藤基『書式和解・民事調停の実務〔全訂八版〕』420頁。
6 簡裁民事実務研究会編『改訂簡易裁判所の民事実務』293頁。
7 債務者が商人である場合には年6分の商事法定利率によると考える余地もあるとしている（小林＝河合・前掲（注4）118頁）。

ある。[8]

(イ) 具体的な事案への適用

　以上のように、事案によって若干の相違はあるものの、調停を求める事項の価額の算定方法は、これまでおおむね統一的な考え方がされているものと思われる。では、これらの計算方法を、具体的な事案に適用するとどのようになるのであろうか。

　まず、基準となる残債務額については、約定利率が利息制限法を超過している場合、約定利率によって計算した残高を残債務額とするのか、あるいは利息制限法所定の利率で再計算をした残高を残債務額とするのかという論点がある。

　仮に前者とした場合には、調停成立時に認定される残債務額（特定調停においては全件において利息制限法が適用されていると思われる）がこれより低額な場合には、その差額は実質的には債権者が免除または放棄したものとみなすことができる。一方、基準となる残債務額を調停成立時に認定される残債務額と考える場合には、この金額から特段の免除等を受けない限り、免除または放棄の額を考慮する必要はないことになる。

　しかし、前者の場合、債権者が免除または放棄したものとみなされる部分について、法律上は元々請求することができないものであれば、当該金額は元来申立人が負担すべきものではないので申立人の経済的利益と考えることはできない。もっとも、特定調停の実務では、旧貸金業法43条に定めるいわゆるみなし弁済規定の適否の判断はなされないので、法律上請求することができないものであるのか否かは、調停が成立しても必ずしも明らかとはならない。

　たとえば、相手方が約定利率で計算した残高である240万円（いわゆる約定残高）の債務について特定調停を申し立てた場合、原則的には、調停手続において認定される「利息制限法により再計算した残債務額（仮に160万円とす

---

[8] 有村佳人ほか『特定調停法完全実務マニュアル』120頁。

る）との差額（240万円−160万円＝80万円）」について債権者が免除または放棄したものとみなされる場合には、その額は申立人の経済的利益となるものの、元々旧貸金業法43条の適用がない場合であれば、調停を求める事項の価額の算定については、その差額は考慮する必要がないのではないかと考えられる。しかし、調停手続では旧貸金業法43条の適否については判断されないことは前述のとおりであり、差額によって代理権の有無が違ってくるような場合は、代理権の有無は慎重に判断するべきであろう。

次に、残債務額である160万円の支払猶予または分割払いにより申立人が受ける経済的利益は、仮に、残債務額について各月8万円、20回払いの分割払いとなる場合には、各分割払い時までの残金に対する法定利息を加算した合計であると考えられる。また、法定利息とは年5％または年6％ということになる。[9]

本事案における分割払いによる経済的利益は〈表1〉のとおり7万円と求めることができる。前述のように、80万円を免除または放棄したとみなされる場合では、その経済的利益80万円と分割払いの経済的利益7万円の合計である87万円が経済的利益の合計であり、いずれの場合にも認定司法書士は代理することができることとなる。

(ウ) 代理権の有無の判断における留意点

以上、調停を求める事項の価額を具体的事案にあてはめて考察したが、この計算は原則として調停申立て時に検討し、認定司法書士の代理権の有無を判断する必要がある。ただし、算定にあたっての簡易な方法が示されている裁判所もあるので、各地の裁判所の運用の動向には留意されたい。なお、特定調停の実務では、調停申立書に記載する調停を求める事項の価額は5万円とする例が多いが、これをもって実質的な経済的利益も5万円と考えるのは相当ではない。

また、調停を申し立てた後に、調停を求める事項の価額が裁判所法33条1

---

9 前掲（注7）参照。

〈表1〉 分割払いによる経済的利益の算出表

(単位：円)

残債務額	支払回数	経済的利益額計算式	経済的利益額
1,600,000			
1,600,000	1	1,600,000×法定利率÷12	6,667
1,520,000	2	1,520,000×法定利率÷12	6,333
1,440,000	3	1,440,000×法定利率÷12	6,000
1,360,000	4	1,360,000×法定利率÷12	5,667
1,280,000	5	1,280,000×法定利率÷12	5,333
1,200,000	6	1,200,000×法定利率÷12	5,000
1,120,000	7	1,120,000×法定利率÷12	4,667
1,040,000	8	1,040,000×法定利率÷12	4,333
960,000	9	960,000×法定利率÷12	4,000
880,000	10	880,000×法定利率÷12	3,667
800,000	11	800,000×法定利率÷12	3,333
720,000	12	720,000×法定利率÷12	3,000
640,000	13	640,000×法定利率÷12	2,667
560,000	14	560,000×法定利率÷12	2,333
480,000	15	480,000×法定利率÷12	2,000
400,000	16	400,000×法定利率÷12	1,667
320,000	17	320,000×法定利率÷12	1,333
240,000	18	240,000×法定利率÷12	1,000
160,000	19	160,000×法定利率÷12	667
80,000	20	80,000×法定利率÷12	333
		分割払いによる経済的利益合計	70,000

※ 法定利率は年5％で計算し、各回の利息は計算を簡便にするため、12で割り（月割計算）、経済的利益額とした。経済的利益額はそれぞれ四捨五入した。

項1号に定める額を超えることが判明した場合には、認定司法書士は、その段階で民事調停法の規定による手続の代理権限を喪失することになる。この場合には、その旨を明らかにするために、裁判所に対して報告をするとともに、相手方に対しても同旨の通知（代理人辞任通知は【書式1】参照）をするなどの措置をとるべきである。なお、【書式1】は当該事件について裁判書類作成関係業務で関与することとなった場合の例である。代理人辞任後には、そのほかにも本人が弁護士に依頼する場合や専門家に依頼せず自分で手続を遂行する場合も考えられるので、自動的に裁判書類作成関係業務として関与することになるわけではない点に留意されたい。

【書式1】 代理人辞任通知（調停用）

債権者　各位

平成○年○月○日

住　所　〒000-0000　○○県○○市○○町○○○
　　　　　　　　　　○○司法書士事務所
　　　　　　　　　　司法書士　○　○　○　○　㊞
　　　　　　　　　　（認定番号第000000号）
　　　　　　　　　　電　話　000-000-000
　　　　　　　　　　Ｆ Ａ Ｘ　000-000-000

ご　通　知

冠省
　当職は、後記依頼者から依頼を受け、特定調停手続の代理業務を遂行してまいりました。しかしながら、このたび、本件の紛争の価額が裁判所法33条1項1号に定める額を超えることが明らかとなり、司法書士法の規定によって代理業務を遂行することができないこととなりました。
　代理人は辞任し、今後は裁判書類作成関係業務（司法書士法3条1項4号及び5項）を通じて本件に関与することとなりました。貴社におかれましては、紛争解決に向け、依頼者の特定調停手続にご協力のほどお願い申し上げます。

```
依頼者の表示
  住   所  ○○県○○市○○町○○○
  氏   名  ○ ○ ○ ○（○○○○　○○○○）
  会員番号  ○○○○（※）
                                            草々
```

※　生年月日ではなく業者別に会員番号を記載するほうが望ましい。

2　司法書士法3条1項7号の考え方

(1)　民事に関する紛争

　司法書士は、民事に関する紛争であって、「紛争の目的の価額」が裁判所法33条1項1号に定める額を超えないものについて、相談に応じ、または仲裁事件の手続もしくは裁判外の和解について代理することができる（司法書士法3条1項7号）。

　「民事に関する紛争」とは、当事者間において一定の事項に関する双方の主張が一致しないことにより、争いが生じていることをいう。「仲裁」とは、当事者が、私人である第三者をして争いを判断させ、その判断に服することを合意し、その合意に基づき紛争を解決する、仲裁法（平成15年法律第138号）によって認められた制度である。「相談」とは、手続的な問題に限らず、実体法上の法律事項について法的手段や法律解釈を行って教示する、いわゆる法律相談である。「裁判外の和解」とは民法上の和解契約をいい、ここでいう「代理」とは、和解契約を代理人として成立させることをいう。[10]

(2)　紛争の目的の価額の算定方法

　これらの紛争についての「紛争の目的の価額」については、訴訟または調停における考え方と基本的に同様である（前記1(2)(ア)参照）。任意整理の場合には、残高そのものではなく、残債務額の支払免除、支払猶予または分割払

10　和解契約の前提である交渉も含む（小林＝河合・前掲（注4）121頁）。

い等の弁済計画の変更により本人が受ける経済的利益を算出し、紛争の目的の価額とすべきであるという、いわゆる受益額説を根拠として実務を行ってきたが、最判平成28・6・27民集70巻5号1306頁（以下、「平成28年最高裁判決」という）により、裁判外の和解における代理権は、個別の債権の価額を基に判断するべき（いわゆる債権額説）とされ、受益額説は否定されたので、特に注意すべきである（平成28年最高裁判決についての詳しい内容は、後記3参照）。

受任時には裁判外の和解交渉の代理権があるものと判断し、代理人として債権調査を進めた結果、個別の債権額が裁判所法33条1項1号に定める額を超えることが明らかとなり、代理権の範囲を超えることが判明した場合には、裁判外の和解交渉の代理人を辞任する必要がある。この場合、特定調停の申立てをするなどの措置が考えられるが、調停手続の代理人となることができる場合は、あらためて特定調停手続の代理業務として受任することも考えられる。裁判書類作成関係業務（司法書士法22条・3条1項4号・5号）として、依頼者を支援していくこともありうる。

3 平成28年最高裁判決からみる執務のあり方

(1) 裁判外和解における認定司法書士の代理権の範囲に関する考え方の違い

平成28年最高裁判決に至る一連の訴訟は、第1審が和歌山地方裁判所で審理されたことから（和歌山地判平成24・3・13民集70巻5号1347頁）、和歌山訴訟と呼ばれることもある。各種文献で和歌山訴訟とある場合は、平成28年最高裁判決に至る一連の訴訟と理解してほしい。

平成28年最高裁判決は認定司法書士の裁判外和解の代理権の範囲に関する考え方の違いについて、決着をみた判決となった。争いとなった事案は債務整理事件であり、代理権の範囲の争いも、債務整理に関するものであるが、

---

11 詳細は、日本司法書士会連合会編『司法書士裁判実務大系第1巻［職務編］』第6章Ⅲ以下を参照されたい。

一般民事事件にも通じる部分もあるので、債務整理に限定した判断と考えるべきではない。

認定司法書士の裁判外和解の代理権の範囲に関する考え方の違いについて、ここで簡単に触れておく。[11]

　(ア)　**債権額説と受益額説**

債権者の主張する額が200万円の場合、200万円を判断基準として、140万円（裁判所法33条1項1号の額である。以後140万円として説明する）を超えていることから、認定司法書士は裁判外和解の代理はできないとするのが、債権額説である。受益額説は、司法書士法3条1項6号の簡易裁判所での代理権と考え方を同じくするものである。すなわち、民事調停では、調停を求める事項の価額により判断し、それは申立人の受ける経済的利益を算出することで求められるので、裁判外の和解の代理も、債務者の受ける経済的利益を代理権の判断基準とするものである。

前述のとおり、平成28年最高裁判決では、債権額説をとり（詳細は、後記(2)参照）、司法書士の代理権の判断としては厳しい考え方がなされたことになるが、この考え方の違いにより代理できなくなる範囲は、簡裁訴訟代理等関係業務のうちごく一部である。判決により萎縮し、債務整理手続を敬遠するようなことがあってはならない。

　(イ)　**総額説と個別額説**

複数の借入れがある債務者の各社の総債務額が140万円を超えた場合は、認定司法書士は裁判外和解の代理ができないとするのが総額説である。

これに対して、債権者ごとの債務額が140万円を超えるか否かを判断基準とするのが個別額説である。

平成28年最高裁判決は、個別額説によるべきものと判断している（詳細は、後記(2)参照）。

　(ウ)　**合算説と個別訴訟物説**

債権者の主張額（利息制限法に基づく引直計算前の額）が100万円で、引直額が50万円の過払いであるとき、100万円と50万円を合算した150万円が140

万円を超えているので、認定司法書士は裁判外和解の代理ができないとするのが合算説である。

これに対して、個別訴訟物説は、請求する過払金額である50万円を基準として考えるので、代理権はあるとする。

平成28年最高裁判決の判決理由から判断すると、個別訴訟物説をとっているものと考えられる。

(2) 平成28年最高裁判決の判決内容とその射程

㋐ 判決内容

平成28年最高裁判決は、司法書士の裁判外和解の代理権について判断された最高裁判決である。判決要旨は、「債務整理を依頼された認定司法書士……は、当該債務整理の対象となる個別の債権の価額が司法書士法3条1項7号に規定する額を超える場合には、その債権に係る裁判外の和解について代理することができない」というものである（この判決は、司法書士法3条1項6号の調停手続の代理権については、何らの判断もしていないが、このことについては後記㋑参照）。

判決は、いわゆる債権額説の考えと同じである。また、「複数の債権を対象とする債務整理の場合であっても、通常、債権ごとに争いの内容や解決の方法が異なるし、最終的には個別の債権の給付を求める訴訟手続が想定されるといえることなどに照らせば、裁判外の和解について認定司法書士が代理することができる範囲は、個別の債権ごとの価額を基準として定められるべきものといえる」とも述べており、総額説ではなく、個別額説をとっていることもわかる。

このような判断に至った理由として、判決は、「認定司法書士が裁判外の和解について代理することができる範囲は、認定司法書士が業務を行う時点において、委任者や、受任者である認定司法書士との関係だけでなく、和解の交渉の相手方など第三者との関係でも、客観的かつ明確な基準によって決められるべきであり、認定司法書士が債務整理を依頼された場合においても、裁判外の和解が成立した時点で初めて判明するような、債務者が弁済計画の

変更によって受ける経済的利益の額や、債権者が必ずしも容易には認識できない、債務整理の対象となる債権総額等の基準によって決められるべきではない」と述べている。

　この理由から考察するに、裁判外和解における代理権があるかないかの判断基準時は、原則として受任時であるといえる。受任時に代理権があると判断した場合でも、債権額が140万円を超えることが判明したときは、司法書士は、直ちに裁判外和解の代理人を辞任するべきである。その後の対応は調停手続の代理人となるか、裁判書類作成関係業務として依頼者の支援を行うことなどが考えられる。債権額については、利息制限法に基づく引直計算前の額、すなわち貸金業者が旧貸金業法43条のみなし弁済規定の適用を主張することがありうるので、利息制限法に基づく引直計算前の業者計算による約定残高と考えたほうがよい。一方、貸金業者が利息制限法に基づく引直計算を認めているといえるような場合は、引直額を債権額として考えてよいであろう。

　なお、同一債権者に複数の債権がある場合は合算して債権額とすべきと思われるが、個別に和解する必要がある場合などは、個別の債権額が代理権の判断基準となることもありうる。

　　(イ)　**民事調停の代理権**

　平成28年最高裁判決では、前述のとおり、調停事件についての司法書士の代理権の判断はなされていない。司法書士法3条1項7号の条文は、「民事に関する紛争（簡易裁判所における民事訴訟法の規定による訴訟手続の対象となるものに限る。）であつて紛争の目的の価額が裁判所法第33条第1項第1号に定める額を超えないものについて」裁判外の和解の代理ができるとしているが、裁判ではここでいう「紛争の目的の価額」が、債務整理においてどの価額を指すのかが争われた。なお、債務整理の一環で過払金返還請求を行う場合は、過払金元本が紛争の目的の価額となることは明らかであり、この場合の債務整理とは、具体的には任意整理と考えればよい。

　債権額説は、裁判外の和解が不成立となった場合、通常考えられる裁判手

続は債権者の貸金請求訴訟であり、請求訴訟の訴額つまり債権者が主張する残元金額が、紛争の目的の価額になるとする。一方、受益額説は、裁判外の和解は裁判手続に置き換えれば民事調停手続に相当するものであり、民事調停手続上の「調停を求める事項の価額」が紛争の目的の価額になるとする。なお、調停を求める事項の価額は、債務者が弁済計画の変更によって受ける経済的利益の額とされているのは前述のとおりである。

　司法書士法3条1項7号に定める裁判外和解の代理権は、裁判手続上の代理権が認められていることに付随するものと考えられている。債務整理の場合、同項6号イに付随するものなのか（債権額説）、同項6号ニに付随するものなのか（受益額説）という争いであった。そして判決では、同項6号イに付随するものであるとされた。争いとなったのは「紛争の目的の価額」（同項6号イ）であり、「調停を求める事項の価額」（同項6号ニ）ではない。訴訟当事者も、調停を求める事項の価額について何の主張もしていないし、判決も何らの判断をしていない。

　そもそも、調停を求める事項の価額は調停事件の手数料の算定にも使われる価額であり、その考え方は前述のとおり確立している。裁判では、調停を求める事項の価額が受益額であることを前提に争われているともいえ、その点においても調停を求める事項の価額の考え方自体に争いはなかった。そして、司法書士法3条1項6号ニは、調停を求める事項の価額が裁判所法33条1項1号に定める額を超えないものについて、認定司法書士が代理できるとしており、紛争の目的の価額は判断基準とされていない。

　したがって、民事調停事件の代理権の判断基準については、平成28年最高裁判決の射程外であることは明白である。もし、債務弁済協定調停手続や特定調停手続（民事調停手続の中で調停を求める事項の価額が債権額ではなく、債務者の受ける経済的利益とされている手続）の認定司法書士の代理権について、平成28年最高裁判決の射程内と考え、債権額が判断基準となると考えるのであれば、調停を求める事項の価額の考え方に争いがない以上、代理権の範囲を定めた司法書士法3条1項6号ニの条文を否定することになる。

平成28年最高裁判決では、司法書士法3条1項7号の条文が否定されたのではない。前述のとおり、条文の解釈が争いになったのである。条文の解釈において争う余地がないと思われる同項6号ニを、判決の射程内として民事調停事件において債権額を基準として認定司法書士の代理権を判断することは無理がある。つまり、平成28年最高裁判決からは、債務弁済協定調停手続や特定調停手続における認定司法書士の代理権が債権額によるとする結論は導けない。もし、民事調停手続において調停を求める事項の価額以外の価額を代理権の判断基準とするなら、それは司法書士法改正が必要なのであり、運用によって定まる性格のものではない。

　しかし、現状、一部だが単純に債権額を判断基準としている裁判所もある。裁判所によって運用が違うことは好ましくなく改善されることを期待したい。

　また、裁判外和解の代理人として受任したが、後に代理権がないことが明らかになれば、前述のとおり、裁判外和解の代理人は辞任するべきであるが、その際、代理人辞任の旨とともに、調停事件の代理人として調停申立てをすることや、裁判書類作成関係業務を行う旨など、依頼者と協議して定めた今後の方針とあわせて債権者に通知するべきであろう。ただし、代理人の辞任は依頼者本人への直接の取立ての再開につながることもあるので、依頼者に対して、その説明を怠らないようにしなければならない。しかし、ほとんどの貸金業者・金融機関は、司法書士が関与している限り、依頼者に直接請求することはない。

　債権額が140万円を超える貸金業者等については、当初から民事調停事件の代理業務を受任する方法も考えられるが、調停申立て前に代理交渉をすることはできないので注意が必要である。裁判外の和解交渉ととられかねないからである。調停申立て後には、調停成立に向けた期日外において事務連絡をとることは考えられるが、決着はあくまでも調停事件の中で行わなければならない。

(3) 平成26年大阪高裁判決の確定部分の判断

　平成28年最高裁判決で判断された部分以外については、原審である大阪高

等裁判所での判決（大阪高判平成26・5・29民集70巻5号1380頁。以下、「平成26年大阪高裁判決」という）が確定している。その中で、裁判書類作成関係業務および同業務の報酬並びに善管注意義務についての判断が重要と思われるので紹介する。

⑦ 裁判書類作成関係業務およびその報酬

まず、司法書士による裁判書類作成関係業務について、平成26年大阪高裁判決は、「司法書士が裁判書類作成関係業務を行うに当たって取り扱うことができるのは、依頼者の意向を聴取した上、それを法律的に整序することに限られる。それを超えて、法律専門職としての裁量的判断に基づく事務処理を行ったり、委任者に代わって実質的に意思決定をしたり、相手方と直接交渉を行ったりすることは予定されていないものと解され」るとしている。そして、司法書士が裁判書類を作成した過払金返還請求訴訟事件に関して、要約すると、次のように述べている。

司法書士は、本件委任契約に基づき、依頼者と貸金業者の取引に係る債務整理の依頼を受け、受任通知を発送したうえ、入手した取引履歴に基づいて引直計算を行ったところ、過払金が140万円を超えることが判明したことから、依頼者に訴訟の提起を助言し、一般的に用いられている冒頭ゼロ計算による過払金額を前提に訴状を作成して裁判所に提出し、その後、貸金業者から提示された和解案を依頼者に伝えるなどして和解案の伝達を何度か行った後、依頼者本人が貸金業者に電話をして和解が成立したと認められる。司法書士は一応依頼者本人に貸金業者との訴訟を任せ、裁判関係書類の作成に関与しているように行っているものの、上記訴訟の当初から和解に至るまで終始、依頼者本人からの相談を受けて法律専門職として助言しており、この実質的な関与に応じて、報酬についても、単なる裁判書類作成関係業務の通常の対価4万〜5万円（この報酬は司法書士の供述により認定された）に比して、約20倍に上る99万8000円（代理の場合と同様の規定によるもので成功報酬割合も同じ）を得ており、全体としてみると、弁護士法（昭和24年法律第205号）72条の趣旨を潜脱するものといえるから無効というべきであるとした。

そして、裁判書類作成関係業務における報酬については、次のように述べている。

　本件委任契約に基づく報酬のうち、債務整理報酬1社あたり3万1500円の実質は、主として引直計算や交渉等の実働に対する対価であり、過払金報酬2割の実質は、主として過払金の返還を得たという結果に対する成功報酬であると認められるところ、後者の成功報酬は、法律専門職としての高度の法律的知識を活用し、代理人として専門的・裁量的判断を行うことに対応する報酬というべきものである。これに対し、司法書士の裁判書類作成関係業務は、委任者の主張を聴取したうえ、これを法律的に整序して、訴状その他裁判所に提出する書類を作成するというものであり、同業務に対する報酬は、かかる書類作成という事務処理における実働の対価であって、作成した書類を使用して過払金を回収したからといって、成功報酬としてその過払金の一部を受領すべき関係にはないというべきである。したがって、裁判書類作成関係業務の報酬として回収した過払金の2割とする旨の合意は、業務に対応しない報酬を不当に請求するものとして暴利行為（民法90条）にあたり、または、裁判書類作成関係業務に名を借りて代理業務を行うことを想定した合意として弁護士法72条の趣旨を潜脱するものといえるから、いずれにしても無効であると解するのが相当であるとした。

　この判断は、裁判書類作成関係業務での成功報酬を否定しているように読める。一方、本事件特有の判断とする考えもあり、確立した定義に至っていないと思われる。しかし、成功報酬の概念を裁判書類作成関係業務に適用する場合は、慎重でなければならない。裁判書類作成関係業務は、代理業務とは業務内容が根本的に違うことを考慮したうえでの、役務提供の対価として適切な金額設定が必要である。そして何より大事なのは、依頼者に対して、報酬について説明し合意を得ることである。その際には、具体例をもってわかりやすく説明するなどの工夫も必要であろう。

　(ｲ)　**善管注意義務**

　平成26年大阪高裁判決では、法律専門職として債務整理を受任するうえで

の司法書士の善管注意義務について判断しているので、紹介したい。判決では、次のように述べている。

「法律専門職として債務整理を受任する以上、権限の大小に関わらず、善管注意義務として、事案に即して依頼者の正当な利益を最大限確保するために最も適切・妥当な事務処理を行う義務を負うというべきであり、当事者の意向いかんにかかわらず、法律専門職として最善の手続について説明・助言すべき義務があるというべきである。その上で、当事者があえて自らの選択で他の手続を選ぶのであれば、それは自己の責任であるが、そのような説明・助言をすることなく、委任者が一定の意向を有するからといって、それに対応する事務処理を単に行うだけでは足りないというべきである。なぜなら、委任者は、そもそも高度な専門的知識を必要とする状況下にあるからこそ、その状況を的確に把握し、問題点・解決方法を得るために法律専門職に一定の事務処理を委任しているのであり、法律専門職が適切な説明・助言をしないまま本人に意思決定をさせた場合委任の趣旨に反するからである」。これは簡裁訴訟代理等関係業務に限らず、裁判書類作成関係業務にもあてはまる指摘である。

また、次のような判断もされている。

「司法書士が訴状等の書面を作成し、裁判書類の作成及びその事務のための相談に応じて、その限りで訴訟遂行を援助するとしても、本人自らが法廷に出頭しなければならないこと、裁判官や相手方当事者と手続進行や審理内容について自らやりとりしなければならないこと、多くのケースでは判決までに数回の期日を重ねること、弁護士に委任する場合には、弁護士が代理人としてすべて対応すること等を説明した上で、司法書士である自己に委任するか否かを確認する必要がある。そのような説明・助言を欠いたまま、司法書士が債務整理を受任する場合には、委任者は紛争の問題点や法的に適切な解決方法を知ることなく、不測の損害を被るリスクを負うことになるから、そのような説明・助言が不可欠であって、司法書士は、債務整理を受任するに当たり、信義則上、上記の説明・助言をすべき義務を負うものと解するの

が相当である」。これは裁判書類作成関係業務を行うにあたり、依頼者本人に対し弁護士に依頼した場合との比較について説明をしなければならないとする判断であろう。特にリスクについての説明を求められていると思われる。

そのほかには、依頼者の債務整理における中心的課題をつかむという趣旨もあげられている。平成26年大阪高裁判決では、具体的事情に即して善管注意義務が判断されているので、詳しくは判決文を参照してほしい。

4 裁判書類作成関係業務のあり方

(1) 実質的な代理人としての関与であると認定されるおそれがある事情

このように、平成28年最高裁判決の原審である平成26年大阪高裁判決では、裁判書類作成関係業務における権限の範囲が争点となった。平成28年最高裁判決での事例や他の同種の訴訟などで問題視された事情としては、①印鑑（裁判書類に押印するため）を預かること、②司法書士が送達受取人になること、③代理人として受任通知を発送し、辞任通知を発送しないまま地方裁判所に訴訟提起すること、④本人通帳と銀行印を預かること（過払金の入金後出金するため）、⑤代理と同じ成功報酬を受領すること、⑥裁判書類作成関係業務に係る事件における裁判外和解の和解書を作成すること（ただし、裁判書類作成関係業務に係る事件では、付随業務であるとする考えもある）などがあげられる。これらのほとんどが過払金返還請求訴訟の書類作成業務にかかわることである。これらのうち一つでも該当する場合に裁判書類作成関係業務における権限を逸脱するということになるわけではないが、これらの事情の積み重ねや、依頼者の訴訟への主体的関与の有無などが、総合的に判断され、場合によっては権限逸脱と判断される可能性があるので注意が必要である。

(2) 債務整理事件における裁判書類作成関係業務の留意点

平成26年大阪高裁判決では、「説明」「助言」という言葉がたびたび登場するが、これらから読み取ることができる留意点は、「説明」「理解」「選択」ということではないだろうか。

認定司法書士が債務整理事件に対応する場合には、ある貸金業者に対して

は簡裁訴訟代理等関係業務を行い、別のある貸金業者に対しては裁判書類作成関係業務を行うということがありうる。これは依頼者からみるとわかりづらい面がある。簡裁訴訟代理等関係業務と裁判書類作成関係業務で何が違うかは、司法書士には当然わかることであるが、依頼者には当然わかることではない。そのことを司法書士自身が認識する必要があろう。つまり依頼者への説明が不可欠であるといえる。

　裁判書類作成関係業務を行う場合、いうまでもないが、裁判手続を遂行するのは依頼者である。依頼者に簡裁訴訟代理等関係業務との違いをきちんと理解してもらい、自分で裁判手続を行うことができるのか、自分で行うことで何らかの不利益があるのか、弁護士に依頼したほうがよいのかといったことを説明・確認し、依頼者本人の判断で裁判書類作成関係業務による裁判手続の遂行を選択してもらう必要がある。なお、平成26年大阪高裁判決では、特に本人で訴訟遂行をする場合のリスクの説明を重視しているように読める。詳細は、平成26年大阪高裁判決の判断を確認してほしい。

　事件の中身の説明も必要である。前述のとおり、裁判書類作成関係業務が問題になるのは、ほとんどの場合、過払金返還請求訴訟事件である。それを例にとっていえば、依頼者本人に対して過払金返還請求権のこと、争点として考えられることなどを説明し、理解してもらったうえで、進めることになる。計算方法の違いにより請求額が変わるようなときは、その根拠を説明し、依頼者の理解のうえで計算方法を依頼者自身に選択してもらうことになる。事件により、貸金業者の言い分も変わってくるが、貸金業者の主張を依頼者に理解してもらい、その進行状況に応じた判断を依頼者自身に行ってもらわなければならない。依頼者に説明し、理解を得て、自主的に判断してもらい、それに基づき裁判書類を作成するということが大事である。一方、簡裁訴訟代理等関係業務の場合は、何の説明も要さず、依頼者の理解も判断も不要かといえば、そのようなことはない。裁判手続は、結局のところ、その主体は依頼者なのであり、簡裁訴訟代理等関係業務であろうが、裁判書類作成関係業務であろうが、依頼者を第一に考え、事件対応にあたることが大事である。

Ⅲ 債務整理事件における司法書士の倫理

1 司法書士倫理とその考え方

　債務整理事件は、その特徴として、法的整理の段階で複数の債権・債務関係が一気に俎上に載り、単に金銭関係にとどまらず、賃貸借、割賦販売、リース等のさまざまな契約関係にその影響が及び、さらに、労働関係、債務者の家族の法的関係にまで発展する可能性も潜んでいるといえる。つまり、債務整理事件の法的処理を行うということは、紛争の坩堝に身を投じるということを意味するのである。

　このような場に、専門的な職業人として身をおく司法書士は、より一層、専門家としての倫理を備えておく必要がある。つまり、司法書士法や他の法令、日司連、各司法書士会で規定するさまざまな規範を遵守することはもちろんのこと、より高度の倫理を理解し、実践していくことが要請されるのである。[12]

　抽象的規範としての倫理については、平成15年6月に開催された日司連定時総会（第64回）において、司法書士倫理（平成20年6月開催の日司連定時総会（第70回）において改正。[DATA 1] 参照）として決議された。ここでは、司法書士倫理事例集に掲げられた問題事例等を基に考察しまとめたので、本書を利用する司法書士におかれては、ぜひとも専門家の倫理という観点から考察していただきたいと願うものである（なお、第2章Ⅲ1(4)もあわせて参照）。なお、日司連より、債務整理事件の処理に関する指針（平成21年12月16日理事会決定、平成22年5月27日改正。[DATA 2] 参照）、債務整理事件における報酬に関する指針（平成23年5月26日理事会決定、平成28年4月27日改正。[DATA 3] 参照）が発せられているので、債務整理事件の処理にあたっては、ぜひ両指針を参照されたい。

12　日本司法書士会連合会編・前掲（注11）第7章Ⅱもあわせて参照されたい。

(1) 非司法書士との提携

非司法書士との提携に関する事例を検討する。

> 司法書士Xは、NPO法人Aから次のような勧誘を受けた。Xは、どのように対処すればよいか。
> ① 当法人は多重債務者の生活再建を支援している。しかし、無報酬では法人を運営していくことはできない。法的処理の事案は先生（X）を紹介するし、負債の内容もおおむね調査のうえで紹介するから、紹介料として報酬の3割を当法人にバックしてほしい。
> ② 当法人から紹介した事件を処理するために、専門スタッフを派遣する。事件はスタッフが処理をするので、先生は事件にかかわる必要はない。また、先生には、謝礼として月30万円の顧問料を支払う。

司法書士は、常に人格の陶冶を図り、教養を高め品位の保持に努める（司法書士倫理3条）。司法書士は、不当な方法によって事件の依頼を誘致し、または事件を誘発してはならない（同倫理13条1項）。司法書士は、依頼者の紹介を受けたことについて、その対価を支払ってはならない（同条2項）。司法書士は、依頼者の紹介をしたことについて、その対価を受け取ってはならない（同条3項）。司法書士は、常に品位を保持し、業務に関する法令および実務に精通して、公正かつ誠実にその業務を行わなければならない（司法書士法2条）。司法書士は、不当な手段によって依頼を誘致するような行為をしてはならない（司法書士法施行規則26条）。会員は、不当な金品の提供または供応等の不当な手段により依頼を誘致してはならない（司法書士会会則基準85条）。これら規定の理由は、司法書士間の公正な競争を確保するとともに、依頼者の司法書士選択の自由を確保するためでもある。さらに、事件紹介の対価が依頼者に価格転嫁されるなどということがあってはならず、これを抑制する意味もあろう。①のように、事件紹介の対価を謝礼として支払うことは不当な方法と認定せざるを得ない。したがって、このような勧誘は

断るべきである。

　また、司法書士は、司法書士法その他の法令の規定に違反して業務を行う者と提携して業務を行ってはならず、またこれらの者から事件のあっせんを受けてはならない（司法書士倫理14条1項）。司法書士は、第三者に自己の名で司法書士業務を行わせてはならない（同条2項）。司法書士は、他人をしてその業務を取り扱わせてはならない（司法書士法施行規則24条）。会員は、司法書士会に入会している司法書士または司法書士法人でない者に、自己の名義を貸与する等、非司法書士が司法書士の業務を取り扱うことに協力し、または援助してはならない（司法書士会会則基準80条）。②はこれら規定に反するので、このような勧誘は断るべきである。

(2)　報酬未払いの場合の措置

　報酬未払いの場合の措置に関する事例を検討する。

　司法書士Xは、依頼者Aから民事訴訟の被告事件を、報酬を持参することを条件として受任した。ところが、Aは、第1回口頭弁論期日の前日になっても報酬を持参しないので、XがAに連絡したところ、報酬は3日後でなければ支払えないので代理事務を進めてほしい旨の発言があった。Xは「それでは進められない」と回答し、答弁書を提出せず、出廷もしなかったため、欠席判決が言い渡された。このようなXの執務に問題はないか。

　司法書士は、簡裁訴訟代理等関係業務の依頼に対し、その諾否を速やかに通知しなければならない（司法書士倫理64条）。

　本事例についてみると、「報酬を持参すること」を条件として受任する旨伝えており、報酬持参予定日になってもAが持参しないことから、Xが「それでは進められない」と回答したが、これが「諾否の通知」にあたるかが問題となる。この点、司法書士法施行規則27条は、1項で簡裁訴訟代理等関係業務以外の業務に関する受任拒否の場合において依頼者の請求があるときは

理由書を交付すべきとし、2項で簡裁訴訟代理等関係業務については「通知」としていることから、口頭でもなしうるものと解される。しかし、口頭弁論に出廷しなければどのような結果になるかという情報はAにとって切実な問題であり、これを説明せず、ただ単に「進められない」というあいまいな回答をしていることは問題がないとはいえない。したがって、「事件の依頼を承諾しない」旨を明確にAに伝えるとともに、欠席判決に対する説明を加えておくべきであろう。なお、本事例とは直接関係ないことではあるが、本事例のような事態に陥らないよう、諾否決定日は口頭弁論前日よりある程度余裕をもたせた日にすべきであろう。

なお、本事例においては「報酬を持参することを条件として受任する（予定）」となっているが、その際に「関係書類や委任状」を交付し、事件を受任した場合には、速やかに着手し、遅滞なく処理しなければならないから（司法書士倫理21条）、報酬を持参しないことを理由に、期日直前になって一方的に契約を解除することはできないことに注意を要する。

(3) 民事法律扶助制度等の教示

民事法律扶助制度等の教示に関する事例を検討する。

> 司法書士Xは、Aから債務整理の相談を受けたが、Aが手続の実費程度なら用意できるが報酬までは用意できないというので依頼を断った。このようなXの行動に問題はないか。

司法書士は、事案に応じ、民事法律扶助および訴訟救助制度を教示する等、依頼者の裁判を受ける権利が実現されるように努めなければならない（司法書士倫理66条）。

本事例についてみると、Xは、上記の教示を行っておらず、また、断った理由が、報酬が用意できない理由のみであるので問題があるといえる。

(4) 依頼者との金銭貸借等

依頼者との金銭貸借等に関する事例を検討する。

> 司法書士Xは、依頼者Aから手形取立禁止仮処分事件を受任したので、Aに対し保証金50万円を用意するよう伝えたが、Aは50万円を用意できなかった。その場合に、Xが次のようなことをした場合に問題はないか。
> ①　Xは、「緊急避難だ。サラ金から借りてきなさい」と指導した。
> ②　Xは、「今回だけは仕方がない」と言って、50万円を立て替えた。
> ③　Xは、「ちょうど別の事件（依頼者B）でお金が入った。Bに立て替えてくれるよう頼んであげる。そのかわり、Bにはちゃんと利息を支払ってください」と伝え、Bに立替えを依頼した。

　司法書士は、正当な事由なく、依頼者と金銭の貸し借りをし、または保証等をさせ、あるいはこれをしてはならない（司法書士倫理36条）。
　本事例についてみると、①はサラ金から借りてくることをあっせんすることは当該金融業者との間に新たな紛争を招く可能性があり、妥当でないうえ、当該サラ金の金利が高利なものであったならば、これを紹介するXの行為は司法書士の品位を害しかねないことから、妥当でない指導であると解する。②は利息を付さない立替えであっても、金銭の貸し借り（司法書士倫理36条）にあたるため妥当でない。③は①と同様に、新たな紛争を招く可能性があるあっせん行為であり、妥当でない指導であると解する。また、守秘義務（同倫理10条1項）に反するおそれもある。

(5)　新たな保証人の要請
　新たな保証人の要請に関する事例を検討する。

> 司法書士Xは、貸金返還請求事件の被告Aの代理人として訴訟遂行をしていたが、原告から「連帯保証人を付けてくれるのなら分割弁済の和解に応じてもよい」と提案されたので、Aに対し、一括弁済が無理なら連帯保証人を探すよう指示した。XがAに対して、このような指示をす

ることに問題はないか。

　主債務者と保証人の関係は将来求償関係となりうるから、新たな紛争を招く可能性がある。ゆえに、これをことさらにあっせんすることは避けるべきである。保証人が不要となるように根気強く交渉すべきである。場合によっては、特定調停を申し立てるのも一つの手段であろう。

(6) 共同受任をしている司法書士間での意見の不一致

　共同受任をしている司法書士間での意見の不一致に関する事例を検討する。

　司法書士X_1は、同僚の司法書士X_2と共同で訴訟代理を受任したが、訴訟の方針についてX_2と意見を異にするようになり、依頼者Aに対して、「X_2の方針は間違っていると思う」と伝えた。このようなX_1の言動に問題はないか。

　司法書士は、同一の事件を受任している他の司法書士がある場合、事件の処理についての意見の不一致により依頼者に不利益を及ぼすおそれがあるときは、依頼者に対してその事情を告げなければならない（司法書士倫理29条）。また、司法書士は、他の司法書士と共同して職務を行う場合には、依頼の趣旨の実現に向け、相互に協力しなければならない（同倫理45条）。
　本事例についてみると、X_1がその信念に基づいてX_2の方針と異なる意見をもつこと自体は何ら問題のあるものではなく、これが依頼者Aの利益になるものであればむしろ望ましい。しかし、本事例においては、X_1はX_2と協議せず、いきなりAに対してその旨伝えている。このようなことは、Aを困惑させ、ひいてはX_2あるいはX_1に対する不信感を生じさせることになりかねない。したがって、X_1は、まずはX_2と十分協議し、Aが困惑しない説明ができるよう努力すべきである。

(7) 相手方本人との直接交渉

　相手方本人との直接交渉に関する事例を検討する。

> 　司法書士Ｘは、金融業者に対する過払金返還請求訴訟の原告Ａの訴訟代理人として職務を遂行しており、金融業者には被告代理人として弁護士が選任されていた。
> 　その最中、別の事件で同じ金融業者の担当者と話をする機会があったので、「ところでＡの件ですが、○○円で和解できませんか」と和解を持ちかけた。このような行為に問題はないか。

　司法書士は、受任した事件に関し、相手方に代理人があるときは、特別の事情がない限り、その代理人の了承を得ないで相手方本人と直接交渉してはならない（司法書士倫理40条2項）。

　本事例についてみると、相手方は金融業者であるが代理人が選任されている。司法書士倫理40条1項は「その無知又は誤解に乗じて」とあり、同条2項も相手方の無知、誤解に乗じて本人と直接交渉してはならない趣旨であると解されるから、相手方本人が金融業者であり、金融の専門家である場合には、直接交渉ができる特別の事情にあたるという考えもあるが、代理人に弁護士を選任した意味を考えると、相手方は弁護士の専門性に期待して代理人を選任したと思われ、本事例のように、別件で話をしている機会に乗じて即答を求める和解案の提示は問題があるといえる。

(8)　相手方からの利益の供与

　相手方からの利益の供与に関する事例を検討する。

> 　司法書士Ｘは、債務整理事件を多数手がけており、金融業者の訴訟担当社員とは顔見知りになっていた。ある日、Ｘが口頭弁論に出廷するために駅でタクシーを待っていたところ、その日の裁判の相手方である金融業者の訴訟担当社員といっしょになり、訴訟担当社員が「先生、いっしょにタクシーに乗っていきませんか」と誘われたため、タクシーに同乗した。

また、タクシー代については、訴訟担当社員がタクシーチケットで支払うというので任せておいた。このようなＸの行動に問題はないか。なお、Ｘの依頼者Ａは、同じタクシーからＸと訴訟担当社員が降りるのを目撃した。

　司法書士は、受任した事件に関し、相手方または相手方代理人等から利益の供与もしくは供応を受け、またはこれを要求し、もしくはその約束をしてはならない（司法書士倫理39条）。

　本事例についてみると、Ｘは相手方社員からタクシー代の利益供与を受けているので問題がある。また、仮にタクシー代を割り勘とした場合においても、タクシーに同乗したことをＡに見られたことにより、ＡがＸの職務に対して疑念を抱く可能性があることを考慮すると、相手方とタクシーを相乗りすること自体避けるべきである。

(9)　相手方に対する利益の供与

相手方に対する利益の供与に関する事例を検討する。

　司法書士Ｘは、訴訟代理人として出廷したが、次回が和解期日に指定されたため、閉廷後、相手方を喫茶店に誘って和解内容について話合いをした。その際、相手方が「これだけ譲歩するんだからコーヒー代ぐらい先生が支払ってよ」と言うので、Ｘは二人分のコーヒー代を支払った。このようなＸの行動に問題はないか。

　司法書士は、受任した事件に関し、相手方または相手方代理人に対し、利益の供与もしくは供応をし、またはその約束をしてはならない（司法書士倫理39条2項）。

　本事例についてみると、コーヒー代の利益を供与していることから、問題がある。次回の和解に向けて話合いをすること自体は問題はないが、本事例のような事態になることを避けるため、裁判所の待合室等を利用するなどし

て、注意を払うべきである。

(10) 代理人としての職務懈怠

代理人としての職務懈怠に関する事例を検討する。

> 司法書士Ｘは、代理人として債権者10社への特定調停申立てを受任したが、他の業務が忙しく、10社もの調停期日にはとても出席できないと考え、調停期日には依頼者本人のみを出頭させ自分は出席しなかった。このようなＸの執務姿勢に問題はないか。
>
> また、この場合に10社中５社に対する特定調停は代理人として受任し、残りの５社に対する特定調停は書類作成者として受任（裁判書類作成関係業務として受任）して、代理人として受任した５社のみ調停期日に出席した場合はどうか。

司法書士は、信義に基づき、公正かつ誠実に職務を行う（司法書士倫理２条）。また、司法書士は、依頼の趣旨に基づき、その内容および範囲を明確にして事件を受任しなければならない（同倫理19条）。

本事例についてみると、いったんすべての債権者への特定調停申立てを代理人として受任し、自らの業務繁忙を理由に適宜本人のみを出頭させた行為は、職務懈怠といえる。一方、司法書士倫理19条に基づき、明確に代理人としての受任と、書類作成者としての受任を分けていた場合には問題はないことになるが、書類作成者としての受任の場合には本人のみの出席になる旨、依頼者に対して、よく説明しておかなければならない。

２　提携司法書士の問題とその考え方

(1) 提携司法書士とは

提携司法書士とは、ここでは、司法書士ではないのに司法書士法または弁護士法その他の法律に違反し、利益を得る目的で債務整理に関して法律事務を行いもしくは裁判所提出書類を作成し、またはこれらをあっせんすること

を業とする者と提携し、これらの者から事件のあっせんを受け、またはこれらの者に自己の名義を利用させる司法書士もしくは司法書士法人のことを指す。

提携には、おおむね2類型がみられ、一つは単に自己の名義を貸し、債務整理業務のすべてを提携業者が行い、司法書士は名義利用料を受領する形態であり、もう一つは、提携業者から事件の紹介を受け、司法書士がバックマージンを支払う形態である。

(2) 非司提携行為

これらの提携行為に関して、弁護士法は、72条で非弁行為（弁護士でないものが利益を得る目的で法律事務を業として行うこと）を禁止するとともに、27条で、非弁護士との提携行為（非弁提携行為）を禁止している。一方、司法書士法には同様の規定はないが、非弁提携行為が禁止されているのは、弁護士法72条が「弁護士は、基本的人権の擁護と社会正義の実現を使命とし、ひろく法律事務を行なうことをその職務とするものであつて、そのために弁護士法には厳格な資格要件が設けられ、かつ、その職務の誠実適正な遂行のため必要な規律に服すべきものとされるなど、諸般の措置が講ぜられているのであるが、世上には、このような資格もなく、なんらの規律にも服しない者が、みずからの利益のため、みだりに他人の法律事件に介入することを業とするような例もないではなく、これを放置するときは、当事者その他の関係人らの利益をそこね、法律生活の公正かつ円滑ないとなみを妨げ、ひいては法律秩序を害することになるので、同条は、かかる行為を禁圧するために設けられたもの」である（最判昭和46・7・14刑集25巻5号690頁）と解釈されており、同条に規定する違法行為を弁護士自らが助長し、法律秩序を乱すことのないようにする趣旨であると考えられ、これは当然司法書士にもあてはまると解される。このことは、司法書士倫理14条において非司法書士との提携が禁止されていることからも明らかであろう。

多重債務整理においては、以前から、非弁提携弁護士の問題は指摘され続けており、簡裁代理権等を付与されることによって裁判外の和解交渉（いわ

ゆる任意整理）が可能となった司法書士の中にも、非弁提携弁護士と同様の形態をとる者が現われるであろうことは容易に想像できた。

(3) 非司提携以外の具体的な行為

提携司法書士の問題は、非司法書士との提携行為（非司提携行為）のみにとどまるものではなく、一般的な問題点をあげるだけでも、非弁提携弁護士と同様、①品位を害するような内容の広告を行うこと、②自ら事務処理をすることが困難であるにもかかわらず、遠隔地の債務者から相談を受けること、③司法書士が直接面談を全くしない、または、ほとんどしないこと（補助者に法律事務を任せきりにすること）、④司法書士報酬が著しく高額であること（費用についての説明が不足していること）⑤債務者に対する説明がきちんとなされていないこと（報告しないこと）、⑥預り金の管理が杜撰であること（きちんと精算しないこと）、⑦利息制限法に基づく引直計算をしない、または杜撰な計算方法による和解をすること、⑧支払不能の事案についても任意整理を押し付けることなどが指摘できる。近時の懲戒処分案件においても、非司提携行為のみを懲戒処分事由とするより、③～⑦のような事件処理をめぐる非行をあわせて懲戒処分事由とするものが多数である。

①については、いわゆる不当誘致の問題に該当するものである。司法書士法施行規則26条（依頼誘致の禁止）によれば、「司法書士は、不当な手段によって依頼を誘致するような行為をしてはならない」としており、これは、不当誘致を放任した場合に起こりうるであろう同業者間の不当競争の激化およびそれに伴う司法書士の品位の失墜の可能性、さらには司法書士業務の公正保持の観点から当然に導かれるものと説明されている。不当誘致行為は、懲戒処分の対象となる（司法書士法47条）。なお、司法書士会会則基準85条には「会員は、不当な金品の提供又は供応等の不当な手段により依頼を誘致してはならない」との規定があり、86条には「会員は、自己の業務について広告をすることができる。ただし、虚偽若しくは誇大又は品位を欠く場合は、この限りではない」とされているので、各司法書士会の会則の規定にも留意されたい。

②③⑤⑥⑦⑧については、直接的に司法書士法2条の職責規定に違反するものと考えられる。すなわち、司法書士は、司法書士法の定めるところにより、他人の依頼を受けて業務を行うが、私企業と異なり、国民と裁判所等との間に介在して国民の権利義務を擁護するという重要な業務上の義務があり、その業務は極めて公共的な性質をもつ。したがって、依頼された趣旨に従い迅速かつ適正に業務を執行する必要があり、公共的性質をもつ業務であるためには、公正かつ誠実に職務を行わなければならないのである。これに違反した場合には、懲戒処分の対象となる（司法書士法47条）。

③については、司法書士法施行規則24条（他人による業務取扱いの禁止）の規定にも違反するものと考えられる。

④について、以前は、各司法書士会の会則に報酬基準が定められており、司法書士報酬はこれに則ることとされていたが、この報酬基準の定めは平成14年の司法書士法改正に伴い削除され、報酬が自由化された。とはいえ、依頼者にとって、安心して依頼することができるためには、報酬がどのくらいになるのか事前にわかっていることが望ましい。そこで、報酬の規定の削除に伴い、利用者の便宜を図る観点から、あらかじめ依頼者に対して報酬額の算定の方法その他の報酬の基準を示さなければならないものとされている（司法書士法施行規則22条）。したがって、司法書士会会則基準89条によれば、司法書士会の会員は、依頼者に対し、その報酬の金額または算定方法を事務所の見やすい場所に掲示するなどして、明らかにしなければならないものとされている。

(4) 懲戒事例

債務整理事件における提携司法書士問題に関する懲戒事例を紹介する。

司法書士X_1は、依頼者の債務整理業務の委任状、取引履歴・引直計算書、依頼者の情報をX_2株式会社から受け取る旨の業務提携をし、1年4カ月余りの間に、X_2から少なくとも1764件の紹介を受けた。依頼者に対する手続の説明、委任状の取得、引直計算等はX_2が行い、X_1が

直接依頼者と面談することはなく、司法書士報酬の請求および受領もX_2が行っていた。また、過払金を回収することができた場合には、自己の報酬を差し引いた額をX_2に引き渡し、X_2が依頼者に対する清算手続を行っていた。

この事例において、X_1には1年間の業務停止の処分がなされた。その理由は、司法書士法2条（職責）、司法書士法施行規則22条（報酬の基準を明示する義務）、23条（会則の遵守義務）、24条（他人による業務取扱いの禁止）、26条（依頼誘致の禁止）その他所属司法書士会会則に多数違反したことである。常に品位を保持し、業務に関する法令および実務に精通して、公平かつ誠実に業務を行い、国民の権利の擁護および実現に資する司法書士としての自覚を欠き、司法書士に対する国民の信頼を大きく損なう行為であり、その責任は重大である。

3 広告の問題とその考え方

広告が自由化されたことにより、都心部の鉄道や地下鉄に司法書士の広告が掲示され、新聞折込広告もなされるようになった。そして、地方の新聞にまで都心部に事務所を有する司法書士が折込広告を入れたり、戸別にポスティングを行っている。また、昨今は新聞広告やテレビ、ラジオ等の媒体も利用され、さらに、地域性に無関係のインターネットにおいても、「全国どこからでも相談可」「24時間メール相談」といった広告が氾濫している。

このような広告の中には、司法書士の品位を損ね、あるいは不当誘致の内容を含むものも散見されるが、前述のとおり、司法書士会会則基準86条では、「虚偽若しくは誇大又は品位を欠く」広告は禁止されているので、この点、各司法書士会の会則および広告に関する規定には十分留意されたい。

広告を利用することにより、司法書士は遠隔地に居住する依頼者の事件を受任することが一応可能となったが、この点について、以下のような問題点が指摘されている。

(1) 不十分な面談

債務整理事件の処理に関する指針は、司法書士が行う債務整理の基本姿勢として、「債務整理事件の処理にあたっては、依頼者の生活再建を目指すことを常に念頭に置き、……依頼者の生活再建のための方策を講じるものとする」旨を定めている。

これを実現するためには、単なる債権債務の調査・処理にとどまらず、依頼者の生活状況を十分に把握し、具体的な方針や手続について打ち合せ、また、依頼者の心情を汲み取りながら生活全般について後見的な役割を果たすなど、依頼者と濃密な信頼関係を構築する必要もある。

そのためには、定期的に依頼者本人と直接面談すべきであるが、遠隔地であるがゆえに、面談の機会を確保することにはさまざまな負担が伴い困難が生じる。結果として面談不足が生じ、依頼者にとっても不利益となっている。

(2) 裁判管轄

裁判管轄にも留意しなければならない。①過払金返還請求訴訟については、貸金業者の本店所在地または依頼者の住所地を管轄する裁判所において提起することが原則であり、②破産、民事再生は債務者の住所地を管轄する地方裁判所に申し立てることが原則であることに鑑みれば、遠隔地の司法書士がそれらの裁判を提起して維持していくためには、交通費等を依頼者に負担してもらわなくてはならない。また、民事再生については、各裁判所によって再生委員選任の要否、再生委員選任のための予納金額の差異などがあることから、それらの実情を把握しておく必要があり、そのような知識なくして適切な手続選択をすることはできない。

(3) 行政等との連携

さらにいえば、債務整理事件については、各地域で司法書士と行政機関等との連携が行われており、債務の法的処理のみならず生活再建全般についてさまざまな角度から支援が行われているところ、遠隔地の司法書士では、そのような対応は困難である。

したがって、依頼者からみれば、地理的に、依頼者がいつでも立ち寄るこ

とができる場所に事務所を有する司法書士に事件を依頼することが望ましいことは明らかである。

4　事件の選り好みの問題とその考え方

　依頼者が債務整理を欲する目的は、生活を経済的に建て直すことにある。したがって、司法書士が行う債務整理の本旨は依頼者の生活再建にあると考えるべきである。しかし、司法書士が自己の収益を優先するあまり、効率的に売上につながりやすい事件のみを選んで受任し、解決に長期の時間を要することが見込まれる事件などは受任を回避するという、事件の選り好みの問題が生じている。たとえば、過払金返還請求事件のみを受任し、そのほかは受任しないといった具合である。

　過払金返還請求事件は、その争点を争うことなく、任意交渉で貸金業者等から提示される低額の和解金額に応じれば、さほど時間を要することもなく比較的容易に過払金の回収ができ、成功報酬も得やすい。これに対し、破産事件や民事再生事件は、手続が煩雑で解決までに相当期間を要すること、ヤミ金融業者が相手方となる事件では、電話等により司法書士が違法業者と応酬しなければならないことなどから、敬遠しているものと考えられる。

　繰り返すが、依頼者が債務整理を欲する目的は、自己の生活を経済的に建て直すこと（生活再建）にある。一方、司法書士は、依頼者の利益を最大限に尊重すべき社会的責務を負っているのであり、上記のような執務姿勢は厳に慎むべきで、司法書士が、自己の都合により事件を選り好みして、依頼者の究極の目的である生活再建をないがしろにすることは許されない。また、こうした選り好みを行うことは、依頼者に、たらい回しを強いることにもなる。多重債務に苦しんでいる相談者にとっては、司法書士という専門家に電話をかけることだけでも相当に勇気のいることであり、司法書士側の事情のみで断ることにより、次に電話をかける勇気すらもなくなって力尽きてしまうことがあることをよく認識しなければならない。

5　報酬の問題とその考え方

(1)　委任契約書、報酬表明示の必要性

　司法書士等の報酬は、依頼者との委任契約で定められるものであり、依頼者と司法書士とが合意するのであれば、原則としてその内容は自由であるとされている。しかし、報酬は、依頼事務の作業の対価、依頼に要した時間の対価、依頼事務の処理により得られた利益の対価であるということに鑑みれば、おのずと金額的基準を導き出すことができよう。

　ところが、債務整理事件の報酬に関して紛争となったケースでは、「高すぎる」という趣旨の苦情が多くみられ、その背景として、①委任契約書が依頼者に交付されていない、②報酬の説明が十分にされていないという問題を指摘することができる。

　そこで、債務整理事件の受任にあたっては、委任契約書を交付することはもとより、報酬表を交付することが必要である。当該報酬表に基づいて具体的な事案に即して計算した報酬計算例を示すなどの方法も有用であろう。また、たとえば、当初は任意整理を進める予定で受任し、その報酬を受領したものの、債権調査を行った結果、債務整理の方針を破産手続開始の申立てに変更せざるを得ないなどということは珍しくない。受任時には、債務整理の方針が変更となったときにすでに受領している報酬をどのように取り扱うかなどの点も十分に説明しておく必要があろう。

　債務整理事件に関する報酬は、その内訳として、着手金、減額報酬、成功報酬、裁判書類作成関係業務に係る報酬、支払代行報酬などが考えられるが、これらについてもさまざまな運用がなされているようである。以下においては、これらの報酬について望まれるべき考え方を簡潔に述べる。

(2)　着手金

　債務整理事件の受任時に、報酬の前払いとして依頼者から着手金を受領することもある。一般的に、着手金とは、事件の依頼を受けた段階で、事件の結果に関係なく受領する報酬と理解される。債務整理の場合は、「債権者1

社について○○円」「債権者数○社から○社までは○○円」などと定めている場合が多いと思われるが、多重債務者の多くが金銭的に余裕がないことに鑑みれば、なるべく低額、かつ分割払いという対応が望まれる。

なお、債務整理事件における報酬に関する指針では、着手金を含めて「定額報酬」と定義している。そして、5条に定められている任意整理の定額報酬については、依頼者の経済的状況を考慮し、適正妥当な金額とすべきであろう。

(3) 減額報酬

紛争の相手方の請求額を減額して和解等が行われた場合、依頼者が免れた債務額に対して一定の率等により計算された金額として減額報酬を算定している例がみられる。

債務整理事件の場合、貸金業者等が仮に利息制限法を超過する利率により計算された約定残高を請求しているとしても、実際にはみなし弁済の成立は否定されるので、このような利率により計算された利息はそもそも無効なものであり、約定残高と利息制限法に基づく利率に引き直して計算した後に把握される残高との差額は、減額交渉の概念の外にあると考えるべきである。したがって、この差額は、減額報酬算定の基礎とすべきではない。具体的には、引直計算後の残高よりも和解金額が下回る場合の、その差額についてのみ、減額報酬を収受しうることになる。

(4) 成功報酬

成功報酬とは、司法書士等の一定の行為が紛争当事者の権利義務に直接影響して、依頼者に好結果をもたらした場合の報償的報酬と考えられる。債務整理事件に関していえば、成功報酬を検討する場面は、主に訴訟代理人として支援を行い、過払金の返還を受けた場合が多いものと考えられ、その場合、返還を受けた額に一定の率を乗じた金額をもって成功報酬としているケースが多くみられる。

債務整理事件の報酬が問題となるケースでは、返還を受けた額の3割〜5割あるいはそれ以上の成功報酬を得ている例もあるようである。報酬が、依

頼事務の作業の対価、依頼に要した時間の対価、依頼事務の処理により得られた利益の対価であることを考えると、このような成功報酬は高すぎるのではないかと思われる。

(5) 裁判書類作成関係業務に係る報酬

裁判書類作成関係業務に係る報酬とは、司法書士法3条1項4号に規定する裁判関係書類作成の対価である。

債務整理事件において司法書士が裁判関係書類の作成に関与するのは、過払金返還請求訴訟の訴状や準備書面等の作成、破産手続開始申立書や再生手続開始申立書の作成などが代表的であろう。このうち過払金返還請求訴訟の訴状や準備書面等の作成に対する報酬の考え方は、前述のとおりである(本章Ⅱ3(3)(ア)参照)。

破産手続開始申立書や再生手続開始申立書の作成、あるいは特定調停申立書の作成などについては、民事法律扶助が利用可能であるならば、依頼者にその利用を積極的に勧めるべきで、そうでないとしても依頼者の経済的状況を考慮し、適正妥当な金額とすべきことは当然であり、また、分割払いについても当然に対応すべきであろう。

(6) 支払代行報酬

支払代行報酬とは、分割払いの和解が成立した後の和解に定めた弁済や、個人民事再生事件における再生計画の履行について、依頼者から司法書士が弁済金を預かって、継続的に代行弁済をする場合の報酬を指す。

依頼者にとっては、複数の債権者に対して毎月自ら弁済を行うよりも、総額を毎月司法書士等に送金するなどして預けさえすれば、司法書士が各債権者に振り分けて支払ってくれるため、メリットがある。

支払代行報酬の定め方としては、1件(1回)支払うごとに一定額を定めたり、管理料として1カ月あたりの金額を定めたりしているケースが多いと考えられる。

一方、支払代行について司法書士等が行っている実際の業務の多くは残高管理であると考えられる。毎月の債権者への送金は金融機関の定額自動送金

サービスを利用していることが多いと考えられるため、残高管理さえしていれば、送金の手間はあまりかからない。なお、残高が不足する場合には依頼者に連絡をしたり、残高に余裕のある場合には早期完済をすべきとの助言をすることも重要である。

こうした支払代行は、多くの場合、依頼者の債務完済に大きく寄与し、その意義は大きいと思われる。しかし、支払代行は、依頼者に新しい経済的価値を生み出すものではないため、報酬を定めるとしたら、事務費の実費程度であると考えられる。もっとも、上記のような支払代行の意義に着目して定期的なカウンセリングをも行う場合には、そのカウンセリングの内容、頻度、依頼者に与える効果等を勘案して報酬を定めることも考えられる。

6　その他の問題とその考え方

ここまで、業務提携（提携司法書士）、広告、報酬に関する問題を取り上げてきたが、ほとんどの司法書士は、誠実に債務整理業務を進めていると思料する。ただし、司法書士に求められる倫理は相当高度なものであることは肝に銘じておかなければならない。そこで、最後に、その他の問題として、二つの懲戒事例を紹介する。

(1)　**業務遅滞**

業務遅滞に関する懲戒事例を紹介する。

司法書士Xは、依頼者Aから、破産手続に係る業務を受託した。その際の受任通知に係る債権調査のほか、受託後3年半余りの間に、債権者Bに対して、破産手続開始の申立ての添付書面として3カ月以内に作成した債権調査票が必要であるなどとし、6回の債権調査依頼をし、同調査票を受領した。

その後、Bからの進捗確認に対し、Aとの連絡不通を理由に辞任予定の旨を伝えたが、辞任せずにいたところ、BよりAに対する支払督促がなされた。これに対して、Aは督促異議を申し立てて、訴訟にてBの債

権につき消滅時効を援用したが、裁判所は信義則違反を理由にこれを認めず、B勝訴の判決が確定した。この訴訟に際して、Xは、自ら代理人として関与することはなく、特段の対応はとらなかった。その後、Bより、5年以上も事件を放置したあげく、訴訟でAに消滅時効の援用を指示・主張させたことは信義則に反するとして、懲戒の申立てがなされた。

なお、本件以外に、別件で、依頼者C（電話、郵便による連絡のみで、直接面接した事実は確認されていない）から、依頼した債務整理に関する報酬と経過報告がないことに関して司法書士会あてに紛議調停の請求があったほか、依頼者Dに関する債務整理について、放置されているとして、その債権者Eからも紛議調停の請求がなされていた。

本事例は、業務遅滞のみを単独の懲戒事由としたものではなく、その執務姿勢に問題があったと思料され、Xに対して、2年の業務停止という重い処分がなされている。被処分者（X）は、自ら受任した債務整理業務について、正当な理由なく放置し、債権者から提起された訴訟に対して適切な対応をせず、依頼事項の経過や報酬に関して十分な説明を行わず、また、所属司法書士会の被処分者に対する紛議調停期日の呼出しに対して正当な理由を示さないまま、いっさい応じなかったことから、司法書士法2条（職責）、司法書士法施行規則23条（会則の遵守義務）、所属司法書士会会則に違反する非道行為であり、厳しい処分が相当であるとされた。

本事例のように、依頼者との連絡不通などを理由に業務が進展せず、債権者（貸金業者等）から業務遅滞を理由に懲戒を申し立てられ、処分されている事案が散見される。

債務整理の依頼者の中には、生活に困窮して電話代や家賃を滞納しているという者も少なくなく、電話を解約されたり、アパートを転居せざるを得なくなったりして、結果、依頼者との連絡が不通となってしまうことがある。たとえば、依頼者との連絡がつかなくなってしまった場合などは、その後の事件処理をどう進めるか悩ましいところであろう。全く連絡がつかず、依頼

者の協力が得られない場合には、辞任することも一考であろう。ただし、所在不明などの場合は、依頼者に辞任・解約の意思表示が到達しないことも考えられる。受任時に、このような事態が生じた場合の処理・方針について、十分に説明しておくべきであろう。

(2) **一部請求**

一部請求に関する懲戒事例を紹介する。

> 司法書士Xは、依頼者Aから、債務整理を受任し、債権者から取得した取引履歴について引直計算をしたところ、すでに143万円余りの過払い状態となっていた。依頼者Aは、弁護士にあらためて委任する手間や費用等からみて、過払元金のうち140万円を超える3万円余りを放棄しても、Xに訴訟提起を依頼したほうが得策であると考え、その処理を委託し、Xはこれに基づき、Aの代理人として、143万円のうち140万円を元金とする過払金返還請求訴訟を提起した。なお、第1審はおおむね原告（A）の請求が認められたが被告に控訴されたため、控訴審では、Aの本人訴訟にXが書類作成者として関与し、訴訟上の和解が成立した。

本事例では、Xに対して、戒告の処分がなされている。その理由としては、認定司法書士は、簡易裁判所における訴訟手続であって、訴訟の目的の価額が140万円を超えない事件に限り訴訟代理人として訴訟を提起することが認められているところ、この範囲に限って認定司法書士に訴訟代理権を認めた趣旨からして、訴訟の目的の価額が140万円以内であったとしても、一部請求として訴訟を提起することは一部請求に至った経緯・事情等に照らし、弁護士でも一部請求をすることが合理的であると認められる特段の事由がある場合を除いて、司法書士の品位保持義務（司法書士法2条）に違反すると解するのが相当である。被処分者（X）には、このような特段の事由があるとはいえないことは明らかで、懲戒処分の対象となる行為といわざるを得ないとされた。

第2章
相談受付けから手続選択までの執務のあり方

第2章 相談受付けから手続選択までの執務のあり方

I はじめに

　債務整理に関する手続は、任意整理、特定調停、過払金返還請求、民事再生（個人民事再生）、破産（個人破産）等があるが、こうした多様な債務整理の方法の中から、相談者に最も適切な方針を選択し、手続を履行していく必要がある。したがって、相談の受付けは極めて重要である。そして、相談から方針の決定、事件処理に至る過程は、おおむね〔図1〕のとおりと考えられる。

　まず、相談の受付けを行い、相談の結果、相談者が事件を委任するか、ま

〔図1〕　債務整理の相談から事件処理に至る流れ

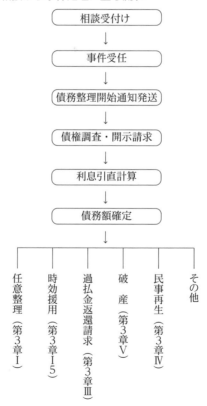

た、司法書士が事件を受任するかが決定される。

　事件を受任した場合には、まず債権調査を行うこととなるが、ここで債権調査とは、債権者との全取引経過を調査して利息制限法に基づいて再計算（引直計算）を行い、残金を確認するための調査をいう。

　前述のように、簡裁訴訟代理等関係業務の認定を受けた司法書士は、債務整理業務を遂行するにあたって債権調査を行うことが可能であり（第1章Ⅱ2(2)参照）、また、債権調査を行うことにより、債務者にとって最も適切な手段を提示する業務が存するともいえる。債権調査をせずとも方針として破産手続をとることしか考えられない場合もあるが、その場合にも、破産手続開始の申立てにあたり、債権調査（残高確認）をする必要はある。

　本章では、相談の受付け（後記Ⅱ）、事件の受任（後記Ⅲ）、債権調査（後記Ⅳ）、利息制限法に基づく引直計算（後記Ⅴ）、事件処理の方針の決定前の弁済の禁止（後記Ⅵ）、事件処理の方針の決定（後記Ⅶ）の流れにおいて考えられる論点について考察する。

Ⅱ 相談の受付け

1 相談のポイント

　多重債務整理に関する相談では、相談者（債務者）の負債の状況、収入の見込み、所有資産、現在の状況、今後の希望などを詳細に聴取し、司法書士は相談者がどのような整理を望んでいるのかを法的に評価し、どのような手続をとることが可能であり、そのメリット・デメリットはどのようなものかなどについて、適切なアドバイスを施す必要がある。

(1) **相談者に用意してもらう書類**

　相談日には、あらかじめ、相談者に、①負債に関する契約書、領収書、督促状等、貸金業者等から受領したあるいは郵送されたいっさいの書類およびカード、②債権者全員の氏名、残高を記載したメモ、③最近の給与明細書、所得証明書等収入の状況がわかるもの、④預金通帳、⑤家族の職業と収入を記載したメモ、⑥借家等の賃貸借契約書、⑦不動産登記事項証明書、評価証明書、生命保険証書、車検証等所有財産の概要がわかるものなどの書類を用意してもらい、相談カード（【書式2】参照）等を用いて面談を行うと、スムーズに行うことができる。

Ⅱ　相談の受付け

【書式２】　債務整理相談カード

日付		相談者名		男・女	本人・その他（　　　）
住所				生年月日	
電話			携帯		

職業	会社員・公務員・自営業・会社経営・パート・アルバイト・内職・失業中・主婦・その他（　　）	手取	月　　　万円

同居家族	配偶者（月　　万円）・子供（月　　万円）・子供（月　　万円）・子供（月　　万円） 親（月　　万円）・親（月　　万円）　同居家族（　　人）
住居	持家・家族の持家・アパート・借家・公営住宅・居候（家賃または住宅ローン　月　　　円）

借金	消費者金融	件（　　万円）	・	クレジット	件（　　万円）
	銀　行	件（　　万円）	・	短期(ヤミ)	件（　　万円）
	商工ローン	件（　　万円）	・	その他	件（　　万円）

キャッシング借入年数	１・２・３・４・５・６・７・８・９・10・（　）年・

事案の概要		家賃・住宅ローン	円
		電気・水道・ガス	円
		電話・携帯	円
		食費	円
		ガソリン・交通費	円
		車の保険	円
		生命保険・共済	円
		学校・幼稚園等	円
		医療費	円
		（　　　　）	円
		（　　　　）	円
		雑費	円

支払可能額	円	収入計	円	支出合計	円

検討した方針	破産　任意整理　調停　過払訴訟　再生 応訴　時効援用　監督官庁通報（　　　　）

持参指示	□借入先と残高（概数）を書いたメモ □住宅所有の場合は登記簿謄本、納税通知書（課税明細） □借入契約書や支払明細書等、借金関係の書類あるだけ全部 □キャッシングカード・クレジットカード □免許証又は健康保険証　□認印（預り可）　□現金 □通帳（記帳して）□給与明細（３か月分）・前年の源泉徴収票 □ □ □

結果	面談予約　　月　　日　　時　　分・再連絡待・他を紹介（　　　　）

(2) 相談者から聴取する事項

相談者から聴取する事項は、おおむね次の①～⑥である。

① 収入の状況　現在の手取収入、家族の手取収入を聞く。児童手当、児童扶養手当、年金、生活保護などの公的扶助を得ているのかも確認しておく。

② 財産の状況　生命保険や積立預金があるのかを確認する。給与明細書がある場合は控除項目を調べ、生命保険や積立預金などの有無、その残高などを確認する。また、通帳の入出金も同様に調査する。さらに、勤務先の退職金規程の有無および現在における退職金見込額を確認する。不動産を所有している場合には、その時価、担保の状況を確認する。

③ 家計の状況　通帳や相談者の意見に基づき、簡単な家計表を作成し、可処分所得を算出してみる。

④ 多額の債務を負うに至った経緯　生活費、住宅ローン、事業の失敗、名義貸し、浪費など、多額の債務を負うに至った経緯を確認する。

⑤ 債権者の調査　債権者一覧表（【書式3】参照）に基づいて、負債の状況を確認する。税金、社会保険料、国民年金保険料、家賃、水道光熱費などのうち未払いのものがあるか否かを聴取し、未払いのものがあれば一覧表に記載しておく。また、銀行・信用金庫など金融機関のカードローン、家族、親戚、知人、会社などからの借入れがある場合もあるが、これらは相談者自身も自覚していない場合が多いので注意を要する。

⑥ 援助者　家族等で弁済の資金援助をする可能性のある者が存在するか、存在する場合には、どの程度の期待ができるのかを確認する（ただし、家族等からの弁済を強要したり促したりするものではない）。

[書式3] 債権者一覧表

面談日（　／　／　）　　　　　　　S・H　年　月　日　生　　　　　　依頼者

	債権者名	支店	現在額	当初借入日	月返済額	最終返済日	種類	担保購入商品	保証人	備考
1				S・H　・　・		S・H　・　・	貸金・立替・保証債務 その他（　）			
2				S・H　・　・		S・H　・　・	貸金・立替・保証債務 その他（　）			
3				S・H　・　・		S・H　・　・	貸金・立替・保証債務 その他（　）			
4				S・H　・　・		S・H　・　・	貸金・立替・保証債務 その他（　）			
5				S・H　・　・		S・H　・　・	貸金・立替・保証債務 その他（　）			
6				S・H　・　・		S・H　・　・	貸金・立替・保証債務 その他（　）			
7				S・H　・　・		S・H　・　・	貸金・立替・保証債務 その他（　）			
8				S・H　・　・		S・H　・　・	貸金・立替・保証債務 その他（　）			
9				S・H　・　・		S・H　・　・	貸金・立替・保証債務 その他（　）			
10				S・H　・　・		S・H　・　・	貸金・立替・保証債務 その他（　）			
11				S・H　・　・		S・H　・　・	貸金・立替・保証債務 その他（　）			
12				S・H　・　・		S・H　・　・	貸金・立替・保証債務 その他（　）			
13				S・H　・　・		S・H　・　・	貸金・立替・保証債務 その他（　）			
14				S・H　・　・		S・H　・　・	貸金・立替・保証債務 その他（　）			
15				S・H　・　・		S・H　・　・	貸金・立替・保証債務 その他（　）			
合計										

2 相談に臨む姿勢

　多重債務に陥った相談者は、多くの場合、精神的に追いつめられている。過酷な取立てや社会的な偏見にさらされ、夜逃げや自殺などを考えた末に、一縷の望みをもって相談にくる場合もあろう。そのため相談者には債務整理手続をすれば何とかなるという安心感や、将来への希望をもってもらうことが大事である。多重債務者からの相談に応じることは、相談者の精神的サポートという一面をもつのである。

　したがって、相談者と相談に臨む司法書士との信頼関係が不可欠である。司法書士には、相談者が抱える問題に真摯に向き合い、丁寧かつ毅然として自信をもった態度が要求される。

　また、受任後においても、依頼者が十分に納得したうえで手続を進めるように常に留意すべきである。

　以上のことは、債務整理の実務に限らず、すべての裁判実務において重要なことではあるが、多重債務整理事件において、さらに以下に述べるような特有の注意点がある。

(1) 相談時間

　相談は2時間～3時間かかることも覚悟しなければならない。自己の執務に支障を来さないよう、相談日時はあらかじめ指定するべきである。相談者には、相談時に必要な書類を持参するよう指示しておく（前記(2)(ア)参照）。

　相談者の中には、時間を守らない者や約束しても来ない者、約束なしに突然訪問してくる者などもいるが、そのことに対して、司法書士のほうが神経質になってはならない。多重債務者は長期にわたる借金生活で疲労し、正常な判断能力を失っている場合もあるので、そのことをよく理解し、司法書士としては柔軟な姿勢で臨んだほうがよい。

(2) 相談場所

　相談は事務所にて応じることになろうが、相談者の話しやすさ、プライバシーの保護などを考えると、できれば個室にて応対するのが望ましい。個室

でなくとも、応接スペースをパーティションで区切り、他人と直接目が合うことのないようにするなどの工夫が必要である。

(3) 費用の説明

相談時に、どの手続を選択するのかをある程度決定できることもあろうが、この段階では、まだどの手続を選択するか決定できないこともある。なぜなら、債権調査を経て、そのうえで手続を決定するからである。

しかし、どの手続をとったら費用がいくらくらいになるのかといった目安は、相談時に伝える必要があろう。報酬がいくらになるのかは、司法書士の報酬基準が廃止された現在、統一的な取決めはできない。各事務所において、いつでも問合せに答えられるようにしておく必要がある。日司連では、債務整理事件における報酬に関する指針を平成23年5月26日の理事会において決定し、平成28年4月27日に、同様の内容で期間延長の改定が理事会で決定されているので、参照されたい。また、前述したとおり、過払金返還請求訴訟の裁判書類作成関係業務を行う場合の報酬にも、注意するべきであろう。

さらに、費用の説明と同時に、支払方法をどうするのかも相談者に説明しておく必要がある。相談者本人には一括で支払う能力がないことが多い。一括で支払えるのか、費用に関して援助者がいるのか、分割で支払うのかといった取決めが必要である。もっとも、相談の段階では手続が決定していないことも多く、支払方法についても、手続選択を待って最終的に決定することになろう。なお、依頼を受けた後、受任通知を発して債権調査を行ってから手続が決定するという流れからすると、まずある程度の費用を預かり、その後、手続選択までの間にいくらか毎月預かるという方法も考えられる。相談者の資力によっては、民事法律扶助制度の説明をする必要がある。

結局、費用の額や支払方法については、各人が工夫して相談者の実情に合わせて決定することになるが、あいまいにしたまま手続を進めることは避けなければならない。

(4) 相談者からの連絡待ちとしない

相談者が手続を決めて相談に訪れることは稀である。たいていは、今ある

借金を何とかしたいという思いから相談に訪れる。相談の結果、相談者は、「家族と相談してあらためて連絡します」などということがあるが、こういう相談者は二度と来ないことも少なくない。司法書士に債務整理手続を委任することに戸惑いがある理由は、人それぞれに違いがあろうが、手続への誤解から家族・親族に反対されているということも多い。その場合、再度司法書士に相談しづらいというのは理解できる。

　このように、せっかく多重債務問題を解決しようと相談に訪れたのに、相談だけで終わってしまうのは、次回の相談日時を相談者からの連絡待ちとしてしまうことにも一因がある。相談者に「家族と相談してあらためて連絡します」と言われた場合は連絡待ちとせず、次回の相談日時を設定し、家族との相談の結果どのようなことになったのかを確認したほうがよい。ただし、司法書士に依頼するかどうかは相談者の自由であるから、強引にならないよう注意が必要である。

　また、次回日時の設定は、突然相談者が事務所を訪問するということを避けるメリットもある。

(5)　保証人がいる場合の対応

　保証人がいる場合、多くの相談者は債務整理をためらう。特に破産や民事再生となると、支払不能部分については保証人に全額請求が及ぶことになるため、保証人に迷惑をかけたくないと考えるのは当然である。かといってこのまま事態を放置しても解決することはない。相談者には、このままでは負債がもっと大きくなり、保証人に対して後日もっと迷惑をかけることになることをよく説明し、手続に理解を求めることが必要となる。

　同時に保証人に対しても何らかのケアが必要になるであろう。保証人に一括で支払う資力があるならともかく、全額を一度に支払うことが難しいことが多いからである。場合によっては保証人からの相談にも応じる必要がある。

　しかし、債務者と保証人とは利害が対立する部分もあるので、保証人からも事件を受任する場合には注意が必要である。場合によっては保証人に他の司法書士を紹介する必要も生じてこよう。

3 民事法律扶助の利用

(1) 法テラスとは

司法に対するアクセス障害の要因としては、そもそもどこに相談に行ったらよいのかわからない（情報面でのアクセス障害）、弁護士等に依頼したいが経済的事情によりそれができない（経済面でのアクセス障害）、弁護士等に依頼したいがそもそも周囲に弁護士等がいない（司法過疎によるアクセス障害）等があげられている。これらさまざまなアクセス障害を取り除き、国民に身近な司法を実現させるため、総合法律支援法（平成16年法律第74号）に基づき設置されている日本司法支援センター（以下、「法テラス」という）は、①法による紛争解決制度の有効な利用に資する情報提供の充実強化、②民事法律扶助業務、③国選弁護人の選任に関する業務、④司法過疎地域における法律事務に関する業務、⑤犯罪被害者支援の業務、⑥連携の確保強化業務等を行うこととされている。

(2) 民事法律扶助の援助要件

司法書士に依頼する場合でも、民事法律扶助が利用できる。相談者の資力によっては、民事法律扶助制度の説明をする必要がある（司法書士倫理66条）。ただし、相談者が要件を満たしているかどうかについて注意が必要である。民事法律扶助の要件は、一般的には、次のとおりである。

(ア) 資力基準

資力基準には、収入等の基準と資産の基準がある。収入等については、申込者の収入だけでなく、配偶者の収入も考慮される。また、家族の人数、家賃や住宅ローンの負担の有無などで基準が変わる。詳細については、法テラスが公開している資料等を確認してほしい。[1]

(イ) 勝訴の見込みがないとはいえないこと

勝訴判決の見込みのあるときはもちろん、和解、調停成立の見込みのある

---

1 日本司法支援センター「民事法律扶助のしおり」（平成28年3月発行）など参照。

とき、弁護士・司法書士が関与することで紛争の円満な解決や、申込者の法律上の利益が期待できるときも含めて解釈される。

したがって、交渉・調停事件等も代理援助の適用を受けられる。破産の場合は書類作成援助となるが、勝訴の見込とは免責の見込みがあること（ギャンブル・詐欺的借入れ等のないこと）を指す。

　　(ウ)　民事法律扶助の趣旨に適すること

単に報復的感情を満たすだけや、権利の濫用などの場合は援助できない。

　　(エ)　立替金を償還すること

援助開始決定の翌月から月額5000円から１万円程度ずつを償還する。なお、自己破産事件における予納金は本人負担であり、立替えの対象にはならないが、生活保護受給者は、官報公告費のほか、破産管財人費用（上限20万円。なお、20万円を超える予納金の追加支出も法テラス本部の協議で認められたときには可能とされる（民事法律扶助業務運営細則14条の５）も法テラスから支出される。生活保護受給者およびそれに準ずる者（以下、「生活保護受給者等」という）は、償還の猶予・免除を受けることが可能であり、免除を受ければ予納金も含めて相談者の自己負担がないことになる。

(3)　民事法律扶助の手続

　　(ア)　書類作成援助および代理援助

裁判書類作成関係業務に利用できる援助は「書類作成援助」であり、簡裁訴訟代理等関係業務に利用できる援助は「代理援助」である。書類作成援助および代理援助の申込みは、司法書士による持込みの形で申し込めばよい。[2]
その後の手続の流れは、次の①～⑤のとおりである。

　①　援助申込み　　援助申込書に必要事項を記入し、法テラスの各地方事務所に必要書類を添えて申し込む。

---

[2] 援助申込みの方法は、①まず法テラスの事務所で「法律相談援助」（後記(イ)参照）を受けた後に援助申込みをする形と、②弁護士・司法書士のそれぞれの事務所で相談を受けた後に、当該弁護士・司法書士が援助開始決定を条件に代理援助の受任または書類作成援助の受託を承諾したうえで援助申込みを行う形があり、②を「持込案件」と呼んでいる。

② 審査　申込み後、審査が行われる。ここで要件にあてはまるかどうかが精査される。不足書類などがある場合は保留され、書類の追完などを求められることもある。審査の結果援助開始決定がなされると、受任または受託司法書士に被援助者（申込者）への交付用のものを含めて決定書等一式が郵送される。
③ 契約　被援助者、司法書士、法テラスの三者間契約となる。申込者、司法書士がそれぞれ契約書に署名押印し、法テラスに送付する。申込者は同時に償還のための金融機関の引落口座を届け出る。
④ 報告　受任司法書士は、事件の経過を法テラスへ報告する必要がある。報告書の用紙は、援助決定に同封されて司法書士に郵送される。
　ⓐ 着手報告　書類作成援助の場合には、破産手続開始申立書や再生手続開始申立書の写し、代理援助の場合には、訴状や調停申立書等の写しとともに提出する。着手報告は、三者間の契約締結後3カ月以内に行うことが原則となっている。
　ⓑ 中間報告　事案によって必要となる場合があるので、詳細は法テラスの各地方事務所に確認する必要がある。
　ⓒ 終結報告　書類作成援助の場合には、免責決定正本や再生計画案認可決定正本の写し、代理援助の場合には、判決書や和解書等の写しとともに提出する。
⑤ 償還　被援助者は、毎月、金融機関からの口座振替えにより、法テラスに一定額を償還する。生活保護受給者等は申請により事件進行中の償還の猶予、終結決定後の償還の猶予・免除を求めることができる。

　㈦　**法律相談援助**

　法律相談のみに応じた場合は、「法律相談援助」の申込みができる。司法書士の場合は、簡裁訴訟代理等関係業務に属する事件の相談のみが法律相談援助の対象となる。たとえば、債務整理の相談に応じ、法律相談をした場合、もし任意整理として司法書士が代理できるような案件であれば、法律相談援助を受けることができる。

法律相談援助は、資力の乏しい者に対して行う、弁護士または司法書士による無料法律相談である。資力基準を満たすか否かの判断にあたり、原則として疎明資料の提出までは求められないことが通常である。法律相談へのアクセスを容易にする趣旨である。なお、法律相談援助を利用して司法書士が法律相談を行うには、あらかじめ法テラスとの間で、センター相談登録契約[3]、事務所相談登録契約[4]を締結しておく必要がある。

　　㈦　簡易援助

　相談のみでは解決しないが、弁護士・司法書士による簡易な法的文書の作成により、早期に解決が見込める事案については、簡易援助という援助形態がある。「簡易な法的文書」とは、法律相談時に入手した情報等により容易に作成しうる文書をいう。たとえば、相談内容から事実関係が判明する事案における債権の消滅時効援用通知書、契約解除通知書、支払督促手続における異議申立書、敷金の返還請求等に関する内容証明郵便、訴訟におけるごく簡単な答弁書などである。文書は本人名義とする。たとえ本人名義の文書作成であっても、簡易援助は法律相談援助に付随して行われるものなので、認定司法書士だけが担当することができる。また、文書作成に係る事案についても、簡易裁判所の事物管轄の範囲内のものに限定されるので注意を要する。

　報酬額（金額は税別）は、法的文書1通につき「5000円（法律相談援助費）＋4000円」である。

　文書作成にあたり、本人による負担金は、法的文書作成1通につき2000円（税別）である。負担金は、文書作成申込み時または文書交付時に、担当する弁護士または司法書士が徴収する。負担金の受領に際しては、簡易援助を担当した弁護士または司法書士が「簡易援助の負担金として」との記載をし

---

[3]　センター相談登録契約とは、法テラスと弁護士・司法書士との間で締結する、法テラスの事務所または指定相談場所（法テラス理事長が定める基準により法テラス地方事務所長が指定した法律相談援助を行う場所をいう）において法律相談援助を実施することについての契約である。

[4]　事務所相談登録契約とは、法テラスと弁護士・司法書士との間で締結する、当該弁護士・司法書士の事務所で法律相談援助を実施することについての契約である。

た領収書を発行する。なお、本人が生活保護受給者である場合は、負担金は免除される。このとき、生活保護受給証明書を援助申込書とともに提出することで、費用の全額が法テラスから支払われる。

簡易援助を実施した弁護士または司法書士は、本人が文書を受領したことを確認する署名がなされた法律相談票および簡易援助により作成した文書の写しを地方事務所長に提出しなければならない。

(4) 民事法律扶助を利用するうえでの留意点

司法書士による債務整理事件では破産手続開始申立書の書類作成援助の利用が多いが、任意整理や過払金返還請求において代理援助を利用することもできる。また、代理援助の場合には、その対象は司法書士の代理権の範囲に限られるため、紛争の目的の価額についての記載が必要になる。

償還額については、破産手続開始申立ての書類作成援助と同様5000円から1万円程度の毎月均等償還とされることが多いと思われるが、依頼者はこの民事法律扶助の償還と各債権者への弁済が重なることも考慮して、任意整理での弁済案を立案する必要がある。

次に、「民事法律扶助業務に係る事務の取扱いに関するセンターと弁護士・司法書士等との契約条項」の内容について、いくつか触れておく。依頼者が裁判の結果、多額の利益を受ける見込みがある場合に、法テラスを利用しなくても報酬の受領が可能と考えたとしても、弁護士・司法書士は、地方事務所長の承認なく直接委任契約の締結を勧誘してはならないとされている（同契約16条2項）。また、弁護士・司法書士は、依頼者のために金銭を立て替えたり、依頼者から直接金銭その他の利益を受けてはならないとされている（同契約24条）。すなわち、法テラスを利用しながら、別途依頼者から報酬を受けることはできないということである。なお、民事法律扶助制度の利用時には、同制度が被援助者、法テラス、司法書士の三者間の契約によることからも、適時法テラスへの報告が必要であることも失念なきよう注意が必要である。

4 指定信用情報機関の利用

(1) 信用情報機関とは

　信用情報機関は、銀行や貸金業者、信販会社などの業界団体が、それぞれ設置していた機関をその前身とする。貸付けに関する情報やクレジットカードの取引の内容などの個人信用情報を収集し、加盟している銀行や貸金業者、信販会社などの与信判断等の参考資料としてこれを加盟各社に提供している機関である。現在、信用情報機関は貸金業法上の指定信用情報機関と、貸金業法とは無関係の全国銀行個人信用情報センター（KSC）が存在する。

(ア) 指定信用情報機関

　貸金業者は、貸金業法において過剰与信防止のために返済能力の調査を義務づけられ、個人顧客と貸付けの契約、極度方式基本契約を締結するにあたっては信用情報機関の利用が義務づけられている（貸金業法13条1項・2項・13条の2第1項・13条の3第1項・2項）。そのため、貸金業法では、指定信用情報機関制度を設けている。現在、貸金業法に基づいて内閣総理大臣から指定を受けている信用情報機関は、株式会社日本信用情報機構（JICC）、株式会社シー・アイ・シーの二つである。

　日本信用情報機構は、消費者金融専業者による信用情報機関として発足した。現在は、貸金業者だけでなく、割賦販売法に基づく登録事業者、保証会社、リース会社などにも加盟資格がある。

　シー・アイ・シーは、信販会社等を設立母体とする。加盟会員は、信販会社・百貨店・専門店会・流通系クレジット会社・銀行系クレジット会社・家電メーカー系クレジット会社・自動車メーカー系クレジット会社・リース会社・保険会社・保証会社などで構成されている。割賦販売法に基づく指定信用情報機関でもある。

(イ) 全国銀行個人信用情報センター

　全国銀行個人信用情報センターは、一般社団法人全国銀行協会が設置・運営している信用情報機関である。会員は、金融機関（銀行、信用金庫、信用

組合、労働金庫、農業協同組合、政府系金融機関など）のほか信用保証協会、銀行の推薦を受けた信販会社、保証会社などである。

(2) 信用情報機関が管理している情報

信用情報機関が収集し、管理している情報は、各機関によって異なるが、おおむね次のとおりである。これらの情報のうち、いわゆる事故情報（破産や延滞情報、代位弁済情報など）が登録されることを「ブラックリストに載る」と表現されることがあるが、現実にはブラックリストという事故情報のみを集めたリストは存在しない。

(ア) 信用情報機関が独自に収集する情報

信用情報機関が、官報や電話帳を情報源として収集した情報である。全国銀行個人信用情報センターは、破産手続開始、再生手続開始の事実を独自に収集している。

(イ) 加盟会員からの情報

信用情報機関の加盟会員である金融機関等からの申告による情報である。具体的には、①個人を特定する情報（氏名、生年月日、性別、住所、電話番号、勤務先、勤務先の電話番号など）、②取引に関する情報（借入日、借入金額、入金日、残高金額、入金予定日、完済日、クレジットの契約日、商品名、返済回数など）、③延滞情報、④債務整理行為等がなされた場合の情報などの情報が登録されている。

(ウ) 本人申告情報

本人の申告に基づく情報である。具体的には、①同姓同名の別人がいる場合、②本人確認書類等の紛失・盗難にあった場合、③名義を無断で使用されるのを防止する場合、④保証人となることを拒否する場合、⑤貸付自粛依頼の申出（貸付自粛情報）をする場合などに、本人が自己申告をする。信用情

---

5 日本信用情報機構では、弁護士・司法書士からの受任通知が到達した時点または裁判所からの調停申立書が送達された時点で、弁護士・司法書士介入による債務整理、調停申立てという情報等が登録される。

6 貸付自粛依頼とは、消費者金融会社や信販会社から、本人がこれ以上借入れをしない

報機関はその旨の登録をし、加盟会員からの照会時に回答することによって、会員の与信判断時に注意喚起を促すことを目的とするものである。あくまでも加盟会員の与信判断の参考資料として提供されるものであり、これらの情報が登録されているからといって、本人が期待していた効果が得られる保証はない。特に、⑤の貸付自粛依頼の申出は、よく利用されている申出であるが、貸金業者に対しては何らの拘束力もない。

  (エ) 貸金業法上の登録情報

 貸金業法では、貸付けに総量規制（個人への貸付け総額を年収の3分の1までとする規制）が導入されているため、個人の正確な借入残高を把握する必要があり、そのために必要な最低限の情報として、①氏名（ふりがなを付す）、②住所、③生年月日、④電話番号、⑤勤務先の商号または名称、⑥運転免許証の番号、⑦加入貸金業者が、犯罪による収益の移転防止に関する法律（平成19年法律第22号。以下、「犯罪収益移転防止法」という）で定める本人確認書類の提示を受ける方法により本人確認を行った場合には、当該本人確認書類に記載されている本人を特定するに足りる記号番号、⑧配偶者貸付（配偶者と合算して年収の3分の1以下の貸付けを受ける総量規制の例外（貸金業法施行規則10条の23第6号）に該当している場合は、配偶者に関する①～⑦のもの、⑨契約年月日、⑩貸付けの金額、⑪貸付けの残高（極度方式基本契約に基づく極度方式貸付けにあっては、当該極度方式基本契約に基づく極度方式貸付けの残高の合計額）、⑫元本または利息の支払いの遅延の有無、⑬総量規制の除外もしくは例外貸付けの場合はその旨が、必要な登録情報として規定されている（貸金業法41条の35第1項、貸金業法施行規則30条の13）。

 (3) 事故情報の交換システム

 これは、大蔵省（現在の金融庁）および通商産業省（現在の経済産業省）の

ように申告する制度である。受付けは、日本貸金業協会で行っている。受け付けた貸付自粛依頼は、信用情報機関である日本信用情報機構へ回送され、5年間登録される。この情報は、本人からの取消依頼により抹消することもできる。なお、全国銀行個人信用情報センターには貸付自粛依頼の登録制度はないため登録されない。

指導を受けて構築した個人信用情報の交流システムである。CRedit Information Network の略で「クリン」と呼ばれている。

全国銀行個人信用情報センター、日本信用情報機構、シー・アイ・シー3機関がその運営にあたっており、それぞれの信用情報機関が保有する個人信用情報のうち、延滞に関する情報および各信用情報機関に本人が申告した本人確認書類の紛失盗難に関する情報などを交換している。つまり、いわゆる事故情報は、信用情報機関の間で相互に交換されていることになる。たとえば、過去に貸金業者に対する延滞があった場合に、銀行で融資の申込みをしても、銀行から信用情報機関に問合せが行われた場合に、その事実は与信の際に参考にされ、時にはそれを理由として融資が断られるということもありうるということである。

しかし、一方で、事故情報以外の情報、特に借入残高等の取引に関する情報（ホワイト情報ともいう）は、全国銀行個人信用情報センターと指定信用情報機関の間で情報交換されてはいない。たとえば、消費者金融に多額の借金があっても、銀行で借入れができることがあるが、銀行では消費者金融に関しては事故情報しか把握できないため、消費者金融に延滞等がなければ銀行にはわからず、審査に通ってしまうからである。なお、個人を対象にした、銀行のカードローンにおいては、貸金業者が保証会社となっていることが多く、保証会社の審査において貸金業者の借入残高が参考にされる可能性はある。

(4) 指定信用情報機関の情報提供義務

貸金業者は、最低一つの指定信用情報機関に加盟しなければならず、指定信用情報機関は貸金業者の加盟申請を拒否できない。また、他の指定信用情報機関からの情報照会に応じる義務がある（貸金業法41条の24）。指定信用情報機関は業界内の機関ではなく、公的機関としての性格をもっていることになる。

貸金業法上、情報提供義務があるのは、法定された情報のみである。多重債務の防止には、銀行からの借入残高や、クレジットの残高の情報も含めて、

情報交換がなされることが望ましいが、そこまでのしくみは整えられていない。

(5) **情報の登録期間**

情報は永久に登録されているのではなく、各信用情報機関や登録事項によって異なるが、5年というのが一般的である。ただし、全国銀行個人信用情報センターの官報情報については、破産手続開始決定等を受けた日から10年を超えない期間とされている。この期間を経過すると情報は削除される。事故情報が登録されている間は絶対に融資審査に通らないというわけではないが、一般的には新規融資は受けられないと考えたほうがよい。また、事故情報登録者を対象に融資をする業者（ヤミ金融業者に限らない）が存在し、破産手続開始後に融資の勧誘をする悪質な貸金業者もあるため、依頼者に注意喚起しておくべきであろう。

(6) **信用情報機関に対する情報の開示請求**

信用情報機関は、本人に対し、登録情報の開示を行っている。開示請求は従来郵送で行うこととされていたが、信用情報機関によってはパソコンやスマートフォンで手続が行えるようになっている。また、代理人による開示請求も可能であるが、代理人の場合は窓口に行かなければならないところもあり、要件が厳しい場合がある。登録されている情報は事故情報だけではないので、場合によっては情報の開示請求を行うことで、有用な情報を得られることもある。

たとえば、貸金業者からの申告情報には、取引の開始日とそれが新規なのか更新なのかの情報がある。これを貸金業者から開示された取引履歴と照合することにより、取引当初からの開示を得られたかどうかの目安となる。また、取引終了後残高がゼロになっても5年を超えない期間は情報が登録されているため、すでに取引が終わっている貸金業者に対する過払金返還請求を行う際の参考資料となりうる。

(7) **過払金返還請求により信用情報機関に登録されるか**

通常、過払金の返還請求をする前に、貸金業者に対して、司法書士から受

任通知が発送され、その時点で債務者は貸金業者への支払いを停止することになる。貸金業者からみれば通常の支払いがされない延滞状態であるし、また司法書士が介入した債務整理着手という状態でもある。このことが貸金業者からの申告で、信用情報機関に登録されると思われる。

では、いったん貸金業者の約定どおりに完済し、その後に過払金返還請求を行った場合はどうであろうか。完済しているのであるから延滞が発生するわけではない。この点では貸金業者からの申告により信用情報機関に登録される余地はない。司法書士が介入した債務整理着手という事実はどうであろうか。これも完済により取引は終了しているのであるから、本来は信用情報機関への申告の必要がないので、やはり信用情報機関に登録されない。

日本信用情報機構における債務整理着手から手続終了に至るまでに登録される情報をまとめると〔図2〕のようになる。

〔図2〕の見方について、過払金返還を例にとって説明する。

受任通知の送付で債務整理情報（事故情報ではない）が登録され、支払停止後3カ月が経過したことにより、延滞情報（事故情報）が登録される。和解により債務整理情報が登録されて延滞情報は削除され、完済に至ると完済情報は5年で削除されるということである。ただし、この取扱いは絶対ではない。情報の登録を申請するのは貸金業者であるから、債務整理情報を登録しないこともありうるし、延滞情報を登録しないこともありうる。また、この取扱い自体が変更されることもありうるので、最新の取扱いは各自で確認してほしい。登録される情報や登録期間などは信用情報機関によって違うので、これらも、各信用情報機関のホームページで公開されている最新情報を確認すべきである。

〔図2〕 信用情報機関への信用情報登録の流れ

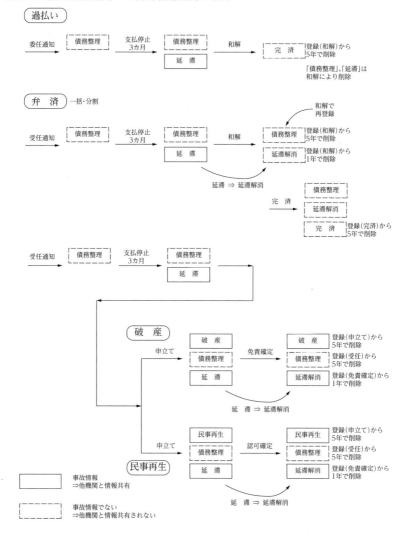

(8) 信用情報機関の登録情報の親族への影響

　たとえば、妻が破産手続開始申立てをした場合に、夫がローンを組むことができるかという相談を受けることがある。

　妻が破産手続開始申立てをした事実は、妻の個人信用情報として各信用情

報機関に登録される。当然、このことは夫の信用情報に影響はない。したがって、妻が破産手続開始申立てをしている事実だけで夫がローンを組めなくなるわけではないが、仮に夫の借入申込みの際に、妻の所得を合算して申し込んでいる場合（この場合、妻を連帯債務者あるいは連帯保証人とすることを予定していることが多い）は、必ず妻の信用情報が参照されるので、与信のマイナス要因になることは間違いなく、場合によっては夫の融資申込みが断られることもあり得よう。

この問題は、多重債務を負っている者にとって、債務整理をためらう理由となることがある。特に問題となるのは、親族に内緒で債務を負っているような場合である。しかし、親族に迷惑をかけたくない、親族に知られたくないということを優先して債務整理を行わなかったとしても、事態を放置しておけば、いつかもっと大きな問題となって親族をも巻き込むことになりかねないので、親族の理解を得て解決に進むべきであると、ねばり強く説得すべきである。貸金業法では総量規制が導入されており、借入残高が存在することが、審査のうえで大いに問題になることなども説明する必要があろう。

なお、所得合算、連帯債務者などが予定されていない妻の信用情報を、妻の同意なく調査することは、貸金業法41条の38で禁止されている個人信用情報の目的外利用に該当する可能性がある。

Ⅲ　事件の受任

1　司法書士への委任契約

(1)　委任契約の内容

　事件受任に関しては、委任契約の内容が問題となる。すなわち、どのような手続（和解交渉、訴訟提起、破産手続開始申立て等）について委任を受けるのか、また、代理人および訴訟代理人としての事務の委任か、裁判書類作成関係業務だけの委任かという選択である。手続の種類を縦、委任事務の方法（代理か書類作成か）を横とすれば、いわば縦横の問題があるのである。

　ところで、この段階における相談者の依頼内容は、どのようなところにその本質があるのだろうか。もちろん、具体的に破産手続の書類作成を委任する、再生手続の書類作成を委任する、和解交渉を委任するなど、すでにその内容が特定されている場合もあるだろうが、一般的には、債務額を確定したうえで支払いを行っていきたい、支払不能の場合には破産等の倒産手続もやむを得ない、過払いを生じている場合には返還してもらいたいという、すこぶる流動的なものであるのではなかろうか。

　相談の結果、事件処理の方針が明確になっている場合には、その内容に適合した委任契約を締結することができようが、相談者の依頼の本旨が上記のようなものであるとすれば、債権調査をしなければ事件処理の方針が明確にならないともいえる。そして、その場合には、委任契約の内容についても特定することができないということになる。

　なお、債権調査であるが、平成28年最高裁判決で示された判断からすると、裁判外和解の代理権が存在しないことが受任時に判明することもあり得るので、債権調査に支障を来すのではないかということも考えられるが、ほとんどの貸金業者は本人からの取引履歴開示請求にも応じるので、裁判外和解の代理権がなくても、本人による債権調査は可能であろう。また、本人からの指定で、裁判書類作成業務を依頼した司法書士あてに取引履歴を送付するよ

うお願いをする方法もある。

　簡裁訴訟代理等関係業務であれ、裁判書類作成関係業務であれ、委任契約の成立を書面で明らかにしておくことは、依頼者と司法書士との関係を明確に規律する意味でも重要であるし、とりわけ多重債務者の債務整理事件においては、司法書士と債権者との関係を明らかにする意味でも重要である。その意味でも、事件受任に際しては、委任契約書を締結しておくべきである（【書式4】【書式5】参照）。この委任契約書はあくまで一例である。債権額の関係で貸金業者ごとに受任業務が異なることが受任時に明らかな場合には、そのことがわかるような委任契約書とする方法もあろうが、内容については各自で工夫してほしい。なお、訴訟代理人であることを証するための訴訟委任状は、この委任契約書とは別に、依頼者から徴求することになる。

【書式4】　委任契約書①――簡裁訴訟代理等関係業務

委任契約書

　後記委任者を甲とし、後記受任司法書士を乙として、次のとおり契約する。

第1条　甲は乙に対し、次の事件を委任し、乙はこれを受任する。なお手続の対象とする相手方は、別途甲が乙に指定する。
　(1)　任意整理の代理（請求元本140万円超の場合を除く）
　(2)　特定調停手続若しくは債務弁済協定調停手続の代理
　(3)　過払金返還請求の代理（請求元本140万円超の場合を除く）
　(4)　前各号の事件に関する弁済金の受領
第2条　乙は、司法書士法及び所属司法書士会の規則等に従い、誠実に委任事務の処理にあたるものとする。
第3条　乙は、第1条に定める委任事務に関し、甲に報告義務を負うものとする。
第4条　乙が代理できない事件について、甲が乙に裁判書類作成関係業務の依頼を希望する場合は、別途委任契約を締結するものとする。
第5条　甲が乙に対して支払う司法書士報酬は別表のとおりとする。なお、乙

は，報酬とは別に，印紙代，切手代，予納金，交通費，通信費等の実費，弁済金等について実額を受け取ることができる。

第6条　乙は，以下のいずれかの事由が生じたときは，本契約を解除することができる。

　(1)　甲が，前条の報酬，実費又は弁済金を約定どおり支払わず，かつ，乙が相当の期間を定めて催告したにもかかわらず，これに応じなかったとき

　(2)　甲が乙に対し，虚偽の事実を申告し，又は，事実を正当な理由なく告げなかったため，乙の事件処理に著しい不都合が生じたとき

　(3)　乙からの連絡に甲が応答しなくなったとき

　(4)　その他，甲と乙との信頼関係が破綻したとき

第7条　乙が本契約後，通常予測される期間を超えてもまだ本件事件等の処理に着手しない場合は，甲は催告のうえ，本契約を解除することができる。この場合，乙は，甲に対し，支払済みの報酬を全額返還しなければならない。

第8条　本契約に基づく事件等の処理が，解任，辞任又は継続不能により中途で終了したときは，乙の処理の程度に応じて司法書士報酬および実費の清算を行うこととする。

　上記契約の成立を証するため，本書2通を作成し，甲及び乙が署名（記名）捺印のうえ，各1通を保有する。

平成○年○月○日

　　　　　甲　住　所　_____
　　　　　　　氏　名　_____
　　　　　乙　住　所　○○県○○市○○町○○○
　　　　　　　　　　　○○司法書士事務所
　　　　　　　　　　　司法書士　○○○○　㊞
　　　　　　　　　　　（○○司法書士会所属　登録番号○○○○号）

【書式5】 委任契約書②——裁判書類作成関係業務

委任契約書

後記委任者を甲とし，後記受任司法書士を乙として，次のとおり契約する。

第1条 甲は乙に対し，次の裁判書類作成を委任し，乙はこれを受任する。
  □ 破産手続開始申立書，免責許可申立書及び破産手続中の裁判所提出書類すべて
  □ 個人再生手続開始申立書及び再生手続中の裁判所提出書類すべて
  □ 特定調停手続若しくは債務弁済協定調停手続の申立書及び手続中の裁判所提出書類すべて（調停の相手方は，別途甲が乙に指定するものとする）
  □ 過払金返還請求訴訟における訴状，準備書面及び訴訟中の裁判所提出書類すべて（過払金返還請求訴訟の相手方は，別途甲が乙に指定するものとする）
第2条 乙は，司法書士法及び所属司法書士会の規則等に従い，誠実に委任事務の処理にあたるものとする。
第3条 甲が乙に対して支払う司法書士報酬は別表のとおりとする。なお，乙は，報酬とは別に，印紙代，切手代，予納金，交通費，通信費等について実額を受け取ることができる。
第4条 乙は，以下のいずれかの事由が生じたときは，本契約を解除することができる。
  (1) 甲が，前条の報酬，実費を約定どおり支払わず，かつ，乙が相当の期間を定めて催告したにもかかわらず，これに応じなかったとき
  (2) 甲が乙に対し，虚偽の事実を申告し，又は，事実を正当な理由なく告げなかったため，乙の事件処理に著しい不都合が生じたとき
  (3) 乙からの連絡に甲が応答しなくなったとき
  (4) その他，甲と乙との信頼関係が破綻したとき
第5条 乙が本契約後，通常予測される期間を超えてもまだ本件事件等の処理に着手しない場合は，甲は催告のうえ，本契約を解除することができる。この場合，乙は，甲に対し，支払済みの報酬を全額返還しなければならない。
第6条 本契約に基づく事件等の処理が，解任，辞任又は継続不能により中途

で終了したときは，乙の処理の程度に応じて司法書士報酬および実費の清算を行うこととする。

上記契約の成立を証するため，本書2通を作成し，甲及び乙が署名（記名）捺印のうえ，各1通を保有する。

平成○年○月○日
　　甲　住　所　_____
　　　　氏　名　_____
　　乙　住　所　○○県○○市○○町○○○
　　　　　　　　○○司法書士事務所
　　　　　　　　司法書士　　○○○○　㊞
　　　　　　　　（○○司法書士会所属　登録番号○○○○号）

(2) 代理権限の範囲を超える行為の禁止

　簡裁訴訟代理等関係業務は、司法書士法3条2項に定める業務範囲と、契約上の代理権限の範囲の双方の制約を受ける。もちろん、委任契約上の代理権限の範囲は簡裁訴訟代理等関係業務の範囲を超えることはできない。これらに反して行われた場合は、無効または無権代理行為である[7]。したがって、債権調査等の過程で、紛争の目的の価額が140万円を超えることが判明した場合、裁判外和解の代理業務を維持することはできないし、委任契約上の代理権限の範囲を超えることが判明した場合には、代理業務を維持することはできない。

(3) 業務を行い得ない事件と双方代理の禁止

　登記事件においては、登記権利者および登記義務者の双方から委任を受ける、いわゆる双方代理が一般的に行われている。しかし、裁判書類作成関係業務または簡裁訴訟代理等関係業務については、「業務を行い得ない事件」（司法書士法22条2項～4項）について、特に検討をしておく必要がある。司

7　小林昭彦＝河谷芳光『注釈司法書士法〔第3版〕』147頁以下。

法書士法22条2項～4項の規定の趣旨は、同様の規制をしている弁護士法と同旨であり、当事者の利益の保護、司法書士の職務の公正の確保、司法書士の品位の保持から規定されているものである。

　たとえば、和解交渉事件の受任中に、相手方債権者から他の事件について債権回収に関する法律的な解決を求める相談を受けて、一定の結論を擁護するための具体的な見解を示すことは司法書士法22条3項3号に違反するものとなる（なお、和解交渉の依頼者の同意がある場合を除く）。

　また、代理人としての業務が加わることから、双方代理の禁止（民法108条）についての制限を受ける。たとえば、主債務者である依頼者に連帯保証人が複数存在しているような事案については、主債務者と連帯保証人の間においても利害が衝突しており、受任にあたっては注意が必要となる。

　なお、司法書士倫理では（後記(4)参照）、このように同一の事件につき依頼者が二人以上あり、その相互間に利害の衝突が生ずるおそれがあるときは、依頼者の自己決定の機会を保障するため、各依頼者に対しその事情を告げなければならないとされているので注意されたい（司法書士倫理28条）。

(4) 禁止されるべき行為——司法書士倫理

　司法書士が多重債務者の債務整理事件に関与する場合、最大限に尊重されるべきは依頼者の利益である。しかし、特に簡裁訴訟代理等関係業務では相手方当事者との交渉機会などもあるため、業務を制限すべき場面が多数予想される。したがって、これらに対する行動規範を持ち合わせる必要があるが、「司法書士倫理」がその指針を示すものとなる（第1章Ⅲ1もあわせて参照）。

　ここでは、司法書士倫理の若干の条文について解説しておくが、詳しくは各自で司法書士倫理を精読してほしい。

(ア) 非司法書士との提携等

　司法書士倫理14条は、非司法書士との提携等について定めている。

　1項は、司法書士の独立性と公正性の確保のためであり、2項は、名義貸しで法律判断を他人任せにすることにより国民の利益を損ない、加えて司法書士制度に対する信頼を毀損する行為を禁止する趣旨である。債務整理事件

において、端的な例をあげるとすれば、いわゆる「整理屋提携弁護士」と同質な行為の禁止である。

(イ) 報酬の明示

司法書士倫理20条は、報酬の明示について定めている。

報酬については、個々の司法書士の責任において依頼者との間で報酬を決定しなければならない。依頼者との間で報酬等についての無用の紛議を招かないためにも、事件の受任に際しては、報酬金額または算定方法を明示し（司法書士法施行規則22条参照）、かつ、依頼者に対して十分な説明をしなければならない。債務整理事件については、債権調査の結果によって手続を選択することも多いものと考えられるが、受任時においても想定される手続の報酬額や費用についても予想される金額を明示しておくことが求められる。

したがって、委任契約を交わすときに、報酬表を交付することはもちろんのこと、報酬表による具体的な計算方法を明示した書面も同時に交付することが望ましい。

また、債権調査後に手続を選択する際にも、報酬額や費用について再度説明しておくべきである。

(ウ) 預り金の管理等

司法書士倫理32条は、預り金の管理等について定めている。

債務整理事件については、依頼者から弁済金を預かり、または、相手方から過払金を受領することも少なくない。そのような場合に、依頼者とのトラブルを防止することからも、預り金については善良なる管理者の注意をもって管理をする必要がある。

また、依頼者のために第三者から預り金品を受領したときは、その事実を速やかに依頼者に通知する義務を負うことは当然のことである。

(エ) 係争目的物の譲受けの禁止

司法書士倫理35条は、係争目的物の譲受けを禁止している。

たとえば、司法書士が依頼者から過払金請求権を譲り受けることにより、事件の当事者として訴訟を遂行するなどの行為を禁止するものであり、品位

の保持と公正性の確保のためである。

(オ) 依頼者との金銭貸借等の禁止

司法書士倫理36条は、依頼者との金銭貸借等の禁止について定めている。

司法書士が、依頼者との間で金銭上の特別の利害関係をもった場合には、司法書士の独立性を失い、職務の公正を保ち得ないおそれが生じるとともに、これらを原因として依頼者との間に利益相反関係が生じ、事件受任上の信頼関係を傷つける可能性も高いことから禁止されるものである。

これは、金銭貸借や保証のみならず、予納金や保証金、弁済金の立替払いも同様である。

2 受任時に説明すべき事項と実務上の留意点

ここでは、債務整理事件の受任時に説明すべき事項と実務上の留意点を取り上げることにする。なお、任意整理、特定調停、過払金返還請求、民事再生（個人再生）、破産等を選択した場合の当該手続における具体的な説明事項については、第3章を参照されたい。

(1) 司法書士の職務範囲、委任契約の内容

司法書士の職務範囲（弁護士との違いなど）を説明し、委任契約を結ぶ際には、簡裁訴訟代理等関係業務として受任するのか、裁判書類作成関係業務として受任するのか、または、とるべき手続が未確定のため、双方の業務を並列的に受任するのかを委任契約によって明確にしておく。債権額が140万円を超えることが明らかな貸金業者が存在するときは、その貸金業者については裁判外和解の代理行為ができないことは明らかにしておく必要があると思われる。なお、その場合、裁判書類作成関係業務の依頼を受けるのか、民事調停の代理をするのか（ただし、代理権の判断基準は裁判所によって違うことに注意）、弁護士に委任するのかなどを依頼者と協議する必要がある。

また、業務を行い得ない事件や、双方代理に該当する場合（前記1(3)参照）は、その旨を説明し、受任を断る、または他の司法書士を紹介するなどの措置をとる。

(2) 新たな債務負担行為の禁止

　司法書士が債務整理を受任した時点で、債務者は法律専門家を介した債務整理手続に入ったとみることができる。それ以後に、債務者が新たな債務を負担するという行為（借入れ）は、債権者との関係においても受任した司法書士との関係においても、信義に反する行為といわなければならない。最悪の場合、返済の意思なく借金をしたとみなされ、詐欺罪に問われることもあろう。その旨、依頼者には十分に注意を促しておく必要がある。

(3) 失念債権の届出

　どのような債務整理を選択する場合であっても、隠している債権が存在したり、新たな債権が発覚したときには受任した司法書士に速やかに届け出るべきことを依頼者に説明する。なぜなら、一つでも債権が増えると、その債権の額や性質によっては、債務整理手続全体に大きな影響を与える可能性があるからである。たとえば、特定調停を選択したものの、失念債権を加えれば分割弁済不能となる場合などは、民事再生や破産に移行せざるを得ない。

　また、民事再生の場合に、失念債権は無届債権となって劣後化し、再生計画で定める弁済期間が満了した後に、請求を受ける可能性が残されてしまう（ただし、再生計画に定める権利変更の効果は受ける。民事再生法232条3項）。

(4) 信用情報機関への登録と効果

　法律専門家を介した債務整理を行うことによって、債務者が現実に被るデメリットとして信用情報機関への登録があげられる。これは、任意整理、特定調停、民事再生、破産のどの手続をとっても何らかの登録がされる点では同じであると考えられるが、ブラックリストに載るという表現が正しくないのは、前記Ⅱ5(2)のとおりである。

　往々にして債務者は、ブラックリスト登録を想像し、実際の不利益以上のネガティブなイメージを抱いていることが多いので、ブラックリストの意味を説明し、誤解を解いておくことが必要である。総量規制が導入されているため、借入残高がすでに年収の3分の1に達していれば、すでにそれ以上の借入れはできないため、事実上ブラック情報が登録されているともいえる。

債務整理の着手によって、ブラック情報が登録されると考えることは無意味であり、むしろ債務整理によって借入残高の減少をめざしたほうが信用回復の近道であることを説明すると安心するであろう。

(5) **債権者の法的権利行使と注意事項**

債務整理手続に着手する時点で、すでに債権者から支払督促・訴訟等の法的権利行使を受けている場合は、その旨を報告してもらうとともに関連資料を預かることになる。早急に前後措置をとる必要がある場合があるからである。とりうる手段の例として、支払督促に対する異議申立て、答弁書の作成、上訴、請求異議の訴え、差押禁止債権の範囲変更申立て、調停前の措置命令（民事調停法12条）、再生手続開始決定後の強制執行中断（民事再生法39条1項）などがある。

債務整理手続の着手後においても、債権者によっては、債務者に対して支払督促・訴訟・公正証書による差押え等を行うことがあるが、破産や民事再生の場合には、手続開始決定後は強制執行が禁止される（破産法249条1項、民事再生法39条1項）。

以上のように、債権者からの法的権利行使に対して対処を怠ったり、一定期間を経過してしまうと、重大な不利益を被ることになりかねない。したがって、裁判所や債権者から債務者に送付されてきた書類は速やかに受任司法書士に届けるように念を押しておく必要がある。

(6) **受任通知の効果**

平成15年1月1日、当時の金融庁ガイドラインが改正され（現在は貸金業法21条9項に規定）、また同年6月1日付けで経済産業省通達が改正され（「昭和59年改正割賦販売法等の施行について」（昭和59・11・26第59産局第834号）の改正）、簡裁訴訟代理等関係業務を行うことができる司法書士に委任した旨の通知を、貸金業者またはクレジット会社が受けた場合、正当な理由なく支払請求をすることができなくなった。これは従来弁護士にのみ認められていた受任通知による取立禁止効を、簡裁訴訟代理等関係業務の範囲で、司法書士法3条2項の規定により簡裁訴訟代理等関係業務を行うことができる司法

書士にも認めたものである。

　したがって、簡裁訴訟代理等関係業務を行うことができる司法書士については、受任通知（債務整理開始通知は【書式6】【書式7】、債権調査回答書は【書式8】参照）を発送することによって、貸金業者およびクレジット会社からの支払請求を止めることが可能となっている。これによって依頼者はひとまず平穏な生活を取り戻すことができる。また、受任通知は第1回の取引経過開示請求を兼ねることになる。

　注意しなければならないのは、債権額が140万円を超えていることが明らかな業者が存在する場合である。裁判書類作成関係業務を受任したとして通知を発送することも考えられるが（債権調査のお願いは［DATA 4］参照）、この場合には、たとえ認定司法書士の通知であっても取立禁止効は働かない。しかし、多くの貸金業者・金融機関はおおむね協力的である。

　受任通知送付後も、依頼者の利益を最大限守るため、また、債権者側に不当に不利益を被らせないためにも、その後の手続を迅速に行う必要があることはいうまでもない。

　簡裁訴訟代理等関係業務を行うことができない司法書士は、依頼者への取立てを確実に止めるために、裁判所への申立てを急がざるを得ないであろう。

　また、受任通知の送付によって、債務整理着手の旨信用情報機関に報告・登録されることになるので、その旨も依頼者に説明しておくべきである（事故情報についての詳細は、前記Ⅱ4⑵参照）。

　なお、完済業者の過払金返還請求のための取引経過開示請求の際は、債務整理開始通知ではなく、単に資料開示のお願いをすることになる（完済業者への資料開示のお願いは［DATA 5］参照）。その場合過払金返還請求権が消滅時効にかかることを防ぐため、過払金の請求の意思表示も行ったほうがよい。

【書式6】 債務整理開始通知（簡裁訴訟代理等関係業務）①――貸金業者用

債権者　各位

平成○年○月○日

〒000-0000　○○県○○市○○町○○○
　　　　　　○○司法書士事務所
後記依頼者代理人　司法書士　○　○　○　○　㊞
　　　　　　（認定番号　第000000号）
　　　　　　電　話　000-000-0000
　　　　　　FAX　000-000-0000

債務整理開始通知

　当職はこのたび，後記依頼者から依頼を受け，同人の債務整理につき簡易裁判所における代理業務及び裁判外の和解業務を遂行することになりました。つきましては，次のことをお願いいたします。

1．混乱を避けるため，今後，依頼者や家族等への連絡や取立行為は中止願います。
2．正確な負債状況を把握するため，依頼者（依頼者が保証債務を負っている場合には主債務者）の貴社との当初からの取引経過のすべて（過去に完済分がある場合には完済分も含む），及び当初の契約関係書類を，本書到達後2週間以内に開示してください。
3．過払金が発生している場合は，その全額を請求させていただきます。
4．本件についてのご連絡・お問合せは，書面により郵便又はFAXでお願いいたします。電話でのご連絡・お問合せはお控えくださるようお願いいたします。

　調査完了後に，当職より和解案をご提示いたします。以上ご通知申し上げますので，ご理解，ご協力をお願いいたします。

（注）　本通知は，時効中断事由として債務承認をするものではありません。

依頼者の表示
　住　　　所　○○県○○市○○町○○○
　氏　　　名　○　○　○　○（○○○○　○○○○）
　会員番号　○○○○

【書式7】　債務整理開始通知（簡裁訴訟代理等関係業務）②────貸金業者以外用

債権者　各位

　　　　　　　　　　　　　　　　　　　　　平成○年○月○日
　　　　　　　　　　　　　　　〒000-0000　○○県○○市○○町○○○
　　　　　　　　　　　　　　　　　　　　　○○司法書士事務所
　　　　　　　　　後記依頼者代理人　司法書士　○　○　○　○　㊞
　　　　　　　　　　　　　　　　　（認定番号　第○○○○○○号）
　　　　　　　　　　　　　　　　　　　電　話　000-000-0000
　　　　　　　　　　　　　　　　　　　ＦＡＸ　000-000-0000

債務整理開始通知

　当職はこのたび，後記依頼者から依頼を受け，同人の債務整理につき簡易裁判所における代理業務及び裁判外の和解業務を遂行することになりました。つきましては，次のことをお願いいたします。

1．混乱を避けるため，今後，依頼者や家族への連絡や取立行為は中止願います。
2．正確な負債状況を把握するため，依頼者の貴社との取引について別紙債権調査回答書（【書式8】参照）により，現在の状況をお知らせください。回答は適宜の様式でも構いません。なお回答は本書到達後2週間以内にお願いします。
3．本件についてのご連絡・お問合せは，書面により郵便又はFAXにてお願いいたします。電話でのご連絡・お問合せはお控えくださるようお願いいたします。

　調査完了後に，当職より和解案をご提示いたします。以上ご通知申し上げますので，ご理解，ご協力をお願いいたします。

(注) 本通知は，時効中断事由として債務承認をするものではありません。

　依頼者の表示
　　住　　所　○○県○○市○○町○○○
　　氏　　名　○　○　○　○（○○○○　○○○○）
　　会員番号　○○○○

【書式8】　債権調査回答書

債権調査回答書

平成○年○月○日

債務者氏名　○○○○

住　所
会社名
担当者
電　話
ＦＡＸ

1　債務者に対する債権
　　□有　　□無（平成　年　月　日完済）　　□該当なし

　(1)　債権の種類
　　　□貸付金　　□立替金　　□売掛金　　□保証
　　　□その他（　　　　　　　　　　　　　　　　　）

　(2)　債務者の地位
　　　□主債務者（保証人　□有：氏名＿＿＿＿＿＿　　□無
　　　□保証人（主債務者：氏名＿＿＿＿＿＿）

　(3)　債権残高

```
  ① 残 元 金＿＿＿＿＿円
  ② 利   息＿＿＿＿＿円
  ③ 遅延損害金＿＿＿＿＿円
  ④ 合   計＿＿＿＿＿円


2 債務者に対する意見
  □ 特にない。
  □ 以下のとおり意見がある。


(注) 1．その他の債権の種類は，「平成○年○月○日売買契約」「○○邸の工
       事請負代金」等，特定できる程度に記載してください。
     2．契約書，納品書，手形等がある場合には，そのコピーを添付してく
       ださい。
     3．相殺勘定の有無，担保物，所有権留保物等，その他，手続に関する
       希望等がありましたら意見欄にご記入ください。
```

(7) 取立行為への対応

(ア) 通常債権者の取立行為への対応

　貸金業者および信販会社が受任通知到達後も取立てを続ける場合は、内容証明郵便による警告文を送付したり、監督官庁へ指導を求めるべきである。依頼者には貸金業法21条および経済産業省通達（前記(6)参照）の存在を理解してもらい、執拗な取立行為に対しては、司法書士が速やかに対処することを明言して安心感を与えるべきである。

　貸金業法の適用を受けない銀行などの金融機関に関しては、明確な取立行為の規制はないため、督促を続ける金融機関も存在するが、一般的には文書だけの督促が多いようである。しかし、依頼者の平穏な生活を脅かすような取立てが続く場合は、貸金業者や信販会社と同じ対応をすることになる。

　取引先や仕入先などの一般債権者に対しては、支払いを続けたいと希望する依頼者もいるが、破産や民事再生の場合には、一部の債権者だけに返済す

ることは債権者平等の原則から許されないので、債権者の理解を得るよう努力してもらうことになる。

(イ) ヤミ金融業者等の特殊債権者の取立行為への対応

　出資法違反の高利業者（いわゆるヤミ金融業者）や、類似の悪徳業者から借り入れている依頼者は精神的に追いつめられ、正常な生活感覚を失っている場合が多い。したがって、通常の事件以上に、われわれが励まし精神的な支えとなる必要があろう。まずは、相手業者がどのような悪質業者かを教え、闘う気持をもってもらうことが大切である。依頼者はそれらの業者を、違法な悪徳業者とは認識していない場合も少なくないからである。

　また、ヤミ金融業者などは、依頼者の自宅のみならず勤務先、親族の自宅・勤務先にまで脅迫的な電話をかけることが多い。その場合の対処方法をあらかじめ依頼者と共に検討しておく必要がある。事案によっては、管轄の警察署へ相談をし、万一の場合の対応も説明しておくべきである（詳しくは、第3章Ⅵ参照）。

(8) 自動引落しの解約、預貯金口座の解約

　任意整理、特定調停、民事再生、破産の手続をとる場合においては、債務整理を受任した後、債務整理の対象となる債権者は原則として公平に扱うべきであり、債務者がそのうち一部の債権者へのみ弁済を続けることは偏頗弁済となり、他の債権者に対する信義に反するといえる。したがって、自動引落しを利用して返済している場合、自動引落しを解約するか、口座残高をゼロにする、または口座そのものを解約しておく必要がある。ただし、手続類型や債務の種類によっては一律に考える必要はない（〈表2〉参照）。

　また、実際に問題になる点として、返済を継続する債務と返済をストップする債務が同じ口座に混在している場合があげられる。特に口座と同じ金融機関に対するカードローン等が返済されないと（もしくは受任通知を送付した段階で）、口座が凍結されると思われる。したがって、返済を継続する債務については口座引落しではなく別途振込み等の方法で返済する、または返済口座を変更するなどの方法で返済を継続する必要がある。口座が凍結されな

い場合は、一部の債権者についてのみ引落しを停止できるのかどうか、金融機関に確認すべきであろう。

受任の時点で以上の点を検討し、受任通知を送付するかどうかも含めて方針を決めておくべきである。

〈表2〉 預貯金口座からの引落しによる債務返済（受任後から手続開始まで）

手続類型 \ 引落債務	光熱費・家賃等生活債務	口座と同じ金融機関に対する借入債務（※1）	住宅ローン	クレジット債務	消費者金融に対する無担保債務
任意整理	○	△(※4)	△(※4)	△(※6)	×
特定調停	○	△(※4)	△(※4)	△(※6)	×
個人民事再生	○(※2)	×	○(※5)	△(※7)	×
破産	○(※3)	×	×	×	×

○＝返済してもよい。
△＝場合によって異なる（後記※4、6を参照）。
×＝返済することは債権者平等の観点から望ましくない。

※1　カードローン等の無担保債権とする（住宅ローンや自動車ローンについては、※4、5、6、7を参照）。

※2　厳密にいえば、継続的給付の義務を負う双務契約の相手方（水道・電気等の供給事業者）が再生手続開始の申立て前にした給付に係る請求権（一定期間ごとに債権額を算定すべき継続的給付については申立ての日の属する期間より前の給付に係る請求権）は再生債権となる（民事再生法50条1項・84条1項）ので、債権者間の平等を考慮する必要があるとはいえるが、受任の段階では、生活を維持するためにも支払いを継続していかざるを得ない。その後の請求権は共益債権または開始後債権となる（第3章参照）。また、滞納家賃についても再生手続開始前に発生したものは再生債権となるが、水道・電気料金等と異なり、賃貸借契約を解除されてしまうおそれがあるため、生活に与える影響はより深刻である（民事再生法50条1項）。したがって、再生手続開始までには延滞を解消するために努力するべきであろう。

※3　破産の場合は、住宅（自己所有）を失うことになるが、実際に買い手が決まって出て行くときまでは、生活を維持するために水道・電気料金等の支払いを継続していく必要があろう。滞納家賃については、個人民事再生の場合と同様のことがいえる。

※4　任意整理・特定調停においては、手続上、相手方を選択することが可能であるため、銀行のカードローン等は利息制限法の範囲内の利率であり債務の圧縮が望めない等の理由で債務整理の対象から外すこともありうる。また、住宅ローンについては、返済

を継続しないと最終的には住宅を失うことになるが、通常はそのような事態を避けるために債務整理をするのであるから、任意整理・特定調停の対象から外して返済を継続していくことになる（返済条件変更等の交渉が必要ならば依頼者が別途行う）。
※5　裁判所の弁済許可（民事再生法197条3項）を得られば、再生手続開始後も返済を継続することが可能であることからも、再生手続開始前に返済を継続することは差し支えないと考えられる。
※6　商品代金の立替払債務の場合、一般的に商品に対する債権者の所有権留保特約がなされており、所有権留保は別除権であるとされている。商品が自動車や生活・事業の継続に必要な物である場合は、当該債権者を任意整理・特定調停の対象から外して返済を継続するケースも考えられる。
※7　商品の時価が残債務の額を上回っていれば、別除権で担保された部分に対する弁済となり、他の債権者へ不利益を及ぼすことはないから、弁済を継続しても問題はないと考えられる。

(9)　給与・年金等の振込口座の変更

　任意整理、特定調停、民事再生、破産の手続をとる場合において、給与・年金等の振込口座を設けている金融機関に対して、カードローン・住宅ローン等の負債がないかを依頼者に確認し、もしこれが存する場合には、申立て前に速やかに給与・年金等の振込先を別の金融機関の口座に変更するか、現金給付とするよう変更すべきである。この手続を怠れば、口座に振り込まれた給与・年金等が、金融機関によって相殺の対象とされる可能性がある。
　ただし、裁判所への申立てまたは支払停止を債権者が知った後に、給与・年金等が口座に振り込まれてしまった場合には、相殺制限の規定により、振り込まれた給与・年金等の払戻しを受けることは可能と考えられる（破産法71条、民事再生法93条2号。札幌地判平成6・7・18消費者法ニュース22号31頁）。しかし、その場合においても、相殺額を確定するために口座が一時的に凍結されるおそれはある。給与・年金等の振込み入金口座が凍結された場合は、銀行に引出しを申し出ると相殺前に給与・年金等の相当額の引出しに応じてくれることが多いので、交渉すべきである。
　さらに、クレジット代金等が同じ口座から自動引落しされている場合、給与・年金等の振込みによって、意に反して引き落とされてしまう可能性があ

るので注意が必要である。

　(10)　**金銭消費貸借関係書類、カードの引渡し**

　債権調査の資料として、依頼者のもつ金銭消費貸借契約書、領収書、振込書の控えなど、すべての関係書類を依頼者にもってきてもらう。特に過払金返還請求訴訟を提起する場合、これらの資料は証拠として役立つこともある。

　信販会社・貸金業者から発行されたカードは、鋏を入れて返却する。依頼者から直接返却してもらってもよいが、司法書士が預かって受任通知とともに発送するほうがより確実で、事務効率もよい。ただし、古いカードは過払金返還請求訴訟において証拠となることがありうるため、その場合は事件終了まで返却しないでおくか、少なくともコピーをとっておくべきであろう。

　(11)　**依頼者と司法書士との連絡方法**

　自宅電話だけでなく、緊急の場合に連絡をとれるように携帯電話の番号も聴取しておき、電話連絡をとるのに都合のよい時間帯も確認しておく。事の性質上、同居の家族に知られたくないとの理由で、自宅電話を利用することを望まない依頼者も少なくないが、そのような意思もあらかじめ確認しておくべきであろう。また、利用料金が滞納して電話が不通になる場合もあるので、そのような場合は、新しい連絡方法を速やかに教えるよう指示しておく。

　(12)　**弁済原資の確保**

　任意整理、特定調停、民事再生を利用する場合、債権者へ返済していくための弁済原資が必要となる。他の生活費と明確に区別するために、弁済用の別口座を設けて管理するのがよい。

　債務整理手続の着手から実際に弁済が始まるまでには、通常何カ月かの時間的余裕があるが、来たるべき弁済開始に備え、返済計画の実効性を検証する意味でも、手続の着手から直ちに弁済原資を蓄え始めるべきである。また、返済開始までに蓄えられた弁済原資によって家計に余裕をつくり出すことができれば、病気やけが、冠婚葬祭など予期せぬ出費に備えることもできる。

　(13)　**保証人、物的担保・所有権留保物件への影響**

　どのような債務整理手続をとるにせよ、受任通知による取立禁止の効力は、

保証人には及ばない。したがって、主債務者が債務整理手続に着手した場合、債権者から保証人に請求がなされることが予想され、依頼者にはその旨を説明しておく。

　また、実体法の観点からみると、保証債務には附従性があり、主債務が免除または一部免除されれば保証債務も主債務の限度に減縮されるのが原則である（民法448条）。しかし、破産、民事再生においては、その原則が否定され、免責または再生計画の効力は保証人には影響を及ぼさない（破産法253条2項、民事再生法177条2項）。したがって、破産、民事再生の手続にかかわりなく、保証人は債権者から保証債務の追及を受けることになる（例外として、民事再生において再生計画に住宅資金特別条項を定めた場合の保証人・連帯債務者への効力がある。同法203条1項）。そのため保証人にも何らかの手当てが必要な場合もある。一方、任意整理、特定調停、過払金返還請求訴訟においては、原則どおり保証債務は主債務の限度まで縮減され、または消滅する。

　また、抵当権・根抵当権などの物的担保、所有権留保物件などが存在する場合、民事再生、破産においては、別除権者は裁判手続とは別に権利行使が可能である旨説明しておく（例外として、民事再生において再生計画に住宅資金特別条項を定めた場合がある。民事再生法199条）。

　⑭　他の機関との連携

　債務者にとって債務整理をする究極の目的は、経済的に立ち直ることである。その手助けをすることが債務整理を受任した司法書士の仕事とすれば、単に法的手続を遂行するだけでなく、依頼者がこれからどのように生計を立てていくかということにも気を配ることが、より質の高い仕事といえる（第5章参照）。

　具体的には、少なくとも手続進行中は家計簿をつけてもらう、定期的に面談期日を設けて依頼者の生活状況の報告を受けるなどのアドバイスや精神的な励ましが中心となる。しかし、場合によっては、低所得者に生活保護を勧める、ひとり親家庭であれば児童福祉手当の受給を勧める、高齢者・障害者には社会福祉協議会の福祉サービスを紹介する、消費生活コンサルタントな

どの他分野の専門家を紹介する、相談者がギャンブル依存の場合は自助グループを紹介するなど、より踏み込んだ関与も望まれる。

(15) 家族への影響

特に民事再生、破産の場合に依頼者が心配するのは、家族、とりわけ子供に何か悪影響があるかという点である（民事再生、破産によるデメリットについては、第3章Ⅳ・Ⅴ参照）。依頼者には、債務整理手続をとったからといって家族に直接的・法的な不利益はないことを説明し、安心してもらう必要がある。

(16) 勤務先への影響

どの手続を選択しようと、原則として勤務先への影響はないし、債務整理をしていることを知られることもない。しかし、例外として破産、民事再生の場合に、勤務先からの借入金があると債権者として扱わなくてはならないため、勤務先を手続に巻き込んでしまう場合がある。そのほか、破産、民事再生の場合に、勤務先が債務整理に理解がない（と思われる）場合に、勤務先に裁判手続をとることを知られずに退職金見込額証明書を取得するにはどのようにすればよいか悩む依頼者もいる。そのような場合、退職金規程や上申書をもってそれに代えればよい。

なお、法律の規定によりその資格を喪失するなどの制限を受ける職業がある。例として宅地建物取引士（宅地建物取引業法18条）、警備員（警備業法7条）、生命保険募集人・損害保険代理店（保険業法279条）などがある。免責決定が確定するなどして復権した場合は、それぞれの法律に従って資格制限が解除される。

(17) 租税公課の取扱い

租税公課については、破産、民事再生の適用を受けることによって免除または一部免除を受けることはできない。破産法においては、一部を除いて財団債権（破産法148条1項）とされ、民事再生においては、一般優先債権（民事再生法122条1項）とされているからである。したがって、どのような手続をとろうとも、原則として租税公課は支払いを継続していかなくてはならな

い。民事再生を選択する場合には、その点を考慮して再生計画案を立案する必要がある。

しかし、行政庁によっては一部免除を受けたり、分割弁済を認めてもらえるケースもあるので、依頼者に交渉をしてもらうべきであろう。

3 受任時の本人確認

犯罪収益移転防止法上の特定業務のうち特定取引に該当する場合は、司法書士に本人確認義務が課せられている（同法4条）。債務整理事件で該当するおそれがある特定取引は、200万円を超える財産を預かるときである。たとえば、過払金の受領額が合計200万円を超える場合や、一括返済の資金として、200万円を超える額を預かるときなどが該当する可能性がある。

しかし、受任時には200万円を超える額を預かることになるかどうかは判明しないので、受任するすべての事件について本人確認を行い、その記録を保存しておいたほうがよいと思われる。したがって、初回の面談時に運転免許証などの本人確認書類は必ず用意してもらうべきであろう。

なお、保存すべき事項は本人確認書類だけではなく、取引記録等も作成保存する必要があることに注意してほしい（犯罪収益移転防止法7条）。たとえば、財産の移転元・移転先もわかるように資料を保存しておく必要があるが、財産の移転元・移転先というのはどこからいくら回収し、それをどこに支払ったか（何に使ったか、いくら本人に返却したか）がわかる資料を保存することで足りる。通常は預り金の通帳や入出金一覧表、和解書の写し、振込書の写し等で判明するため、これらを保存しておけば足りるであろう。

Ⅳ 債権調査

1 徹底した債権調査の必要性と根拠

(1) 債権調査の意義

　多重債務の整理を行う前提として、貸金業者との取引の経過が判明すれば、利息制限法に基づく引直計算をした場合にどの程度の額まで債務を軽減することができるか、場合によっては過払金返還請求ができるかなどが判明し、債務整理に関する具体的な方針を立てることができる。

　しかし、現実には、債務者の手元に貸金業者の契約書や伝票などが保管されていることは少なく、逆に、家族に知られたくないなどの理由でほとんど処分してしまっているケースが多い。

　一方、貸金業者は、貸金業法19条で、営業所または事務所ごとに業務に関する帳簿を備え、債務者ごとに貸付けの契約について契約年月日、貸付けの金額、受領金額その他の事項を記載して、保存しなければならないとされている。また、その帳簿は、貸付けの契約ごとに、最終の返済期日（その契約に基づく債権が弁済その他の事由により消滅したときにあっては、その債権の消滅した日）から少なくとも10年間保存しなければならないこととされている。この帳簿保存義務は、消費者である借主と事業者である貸金業者とでは、取引内容を記録する能力に格差があるため、貸金業者に記録しておくことを義務づけたものである。

　したがって、貸金業者との取引内容が不明な場合には、貸金業者に対して、取引経過の開示請求をして債権調査をする必要がある。

(2) 委任契約上の位置づけ

　ところで、司法書士による債権調査自体、司法書士法および依頼者との間の委任契約から導き出される事務たりうるかという問題がある。しかし、いずれの債務整理手続を遂行する場合でも、その前提として債務額を確定しなければ適正な手続を履行することができない。しかも、利息制限法を超過す

る利息を支払っていた場合には、債権調査をして利息制限法に基づく引直計算を行って債務額を確定することが必要となる。債務整理を受任した司法書士は、こうした債権調査を経なければ適切な手続を遂行することができないともいうる。したがって、債権調査は、それ自体が委任契約の目的として掲げられていなくても債務整理に関する簡裁訴訟代理等関係業務の委任契約に包含されていると考えられる。

　しかし、一方で、平成28年最高裁判決の考え方からすると、裁判外和解の代理権の判断は受任時であると考えるべきであるので（第1章Ⅱ4(2)参照）、債権額がわかっていなければ、債権調査の前提たる簡裁訴訟代理等関係業務の委任が受けられないということになる。実務としては受任前の相談の段階で資料等により可能な限り各債権者の現在債権額を把握し、不明なときには依頼者本人に電話で問い合わせてもらうことも、場合によっては行ってもよいであろう。現在額で代理権の有無を判断し、代理人として受任した場合は代理人として正確な債権調査を行うということになる。また、特定調停手続を代理業務として受任できる場合には、特定調停手続の前提として債権調査ができる。債権調査は特定調停手続の申立て後に調停手続で行うことも可能であるが、申立て前に正確な債権額を把握することは弁済計画の立案を早めることができ、スムーズな調停手続の進行に役立つことにつながる。

　なお、裁判書類作成関係業務においては、債権調査が委任契約に包含されているとはいえないが、債権の存在を疎明する書類は裁判所に提出する書類の一つであり、債権調査は必要である。依頼者から資料送付先として指定を受けて、司法書士への資料の送付を要望してもよいであろう。

2　みなし弁済

(1)　利息制限法の強行法規性

　利息制限法は強行規定であり、同法で定める上限利率を超える利息の約定は、たとえ約定で定めた利率に争いがなくても、裁判所は利息制限法を適用しなければならないものとされている（最大判昭和39・11・18民集18巻9号

1868号)。この論理は、貸金業法が制定された現在においても、何ら変わるものではない[8]。このように、利息制限法を超過する利息の約定は違法無効であることが原則である。

　旧貸金業法43条は、このように違法無効な約定に基づく支払いについて「厳格な要件のもとで、存在しない債務への債務者の任意の充当指定による支払に限って有効とみなした[9]」ものであり、みなし弁済を定めた旧貸金業法43条が貸金業者の既得権を保護しようとする特殊な政策的理由により規定されたものであるため、資金需要者等の利益の保護を図るとともに国民経済の適切な運営に資することを目的として制定された貸金業法の立法趣旨とは異質なものであり、適用にあたっては慎重な判断を要するものであった。すなわち、みなし弁済の審理にあたっては、単に書面上の要件の具備等を形式的に突合するのではなく、本来無効な契約が、借主や保証人の生存に必要な生活基盤と、貸金業者の利息制限法超過の暴利を保護すべき事情を比較衡量して合理性を有するものでなければ有効な利息の弁済とみなすことができないというべきであり、そこに債務者の任意性が求められるゆえんがある。

　みなし弁済は、貸金業者が主張・立証しなければ裁判上も適用されることはないが、貸金業者がみなし弁済を主張する場合には、その要件のすべてを主張・立証する必要があることはもちろんのこと、仮に債務者がこれを争わなかったり、要件不足を指摘しなかった場合でも、裁判所としては、当事者主義や処分権主義の論理でみなし弁済を認めるのではなく、みなし弁済のすべての要件が充足されているかどうかについて判断する必要があり、仮に債務者が要件不足を指摘しなかった場合であっても、裁判所が要件充足の当否について判断をする必要があると考えられる。なぜなら、当該紛争は、強行法規である利息制限法の例外を認めるか否かという紛争であるからである。

　(2)　みなし弁済の要件と審理の構造

　一般に、みなし弁済が認められるには、①債権者が貸金業登録業者である

8　最高裁判所事務総局編『貸金業関係事件執務資料』16頁・21頁。
9　最高裁判所事務総局編・前掲（注8）32頁・33頁。

こと、②契約の際、17条書面を交付していること、③弁済の際、18条書面を直ちに交付していること、④債務者が約定金利による利息を利息としての認識で支払ったこと、⑤債務者が約定金利による利息を自らの意思で任意に履行したこと(貸金業法は事案により同法16条の2に規定する書面の交付をも要求している)の要件を満たしていることが必要であるといわれている。

ところが、実際の裁判では、貸金業者が提出した17条書面、18条書面に対し、債務者の側で、要件不足の箇所を指摘し、また、任意の支払いでないことを主張することによって、裁判所は、債務者側のみなし弁済否定の主張が認められるか否かという観点で審理するという現象が生じていた時期もあった。本来であれば、強行法規である利息制限法の例外を認めるかどうかという判断になるのであるから、貸金業者がみなし弁済を主張する場合には、その要件を逐一満たしたことの立証が債権者に要求されているはずである。

なお、現在は、多くの最高裁判決(後記(3)参照)により、事実上みなし弁済が認められる余地はなくなっており、貸金業者からみなし弁済を主張されることはほとんどない。

(3) **みなし弁済等に関する判例**

みなし弁済については、次のように多数の判例が出されているので参照されたい。なお、利息制限法に基づく引直計算方法に関するものなど、関連する判例もあわせて紹介する。

最判平成15・7・18民集57巻7号895頁〔複数取引の一連計算〕は、基本契約に基づく金銭消費貸借取引において、借主が一つの借入金債務につき利息制限法所定の制限を超える利息を任意に支払い、この制限超過部分を元本

---

10 いわゆる17条書面とは、貸金業法17条の要件を満たす書面(貸金業者の商号、名称または氏名および住所、契約年月日、貸付けの金額、貸付けの利率、貸付けの方式、返済期間および返済回数、賠償額の予定(違約金を含む)に関する定めがあるときはその内容、これらのほか内閣府令で定める事項が記載されているもの)をいう。

11 いわゆる18条書面とは、貸金業法18条の要件を満たす受取証書(貸金業者の商号、名称または氏名および住所、契約年月日、貸付けの金額、受領金額およびその利息、賠償額の予定に基づく賠償額または元本への充当額、受領年月日、これらのほか内閣府令で定める事項が記載されているもの)をいう。

に充当してもなお過払金が存する場合、弁済当時存在する他の借入金債務に充当されるとした。

　最判平成16・2・20民集58巻2号475頁〔天引利息、厳格解釈〕は、①貸金業者との間の金銭消費貸借上の約定に基づき利息の天引きがされた場合における天引利息については、旧貸金業法43条1項の適用はない、②同法17条1項に規定する書面に該当するためには、当該書面に同項所定の事項のすべてが記載されていなければならない、③貸金業者が貸金の弁済を受けた日から20日余り経過した後に債務者に当該弁済についての書面を送付したとしても、同法43条1項の適用要件である同法18条1項所定の事項を記載した書面の弁済直後における交付がされたものとみることはできないとした。

　最判平成17・7・19民集59巻6号1783頁〔取引履歴の開示義務〕は、貸金業者は、債務者から取引履歴の開示を求められた場合には、その開示要求が濫用にあたると認められるなど特段の事情のない限り、貸金業法の適用を受ける金銭消費貸借契約の付随義務として、信義則上、保存している業務帳簿（保存期間を経過して保存しているものを含む）に基づいて取引履歴を開示すべき義務を負うとした。

　最判平成17・12・15民集59巻10号2899頁〔極度額貸付け〕は、貸金業者は、借主が借入限度額の範囲内であれば繰り返し借入れをすることができ、毎月定められた返済期日に最低返済額以上の元金を経過利息と共に返済するという内容の金銭消費貸借基本契約に基づく貸付け（いわゆるリボルビング方式の貸付け）をしたときには、各貸付けごとに借主に交付すべき旧貸金業法17条1項に規定する書面に、「返済期間及び返済回数」および各回の「返済金額」として、当該貸付けを含めたその時点での全貸付けの残元利金について、毎月定められた返済期日に最低返済額および経過利息を返済する場合の返済期間、返済回数および各回の返済金額を記載すべきであるとした。

　最判平成18・1・13民集60巻1号1頁〔任意性〕は、利息制限法所定の制限を超える約定利息と共に元本を分割返済する約定の金銭消費貸借において、債務者が、元本または約定利息の支払いを遅滞したときには当然に期限の利

益を喪失する旨の特約の下で、利息として上記制限を超える額の金銭を支払った場合には、債務者において約定の元本と共に上記制限を超える約定利息を支払わない限り期限の利益を喪失するとの誤解が生じなかったといえるような特段の事情のない限り、制限超過部分の支払いは、旧貸金業法43条1項にいう「債務者が利息として任意に支払った」ものということはできないとした。

最判平成19・2・13民集61巻1号182頁〔分断計算、過払金の利息の利率〕は、貸主と借主との間に第1貸付け過払金の充当に関する特約が存在するなどの特段の事情のない限り、第1貸付け過払金は、第1の貸付けに係る債務の各弁済が第2の貸付けの前にされたものであるか否かにかかわらず、第2の貸付けに係る債務には充当されないとし、また、過払金の利息の利率は民事法定利率年5％の割合によるとした。

最判平成19・6・7民集61巻4号1537頁〔基本契約が一つの場合の一連計算〕は、同一の貸主と借主との間でカードを利用して継続的に金銭の貸付けとその返済が繰り返されることを予定した基本契約が締結されており、同契約には、毎月の返済額は前月における借入金債務の残額の合計を基準とする一定額に定められ、利息は前月の支払日の返済後の残元金の合計に対する当該支払日の翌日から当月の支払日までの期間に応じて計算するなどの条項があって、これに基づく債務の弁済が借入金の全体に対して行われるものと解されるという事情の下においては、上記基本契約は、同契約に基づく借入金債務につき利息制限法1条1項所定の制限を超える利息の弁済により過払金が発生した場合には、弁済当時他の借入金債務が存在しなければ上記過払金をその後に発生する新たな借入金債務に充当する旨の合意を含んでいるものと解するのが相当であるとした。

最判平成19・7・13集民225号103頁〔悪意の受益者の推定〕は、貸金業者が利息制限法1条1項所定の制限を超える利息を受領したが、その受領につき旧貸金業法43条1項の適用が認められない場合には、当該貸金業者は、同項の適用があるとの認識を有しており、かつ、そのような認識を有するに

至ったことについてやむを得ないといえる特段の事情があるときでない限り、民法704条の「悪意の受益者」であると推定されるとした。

最判平成19・7・19民集61巻5号2175頁〔証書型貸付けの一連計算〕は、同一の貸主と借主の間で基本契約を締結せずにされた多数回の金銭の貸付けが、一度の貸付けを除き、従前の貸付けの切替えおよび貸増しとして長年にわたり反復継続して行われており、その一度の貸付けも、前回の返済から期間的に接着し、前後の貸付けと同様の方法と貸付条件で行われたものであり、上記各貸付けは1個の連続した貸付取引と解すべきものであるという判示の事情の下においては、各貸付けに係る金銭消費貸借契約は、各貸付けに基づく借入金債務につき利息制限法1条1項所定の制限を超える利息の弁済により過払金が発生した場合には、当該過払金をその後に発生する新たな借入金債務に充当する旨の合意を含んでいるものと解するのが相当であるとした。

最判平成20・1・18民集62巻1号28頁〔過払金充当合意〕は、基本契約に基づく取引に係る債務について利息制限法1条1項所定の利息の制限額を超えて利息として支払われた部分を元本に充当すると過払金が発生するに至ったが、その後にあらためて金銭消費貸借に係る基本契約が締結され、この基本契約に基づく取引に係る債務が発生した場合には、①第1の基本契約に基づく取引により発生した過払金を新たな借入金債務に充当する旨の合意が存在するなど特段の事情がない限り、第1の基本契約に基づく取引に係る過払金は、第2の基本契約に基づく取引に係る債務には充当されない、②第1の基本契約に基づく債務が完済されてもこれが終了せず、第1の基本契約に基づく取引と第2の基本契約に基づく取引とが事実上1個の連続した貸付取引であると評価することができるときには、第1の基本契約に基づく取引により発生した過払金を第2の基本契約に基づく取引により生じた新たな借入金債務に充当する旨の合意が存在するものと解するのが相当であるとした（第3章Ⅲ3(2)(エ)(B)参照）。

最判平成21・1・22民集63巻1号247頁〔過払金請求権の消滅時効〕は、過払金充当合意を含む基本契約による取引より生じた過払金返還請求権の消

滅時効は、特段の事情がない限り、上記取引が終了した時から進行するとした。

最判平成21・7・10民集63巻6号1170頁〔悪意の受益者推定の時期〕は、期限の利益喪失特約の下での利息制限法所定の制限を超える利息の支払いの任意性を初めて否定した前掲最判平成18・1・13の言渡日以前にされた制限超過部分の支払いについて、貸金業者が同特約の下でこれを受領したことのみを理由として当該貸金業者を民法704条の「悪意の受益者」と推定することはできないとした。

最判平成21・9・4集民231号477頁〔過払金の利息の発生時期〕は、悪意の受益者である貸主は過払金発生の時から民法704条前段所定の利息を支払わなければならないとした。

最判平成23・7・14集民237号263頁〔自動契約継続条項〕は、自動契約継続条項は、取引の一連性判断においては問題とならないとした。

最判平成23・12・1集民238号189頁〔悪意の受益者推定の時期〕は、いわゆるリボルビング方式の貸付けについて、貸金業者が旧貸金業法17条1項に規定する書面として交付する書面に個々の貸付けの時点での残元利金につき最低返済額を毎月の返済期日に返済する場合の返済期間、返済金額等の記載をしない場合は、当該貸金業者は、同項に規定する書面には上記記載を要する旨を判示した前掲最判平成17・12・15の言渡日以前であっても、利息制限法所定の制限を超えて利息として支払われた部分の受領につき同法43条1項の適用があるとの認識を有することについてやむを得ないといえる特段の事情があるとはいえず、過払金の取得につき民法704条の「悪意の受益者」であると推定されるとした。

3　非協力的な債権者への対応

かつては、債権調査に関して、債権者はさまざまな形で抵抗をすることが多かったが、前掲最判平成17・7・19や、それを受けて金融庁のガイドライン（「事務ガイドライン（第三分冊：金融会社関係）」）が平成17年10月14日に改

正された後は、開示請求に抵抗する貸金業者はほとんどいなくなった。しかし、中小の貸金業者の中には証書書換え時以降のみ開示し、あたかもその時から取引が開始したかのような開示をしてくることがある。そのような場合は、依頼者の記憶の確認や古い資料の確認により、当初の取引から開示するよう要求するべきである。

　また、開示請求を徹底して行ったにもかかわらずこれに応じない貸金業者に対しては、その旨を監督官庁に通告して行政指導を求めるべきである（行政指導のお願いは［DATA 6］参照）。

V　利息制限法に基づく引直計算

1　利息制限法に基づく引直計算の意義

　利息制限法に定める利率を超える利率の利息を支払って取引を続けてきた場合、その取引が「みなし弁済」の要件を満たしていなければ、利息制限法に基づく引直計算をして現在の適正な残高を計算する必要がある。この場合、長期にわたって取引をしてきた場合には、すでに借入金の元本を完済し、むしろ過払金が発生していることも少なくない。

　支払いすぎた利息について利息制限法に基づいて引直計算ができるのか、また、それによって元本を完済している場合、それ以上に支払った金額の返還を求めることができるのかについては、裁判のうえでも紆余曲折の歴史があった。

　判例は、当初、利息制限法の制限を超えた利息や遅延損害金の支払いをした場合、借主が超過部分を任意に支払ったときはその返還を請求することができないとし、払いすぎの部分を元本に充当することはできないとしていた（最判昭和37・6・13民集16巻7号1340頁）。しかし、その後、借主が利息や損害金の弁済として支払った制限超過部分は、本来は支払義務のない部分に対する支払いであるから、元本が残っているときは民法491条により元本に充当されると判断するに至った（最大判昭和39・11・18民集18巻9号1868頁）。

　さらに、このような計算をした結果、元本が完済となった後もなお支払いを継続したときに、借主が債権者に対して過払分を不当利得として返還を求めることができるかについては、計算のうえで元本が完済となったときは、その後に支払われた金額は、債務が存在しないのにその弁済として支払われたものにほかならないと判断するに至っている（最判昭和43・11・13民集22巻12号2526頁）。

　以上のような判例の変遷の結果、現在では、利息制限法に基づく引直計算や、それに基づく過払金の返還請求は債務整理の当然の前提であると認識し

ておく必要がある。

2　原則的な計算方法

　利息制限法に基づく引直計算は、基本的な問題でありながら確立した方法が存在するとはいえない現状である。そこで、ここでは、最も一般的と思われる計算方法を説明する。
　まず、利息計算の一般的なルールは、次の計算式で求められる。

利　息＝残元金×利率（％）÷年間日数×日　数

　利率は、約定の利率が利息制限法の定める利率を超える場合には、利息制限法が定める利率に置き換える。すなわち、次のようになる（利息制限法1条）。

---
①　元本が10万円未満の場合　　　　　利率　年20％
②　元本が10万円以上100万円未満の場合　利率　年18％
③　元本が100万円以上の場合　　　　　利率　年15％

　年間日数は、契約に特別な定めがなければ、閏年は366日、閏年以外は365日で計算する。1年は365日として計算するという特約があれば、閏年も365日で計算するのが原則であるが、引直計算では閏年に年365日の日割計算を行うと、利息制限法の制限利率を超えることになるので年366日で計算するべきと考える。閏年を366日とする場合、年365日と計算する年と1年をどこで区切るかという問題があり、いくつかの計算方法が存在するが、頻繁に貸し借りがある場合計算が複雑になるため1月1日から12月31日を1年とすればよいであろう。
　日数は、借入日を含めて計算するのが利息計算の原則であるが、借入日初日の利息の計算を許すと、全額の返済と同日に新たな借入れを行うような書

換えを頻繁に行えば、書換日当日は二重に利息計算されてしまうことになり、年間を通じて計算すると利息制限法に違反してしまうことから、借入日初日の利息は計算しないほうが望ましい。貸金業法施行規則11条別表の実質年率は、その算定の基礎になる利用期間を、貸付日もしくは前回返済日から次の返済日の前日までと規定しており、実質上借入日を含めないことを提示していることからも、借入日は含む必要はないであろう。

そして、算出された利息に小数点以下の数字が発生した場合には小数点以下は切り捨てる。小数点以下を切り上げたり四捨五入をすると、利息が利息制限法の利率を超えてしまうことになる。

返済については、まず、当日までに発生した損害金、利息の順に充当され、その残りが元本に充当される。

また、このような計算を続けていった場合、残元本が100万円以上から100万円未満に、または、10万円以上から10万円未満になったとしても、利率を15％から18％に、18％から20％に切り換える必要はない。従前の借入金残元本と新たな借入金との合計額が利息制限法1条1項所定の各区分における下限額を下回るに至ったとしても、上記取引に適用される制限利率は変更されない（最判平成22・4・20民集64巻3号921頁）。

3　追加借入れがある場合の計算方法

最近の貸金業者の取引形態は、一度借り入れて、その後返済のみを続けるというものは少なく、取引限度額（たとえば30万円を限度とするといった具合）の範囲内であれば、必要に応じてカードなどで借入れができるという形態が主流になっている。したがって、取引の経過は借入れと返済を繰り返すということになる。

ままみられるのは、たとえば、30万円の限度額いっぱいに借りていて2万円を返済し、そうすると、約定利率で計算されて1万2000円の元本が返済されて限度額まで1万2000円の空きができ、そこで、その場で、限度額いっぱいまで再び1万2000円を借りるというパターンである。この場合、2万円の

返済についての利息計算は前に説明したとおりである。その際、利息制限法に基づく引直計算をした結果は残元本28万5000円であったとする。これに対する以後の利息は翌日から計算することになるが、借入日初日の利息を計算する考えによると、返済と同時に1万2000円を借り入れているので、1万2000円については借入当日の利息を計算する必要がある。したがって、当日は1万2000円の利息を計算し、翌日からは29万7000円（28万5000円＋1万2000円）に対して利息を計算することになる。

　この計算は非常に煩雑であるし、借入日初日は計算しない方法によれば追加借入れ1万2000円については借入れ当日の利息は計算せず、翌日から29万7000円に対して利息計算することで足りる。

4　書換えがある場合の計算方法

　貸金業者の多くは、融資限度額の増額時や一定の取引期間の経過をもって契約書を新たにつくり直す（「書換え」と呼ばれている）。この場合には、書換え時の契約書には、従前の貸付けの契約による残高の内訳（元本、利息、損害金）および従前の契約を特定しうる事項（契約番号等）を記載しなければならないことになっている。

　たとえば、新たに取引を開始する際に30万円を貸し付けたとする。借主はこれを数回返済し、残りの元本が25万円、利息が5000円発生しているときに、50万円を貸し付ける形をとる。その際、25万5000円を返済として差し引いて、実質新たに24万5000円を貸し付けることにより50万円の契約書に書き換えるという具合である。この場合における利息制限法に基づく引直計算は、書換日において24万5000円の追加貸付けを受けたという考え方もあるが、過払金が発生している時点で新たな借入れをしたときには、（平成18年法律第115号による改正前の）利息制限法1条1項にいう「元本」の額は、新たな借入金に上記過払金を充当した後の額をいうとする判例があるので（最判平成25・7・18集民244号55頁）、取引履歴どおりに従前の残高の返済（計算上過払金がいったん発生する）と新たな50万円の借入れという処理でよいと思われる。

なお、この判例によれば、新たな借入れが100万円であったとしても、これに発生している過払金を充当すると100万円未満になるので、従来の利率が18％であった場合は、15％ではなく18％のままである。

5　延滞があった場合の計算方法

返済の過程で延滞があった場合には、通常は、遅延損害金を付する約定となっている。遅延損害金についても上限が定められており、利息制限法4条によって、1条で規定されている上限利率の1.46倍とされている（利息制限法の改正の経過措置により、取引時期によっては規定が異なる）。そして、平成22年6月18日に施行された7条において、営業的金銭消費貸借（債権者が業として行う金銭を目的とする消費貸借）の場合、20％とされている。

貸金業者との取引における遅延損害金は、次のとおりとなる。

---

① 平成22年6月18日以降の契約
　ⓐ　元本が10万円未満の場合　　　　　　　損害金　年20％
　ⓑ　元本が10万円以上100万円未満の場合　　損害金　年20％
　ⓒ　元本が100万円以上の場合　　　　　　　損害金　年20％
② 平成12年6月1日以降平成22年6月17日までの契約
　ⓐ　元本が10万円未満の場合　　　　　　　損害金　年29.2％
　ⓑ　元本が10万円以上100万円未満の場合　　損害金　年26.28％
　ⓒ　元本が100万円以上の場合　　　　　　　損害金　年21.9％
③ 平成12年5月31日までの契約
　ⓐ　元本が10万円未満の場合　　　　　　　損害金　年40％
　ⓑ　元本が10万円以上100万円未満の場合　　損害金　年36％
　ⓒ　元本が100万円以上の場合　　　　　　　損害金　年30％

したがって、契約上の遅延損害金が利息制限法で定める利率を超えている場合には利息制限法で定める利率になり、契約上の遅延損害金が利息制限法

で定める利率を下回っている場合には契約上の遅延損害金の利率で計算することになる。

次に、延滞日がいつから始まるかという点であるが、たとえば、毎月10日が契約上の支払日になっている場合には、10日までは利息、11日以降は損害金の計算となる。しかし、10日が土曜日や日曜日であったり祝日であった場合には、支払日が繰り上がることになるのか、繰り下がることになるのかは、契約書にどのような定めがなされているかによる。もしも契約書に、その点について書かれていなければ、次に到来する平日まで支払日が延長される（最判平成11・3・11民集53巻3号451頁）。

ところで、貸金業者の取引明細書をみていくと、10日までに支払うべきものを13日に支払った場合には、11日から13日までは遅延損害金の扱いをし、14日以降は利息の計算をしていることがみられる。このように、遅れてしまった弁済をすることによって再び利息扱いにする形態を「期限の利益の再度付与」と呼んでいる（佐世保簡判昭和60・9・24判タ577号56頁）。したがって、このような場合には、利息制限法に基づく引直計算においても、遅延後いったん遅延損害金が発生し、支払いにより遅延が解消されると再び利息として計算をするのが厳密な方法といえる。しかし、一部に延滞があったとしてもすべて利息として計算する考えもある（東京高判平成13・1・25判タ1085号228頁）。

貸金業者によっては、1日でも遅れた日以後すべて遅延損害金として計算するところもある。しかし、実際は一括請求をせず月々の分割払いを認めていることが多いため、期限の利益の喪失扱いを受けていないことも多く、貸金業者側と計算方法の争いになることがある。これについては、最判平成21・4・14集民230号353頁、最判平成21・9・11集民231号531頁、最判平成21・9・11集民231号495頁など、事案により異なる判断がされているので、各判例の事案を比較検討してほしい。

前述のとおり、利息制限法の改正の経過措置により、改正前の契約には従前の利率が適用されるため、たとえば、取引が平成12年5月31日以前から継

続している場合（平成12年5月31日までに限度額契約あるいは金銭消費貸借契約がなされていた場合）、遅延損害金の計算は、①平成12年5月31日現在の元本については、平成12年6月1日以降も従来の利率、②平成12年6月1日以降の借入れについては、新しい利率というように、2本に分けて損害金を計算する必要がある。このときは、平成12年6月1日以降はすべて損害金利率を新しい利率で計算する貸金業者も多かった。貸金業者が低い利率を適用しているなら経過措置にかかわらず低い利率でよいあろう。なお、平成22年6月18日の改正貸金業法の完全施行に伴う改正では（平成18年12月20日法律第115号による改正）、同様の措置がとられたので、同様に考えればよい。

実際の取引事例における利息制限法に基づく引直計算例は [DATA 7] [DATA 8] を参照されたい。[12]

6 貸金業者の利率引下げ

グレーゾーン金利が廃止されたことを受け、平成19年6月頃以降、大手貸金業者は前倒しで貸出利率を利息制限法以内に変更した。注意すべきは利息制限法の上限金利よりさらに低い金利が設定されている貸金業者もある点である。引直計算の際は、貸金業者の契約利率が利息制限法未満になっている部分を、その契約利率で計算しなければならない。

貸金業者の取引経過には利率が記載されていないものも多いので、最終貸出利率を貸金業者に確認するべきであろう。平成22年6月18日の改正出資法の施行日以降は、すべての貸金業者についてあてはまる注意事項となる。

なお、信販会社は従前より利息制限法以内に利率を引き下げているところも多いので、同様に注意が必要である。

---

12 [DATA 7] は貸金業者の計算によるものであり、[DATA 8] は利息制限法所定の金利で引き直したものである。なお、この例では利息を年365日の日割計算をしているが、閏年においても年365日計算をすることは利息制限法を超えた利息となるため、たとえ年365日の日割計算の特約があったとしても、閏年においては年366日の日割計算とすべきという考え方もある。利息計算を行うエクセルのフリーソフトがあるので URL を紹介しておく〈http://adlitem.or.jp/〉（平成29年9月30日閲覧）。

7　クレジットの計算方法

　いわゆるクレジット契約の場合、立替金に手数料が付加されてそれを分割払いするわけであるが、返済途中の残金がいくらになるのかという問題がある。手数料は実質利息と同じであると考え、立替金を当初借入額とみなして利息制限法に基づく計算をするという考えもあるが、東京地判平成11・1・19判タ1049号256頁は、利息制限法の適用がないと判示している。一方、利息制限法の適用は否定しているが、手数料には利息に該当する部分が含まれていることも明らかであり、これに遅延損害金をあわせて請求できるとすることは将来の利息分について重利計算を認めることになり不相当であるから、未経過利息を控除して残元本を算出すべきであるとする名古屋地判昭和60・2・8判タ554号281頁もある。

　しかし、根拠に乏しい以上、手数料の減額は現実には難しく、債務整理では貸金業者が主張する残額を基に交渉せざるを得ないことが多い。ただし、一括弁済をする場合、将来の利息も含めて支払うのはおかしいので、手数料部分は免除を要請することに十分根拠があると思われ、免除につき粘り強く交渉するべきである。

8　過払金に対する利息の計算方法

　民法704条により受益者が悪意の場合は、利得の時から利息を請求できる。貸金業者が悪意の受益者といえるかどうかであるが、最判平成19・7・13集民225号103頁は、貸金業者が利息制限法１条１項所定の制限を超える利息を受領したが、その受領につき旧貸金業法43条１項の適用が認められない場合には、当該貸金業者は、同項の適用があるとの認識を有しており、かつ、そのような認識を有するに至ったことについてやむを得ないといえる特段の事情があるときでない限り、民法704条の「悪意の受益者」であると推定されると判示した。

　過払いが発生した場合に貸金業者が悪意の受益者であるとすれば、それに

対する利息をも請求できることになる。この利息の利率は５％となるか、６％で請求できるのかについて争いがあったが、最判平成19・2・13民集61巻1号182頁は、商行為である貸付けに係る債務の弁済金のうち利息制限法1条1項所定の利息の制限額を超えて利息として支払われた部分を元本に充当することにより発生する過払金を不当利得として返還する場合において、悪意の受益者が付すべき民法704条前段所定の利息の利率は、民法所定の年5分であると判示した。

　この利息は最後に合算して請求する方法と、過払金利息発生後の追加貸付金額にそのつど充当していく方法がある（最判平成25・4・11集民243号303頁）。後者のほうは元本の減少が早くなるため、過払金そのものが増加する。過払金に対する利息の計算方法は［DATA 9］［DATA10］を参照されたい。判例がある以上、後者の計算により請求するべきであると思われる。

Ⅵ　事件処理の方針の決定前の弁済の禁止

　債権調査の後、依頼者と協議のうえ債務整理の事件処理の方針を決定することとなるが、債権調査の途中であっても債権者から分割弁済等による和解申入れがなされることがある。もちろん、依頼者に債務のないことを確認する和解であったり、過払金を回収するための和解であれば拒否をする理由はないが、分割弁済など債務の弁済を目的とした和解申入れは原則として拒否する必要がある。

　なぜなら、最終的な事件処理の方針の決定が、破産や民事再生のように債務を免除または減額する方針をとることになれば、それ以前に特定の債権者と和解して弁済をすることは、当該債権者が別除権者等である場合などの例外を除き、偏頗弁済になりかねないからである。

　また、債権者によっては、どのような処理方針であるのかを電話等で回答を求める者もあるであろうが、方針が決定されるまでは回答を留保すべきであろう。

Ⅶ　事件処理の方針の決定

1　事件処理の方針の決定にあたっての考慮事由

　債権調査の結果、実際にとるべき手続を決定することになるが、その場合の判断材料である債権額は、原則的には利息制限法に基づく引直計算による債務残高ということになる。

　ところで、方針の決定をする際には、債務者が、分割弁済により今後の支払いを続け、債務を完済できる見込みがあるのであれば任意整理または特定調停、支払不能となるおそれのある場合には民事再生、支払不能であれば破産ということになろう。

　支払不能とは、債務者が一般に金銭債務の支払いをすることができない客観的な状態をいい、その弁済力の有無は財産、信用および労務の三者を総合的に判断する必要がある（東京高決昭和33・7・5金法182号3頁）。しかも、一時的な延滞ではなく、債務を全般的に弁済できない状態が継続的である状態を指す（福岡高決昭和52・10・12判時880号20頁等）。したがって、債務を満足しうる財産がなくとも信用や労務によって支払いが確保できる場合は支払不能とはいえず、逆に財産があっても換価が困難であり、信用や労務によって弁済をすることが不能のときは支払不能と認定しうる。なお、債権者が多数であるか否かは破産手続開始の要件ではない（大阪高決昭和35・5・19下民集11巻5号1125頁）。

　このように、支払不能であるか否かに負債の一定額等の基準があるわけではなく、多重債務者の収入、負債額、生活実態等によって個々に判断することになる。債務者が生活保護を受けているとか、さまざまな事情によって収入が極端に低い場合などには、負債総額が少額でも破産を認めており、負債総額が数十万円でも認められることもある。

　債務者が弁済に足りるだけの収入や財産を有していない場合における一つの目安は、利息制限法に基づく引直計算による債務残高を36で除した金額を、

3年の間、家計から毎月支出して返済することの可否である。なぜなら、任意整理や特定調停で行われる債務整理が、利息制限法に基づく引直計算による債務残高について以後の利息を免除して3年以内で分割支払いすることをめどとして運用されているからである。この場合、債務者の生活実態を十分考慮して方針の決定をすべきである。債務者は多くの場合、実際には不可能な金額であっても今後は返済の努力をしたいと望むものであるし、また、従来支払い続けた金額に比較すれば、算出された返済予定額を少額なものであると受け取りやすい。

しかし、多重債務者の多くは、本来返済の余裕はなく、現実には現在の収入で生活していくのが精いっぱいの状況であって、なおかつ収入保障のない場合も多いことも考慮すべきである。

2 手続の比較と特徴

各手続の特徴を手続選択の観点から説明する。

(1) 任意整理

任意整理はすべての債務を支払うのが原則である。ただし、元本一部カットの可能性もある（多くの場合早期の一括弁済が条件となる）。総支払額の面では、通常、民事再生（個人民事再生）より不利となる。しかし、破産（個人破産）や個人民事再生と違い、一部の債権者のみ任意整理を行うことが可能であることは利点であろう。すべてを一括弁済できる場合はともかく、通常は分割弁済が基本となるため債務の支払いが残るという点では、依頼者の生活再建の重荷となることは否めない。

支払いの原資は必ずしも依頼者本人でなくてもよい。たとえば、親族の援助での一括払いや、同居家族の収入をあてにした分割弁済和解も可能である。無職の者でも支払原資が確保できていればよい。この点は、個人民事再生とは異なる。

任意整理が適当と思われる案件だとしても、債権額が140万円を超える場合は代理権がない。司法書士が関与するには、特定調停によることも考える

必要がある。

(2) 特定調停

総支払額等多くは任意整理と同じことがいえるが、通常、調停成立までの損害金が付加される点では、任意整理より不利である。また、通常は元本カットに応じてもらえることはない。債権額が140万円を超える場合でも認定司法書士が代理人として手続遂行できるため（ただし、一部の裁判所で受理されない事例も報告されている）、任意整理よりも代理できる範囲は広くなる。代理人として申し立てせずとも裁判書類作成関係業務として関与し、依頼者本人による手続遂行も可能である。

また、執行停止を求めたり、不動産競売の中止を求めることもできるので、任意整理より、その点は優れている。

そして、任意整理と同じく一部の債権者のみを相手方とすることが可能である。

調停が成立すると債務名義化するので、その点は注意が必要である。依頼者が弁済困難になったときには、きちんとフォローできるようにするべきであろう。

(3) 過払金返還請求訴訟

通常、ほかの手続と並行して行われる。裁判書類作成関係業務として本人訴訟を支援するときは、前述のとおり（第2章Ⅱ3(3)など）の注意点を踏まえたうえ、非弁行為の指摘を受けないように業務にあたる必要がある。

手続選択の観点からの問題は、取り戻した過払金の使い道であろう。依頼者の生活再建に少しでも役立つようなアドバイスが必要である。過払金を返済にあててもまだ多額の債務が残るような場合で、任意整理や特定調停を選択するときは、ほかの手続との比較が重要になってくる。たとえば、債務総額が250万円の場合で、100万円の過払金があるとする（手続費用は考えないものとする）。100万円全額を支払いにあてて、残り150万円を分割弁済する任意整理を考えることが多いであろうが、個人民事再生を選択するとどうなるかも考えてほしい。最低弁済額が100万円であれば、債務は100万円に圧縮

される。しかも100万円の過払金は手元に残るので、万が一の支出に備え残しておきながら、分割弁済することができる。過払金100万円が手元に残り、債務が100万円になるのだから、実質的には過払金ですべての債務が清算可能である。任意整理に比べると150万円負担が少なくてすむ。実際には個人民事再生の申立要件にはじまり、さまざまな点の検討が必要であり、必ずしも個人民事再生を選択することができるとは限らないが、選択肢としては検討すべきである。

(4) 民事再生（個人民事再生）

総支払額の面で考えると、個人破産と任意整理・特定調停の中間に位置することになる。債務全部を支払うことは困難だが、破産を回避したい事情がある場合に向いている。一番の特徴は、住宅ローンの支払いを続けながら、その他の一般債権のカットが可能である点である。住宅を所有している場合は、必ず説明すべき手続である。また、個人破産と比較すると免責不許可事由がない点は有利な点といえる。しかし、個人破産においても、よほどのことがない限りは免責不許可事由があったとしても裁量免責されることが多いので、ギャンブルに使った借金があることを理由に個人民事再生を選択するというのは短絡的である。

支払いの原資は依頼者本人の収入である。最低限、毎月の支払額以上の定期収入が必要であり、無職の者は開始要件を満たさない。

また、小規模個人再生（第3章Ⅳ参照）の場合、返済計画である再生計画案に、債権者の同意（全債権者ではない）が必要であり、反対する特定の債権者がいるようなときは、慎重な手続選択が必要になる。

今ある資産は原則すべて保有したまま手続ができるので、個人破産を選択してしまうと処分が必要な資産をもっているときにも有用である。ただし、資産の総額が高額になるとその分支払総額が増加することがあるので、資産がある場合には必ず個人民事再生が適しているとは一概にいえない。

(5) 破産（個人破産）

通常すべての債務の免責を受けることになるが、一部免責されない債務も

存在する（税金や養育費など）。すべての借金がなくなるので、生活再建には一番適しているといえる。免責不許可事由があるが、多くが裁量免責になることは前述のとおりである。

また、一部の職業では破産者が欠格事由となるなどの制限が存在する（第2章Ⅲ2(16)参照）。依頼者の職業がこれに抵触する場合は個人民事再生をまず検討すべきである。

個人破産は今ある資産を換価して配当・清算する必要があるが、保有が許される資産（通常最大総額99万円相当）もある。守るべき資産がある場合は個人民事再生を選択することも多いが、個人破産ですべてを失うわけではないので、正確な情報提供を依頼者に行えるようにしておく必要がある。

3　委任契約の解除

依頼者と委任契約を締結した後、①受任した司法書士が委任契約上の事務を遂行できない状態に至ったとき、②依頼者が、報酬、実費または弁済金を約定どおり支払わず、かつ、司法書士が相当の期間を定めて催告したにもかかわらずこれに応じなかったとき、③依頼者が、司法書士に対して、虚偽の事実を申告し、または、事実を正当な理由なく告げなかったため、依頼者の事件処理に著しい不都合が生じたとき、④そのほか、依頼者と司法書士との信頼関係が破綻したときなどのような事情が発生した場合には、委任契約を解除せざるを得ないことも考えられる。

ただし、これらの事情が発生した場合においても、むやみに委任契約を解除するのではなく、依頼者と十分に協議し、信頼関係の修復に努めるべきである。それによっても委任契約を解除せざるを得ない場合には、委任契約解除によって債権者の取立行為が再開されるなどの予想される事態について十分に説明を行っておくべきである。また、預り金の精算、預り物品の返却を行う必要がある。

さらに、債権者に対してすでに受任通知を送付している場合には、辞任通知を送付しておく必要がある（辞任通知は［DATA11］［DATA12］参照）。

第3章
債務整理手続の流れと実務上の留意点

I　任意整理による債務整理

1　概　要

　多重債務の任意整理にあっては既払金の利息制限法への引直し、過払金の回収、和解案の策定、債権額の減額交渉などを複数の債権者と交渉する必要があり、作業的にも精神的にも大きな負担を強いられる。しかし、交渉窓口として、債権者公平の理念と債務者再生の達成を常に心がけるべきである。任意整理の効果は特定調停に相似するが、次の①〜④の点において、特定調停よりも債務者に有利な効果をあげることができる。

① 債務名義化しない　任意整理における和解契約は債務名義化しない。
② 損害金のカット　特定調停では、期限の利益喪失後、調停成立時までの遅延損害金を債権額として認定する取扱いが多く行われている。しかし、任意整理であれば遅延損害金の一律カットの交渉も可能である。
③ 過払い金の回収　過払金も同時に、または先行して回収できる特定調停では過払金の回収は一般的に行われないが、任意整理であれば過払金を回収して他の債務に充当することが可能である。取引履歴が速やかに判明し、過払金の額が早期に確定した場合は、残債務の弁済の和解交渉と同時に、または先行して過払金の回収を図るべきである。
④ 元本カット　特定調停において元本カットの取扱いは稀であるが、任意整理では、民事再生の最低弁済基準等を勘案しながら、元本カットの交渉も検討すべきである。実際の交渉例においては、一部の信販業者は、支払回数にもよるが、2割から3割の元本カットに応じてくれることもあり、場合によっては最大で半額程度の元本カットに応じた事例もあるが、貸金業者は、ほとんど応じないことが多い。

2　説明すべき事項

　任意整理を進めるにあたって、依頼者に説明すべき事項は、おおむね次の

(1)～(12)のとおりである。

---

(1) 任意整理の概要
(2) 任意整理の方針
(3) 特定調停の利用
(4) 予想される手続期間
(5) 開示請求の意義
(6) 和解金の弁済代行
(7) 和解金の支払遅滞による期限の利益喪失
(8) 任意整理から破産・民事再生への移行の可能性
(9) 過払金の可能性と交渉の方針
(10) 過払金の管理
(11) 過払金返還請求訴訟提起の可能性
(12) 報酬等

---

(1) 任意整理の概要

具体的には、①司法書士が代理人となって債権者と交渉すること、②交渉の行方によっては必ずしも和解案がまとまるとは限らないこと、③特定調停と比較した場合のメリット・デメリット（前記1参照）などを説明する。

(2) 任意整理の方針

具体的には、①債権調査および利息制限法に基づく引直計算によって返済総額を確定させること、②その結果をみたうえで債権者ごとの和解案を検討すること、③債権者が非協力的であることから和解が困難な場合には代理手続を中止したうえで、裁判書類作成関係業務として、破産や個人再生の裁判手続をとることがあることなどを説明する。

(3) 特定調停の利用

債務額が140万円を超えることとなった場合は、特定調停を利用することがあることなどを説明する。

(4) 予想される手続期間

具体的には、①債権者によって対応に差があると考えられ、手続期間も債権者ごとに異なること、②取引履歴を開示するのに、1カ月程度もしくはそれ以上要する場合があること、③その後、和解交渉の期間が必要になってくることなどを説明する。

(5) 開示請求の意義

利息制限法とみなし弁済（旧貸金業法43条）の適用について説明して、利息制限法に基づいた引直計算をするために取引履歴の把握が不可欠であることを伝える。

(6) 和解金の弁済代行

和解成立後の和解金を司法書士が代行して弁済するのかどうかを検討し、代行する場合は、その入金方法・時期なども決めておく。

(7) 和解金の支払遅滞による期限の利益喪失

具体的には、①一定回数もしくは一定額の和解金支払遅滞があった場合、通常は期限の利益喪失条項によって期限の利益を失うこと、②その場合、依頼者にどのような不利益があるか、また、どのような対処が可能かを説明する。

(8) 任意整理から破産・民事再生への移行の可能性

たとえば、手続中に債務者が職を失ったり、収入が減少するなど、状況の変化によっては任意整理が困難もしくは不可能となり、その結果、破産や民事再生への移行を検討すべき場合も生じることを説明する。

(9) 過払金の可能性と交渉の方針

債権調査および任意整理の過程で過払金の存在が判明した場合、原則としてその返還を求めることになることを説明する。

(10) 過払金の管理

具体的には、①過払金が債権者から返還される場合、司法書士が代理人として受領するかどうか、②過払金の返還を受けた場合には、それを弁済原資として他の債務の整理を行うことを説明する。

(11) 過払金返還請求訴訟提起の可能性

任意に過払金を返還しない債権者に対しては、訴訟を提起することがあることを説明する。

(12) 報酬等

司法書士法施行規則22条の規定に則った着手金、成功報酬、実費の計算方法、支払方法について説明する。

3 手続の大まかな流れ

任意整理の手続の大まかな流れは、〔図3〕のとおりである（基本事項と事務上の留意点は後記4(1)〜(6)参照）。

〔図3〕 任意整理の手続の大まかな流れ

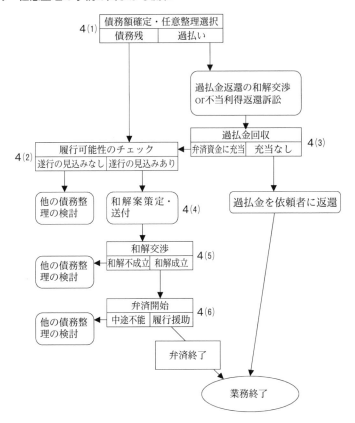

4 基本事項と実務上の留意点

(1) 債務額の確定

利息制限法に基づく引直計算については前述したが、債務額の確定は、原則として、①当初の取引からの計算によること、②取引経過途中における遅延損害金の扱いについて期限の利益再度付与の理論を徹底すること、③確定債務額は残元本のみとし、遅延損害金は付さないこと、④将来利息は付さないことという基準に基づくように留意すべきである。

このような基準に関し、日司連では、平成16年6月に開催された日司連定時総会（第65回）において、司法書士による任意整理の統一基準（[**DATA13**]参照）を決議した。司法書士が任意整理をする際には、この基準を遵守すべきである。なお、最近では一括払い以外の支払方法では和解しないという対応をする貸金業者が見受けられるが、債務者はこれまでの支払いが不可能となったために債務整理を依頼してきたものであり、司法書士として債務者の生活を点検し、無駄な出費を切り詰めて支払原資を確保していることを伝え、債務者の経済的再生のためにも分割払いの方法で和解するよう粘り強く訴えて交渉すべきである。

(2) 履行可能性のチェック

任意整理にあたっては、利息制限法に基づく利息に引き直しても債務が残ることが受任の段階で予想される場合には、早期に弁済原資の確認を行い、履行可能性のチェックをするべきである。履行の可能性のない弁済の和解案を作成・成立させることは、法律家としてすべきことではない。

弁済原資が月々の収入のみの場合は、同居の家族を含めた毎月の家計表を作成のうえ、必要に応じて家族とも面談するなどして、月々の弁済可能額を確認する作業が必要である。しかし、債務者が家計表を作成する際には、予想される支出を甘く見込む傾向にあり、この家計表から月々の弁済可能額に基づく弁済計画案を作成すると、せっかく和解した分割弁済が中途で頓挫する可能性が高いことが考えられる。そのため、債務整理を受任して、全債権

者から全取引履歴の開示を受け、債務額を確定するまでの間に債務者が得た収入の中の月々の弁済可能額を毎月本人の銀行口座へ入金するまたは司法書士が預かるようにして、履行可能性のチェックをすることも必要である。このようなシミュレーションをして、実際の弁済可能額に基づく和解案を作成するべきである。また、このように指示しても弁済可能額を預けない債務者は、和解案どおりの分割弁済が不可能なことが多いので、分割弁済の和解を勧めるべきではなく、他の債務整理方法を検討する必要がある。また、他の債務整理方法に協力しない場合には、代理人を辞任し、債務整理を終了することも考えられる。

(3) 過払金の回収

利息制限法による再計算を行った結果、過払金が発生していることが判明した場合には当該過払金の回収に努める必要がある（過払金返還請求書は【書式9】参照）。過払金が回収できれば、当該業者の債務が消滅するばかりか、過払金を他の債務の弁済に充当することが可能であり、二重の効果をもたらすことになる。したがって、過払金の回収は原則として和解案の策定前に行っておく必要がある。

過払金の返還請求額は、過払額元金および法定利息の全額である。それは、過払額を算出する過程ですでに利息制限法所定の利息を付しているものであり、安易な過払額カットは利息制限法を超える利息を容易に認めてしまうことになるからである。また、いったん安易な過払額カットの妥協をしてしまうと、次回からの交渉や他の司法書士や弁護士の交渉に悪影響を及ぼすことにもなる。

過払金の返還請求に応じない場合は、訴訟により債務名義化することで最終的には強制執行手続による全額回収を図ることができる等のメリット、業者の不毛な主張や控訴による訴訟の引き延ばしにより、回収時期が大幅に遅れる可能性や債務名義化しても必ずしも回収できるものではないというデメリット等を説明し、依頼者の意思を確認したうえで、訴訟を提起し、法定利息および訴訟費用を全額請求すべきである。

過払金返還の和解書の作成にあたっては、和解成立後、貸金業者が再生手続開始や破産手続開始の申立てをする事態も念頭においた工夫も必要である。確認条項において過払金の確定額のみを合意する和解条項（[DATA14] 参照）では、返還日までの間に、仮に貸金業者が再生手続開始の申立てをしてしまうと、再生債権は本条項による確定額のみとなる。このような事態も想定し、再生手続開始決定までの利息債権も確定再生債権として届け出ることが可能となる和解条項（[DATA15] 参照）とするのが望ましい。

【書式9】 過払金返還請求書

株式会社○○○　御中

　　　　　　　　　　　　　　　　　　　　　平成○年○月○日
　　　　　　　　　　　〒000-0000　○○県○○市○○町○○○
　　　　　　　　　　　　　　　　　　○○司法書士事務所
　　　　　　　後記依頼者代理人　司法書士　○　○　○　○　㊞
　　　　　　　　　　　　　　　　（認定番号　第○○○○○○号）
　　　　　　　　　　　　　　　　　電　　話　000-000-0000
　　　　　　　　　　　　　　　　　ＦＡＸ　　000-000-0000

過払金返還請求書

冠省
　後記依頼者の債務整理につき，債権調査にご協力いただきまして厚くお礼申し上げます。
　さて，当職の計算によれば，同人と貴社との取引について，利息制限法所定の利率に従って計算・充当させていただきますと，すでに○円（内元金○円）の過払いになっているものと思われます。つきましては，当職は貴社に対し，前記過払金全額の請求をいたします。
　来たる○月○日までに貴社のご回答を書面にていただきたくお願いするものです。
　なお，期日までにご回答いただけない場合には，やむをえず訴訟を提起せざるを得ないことを念のため申し添えます。

依頼者の表示
　　氏　　名　○　○　○　○　（○○○○　○○○○）
　　会員番号　○○○○

　　　　　　　　　　　　　　　　　　　　　　　　　　　　　草々

⑷　和解（弁済）案の策定

　利息制限法に基づく引直計算をして過払金を回収した後、債務が残っている債権者に対しては和解（弁済）案を策定することになる（和解条項の記載例は［DATA16］～［DATA21］参照）。

　その策定の際、前述のとおり、本当に弁済可能な額に基づいて和解案を作成する必要がある（前記⑴参照）。この際、債務者の家族構成を考慮して、学費（進学費用等も含む）や、月々の家賃・食費・ガソリン代・水道光熱費・医療費・電話通信費・被服費等、税金等の支払状況、賞与の支給の有無、弁済金の振込手数料（原則債務者負担となる）その他の事情を鑑みて家計表を作成して、その客観的な収支を把握し、算出された月々の弁済可能額から和解案を作成すべきである。

　弁済計画が確定し、和解案が提示可能となったら和解案を送付するなどして和解の申入れをする（和解申入書は【書式10】［DATA22］参照）。

【書式10】　和解申入書①――全額分割弁済

○○○株式会社　御中

　　　　　　　　　　　　　　　　　　　　　　平成○年○月○日
　　　　　　　　　　〒000-0000　○○県○○市○○町○○○
　　　　　　　　　　　　　　　　　○○司法書士事務所
　　　　　　後記依頼者代理人　司法書士　○　○　○　○　㊞
　　　　　　　　　　　　　（認定番号　第○○○○○○号）
　　　　　　　　　　　　　電　話　000-000-0000
　　　　　　　　　　　　　ＦＡＸ　000-000-0000

　　　　　　　　和解申入書（全額分割弁済）

冠省

　後記依頼者の債務整理につき，債権調査にご協力いただきまして厚くお礼申し上げます。

　さて，後記依頼者についての債務弁済計画は下記のとおり，月々の収入から分割弁済をするしかありません（総債権者数○社，総債務額○万円）。なお，分割弁済計画の基礎となる債務額の確定につきましては，日本司法書士会連合会の任意整理統一基準に基づき，利息制限法所定の利率で引直計算をした最終支払日の残元本とさせていただきました（計算結果は別紙（略）のとおりです）。最終支払日以降の利息損害金は全額免除をお願いします。

　ご不満等もあろうかと存じますが，ご理解ご承諾を賜りたくお願いするものです。

　本書到達後1週間以内に当職までご連絡ください。

依頼者の表示
　氏　　名　○　○　○　○　（○○○○　　○○○○）
　会員番号　○○○○
和解案
　　支払総額　　○円
　　割賦金額　　○円（ただし，初回○円）
　　支払回数　　○回
　　支払期日○月○日を第一回として毎月○日限り

草々

(5)　和解交渉

　和解申入れ後、詳細な和解内容を詰めるため、または、提示した和解案が受け入れられない債権者と、和解に向けての個別の交渉を行うこととなる。

　債権者としては、月々の返済額を5000円以上とし、3年以内、長くても5年以内で完済できる分割払いでの和解を求めてくることが多いと思われる。事情によっては5年以上での長期分割弁済での和解を求めることがあろうが、前記(4)で検討した弁済可能額について説明をし、長期間での弁済について理解を得られるよう努力すべきである。

そのほか、債権者は、端数を繰り上げてほしい、提案の返済回数を減らしてほしい、和解締結日までの遅延損害金を付加してほしいと要求してくることがあるが、これらについては、依頼者の返済にどの程度影響してくるのかをよく検討したうえでその要求を受けるかどうかを判断していくべきである。しかし、将来利息を付加してほしいという要求については、すべてカットしてもらうよう粘り強く交渉すべきである。将来利息を付加することとなれば、すでに支払いが困難になっている依頼者が、今後約3年から5年という長い間、月々の生活費を切り詰めて返済していくわけであり、利息の支払いまでするとなると依頼者の生活再建を阻害することになりかねない。

和解がまとまった場合、債権者が和解書を作成してくることもあるが、その場合は、弁済額が確定できるか（期限の利益喪失により約定による債務額に戻ることはないか）、期限の利益喪失条項が著しく不利でないか、期限の利益喪失後の遅延損害金の利率が不当ではないか、新たに合意管轄が定められていないかなど、和解の条件を十分に精査する必要がある。

依頼者の生活再建のためにも、司法書士が代理人として依頼者に少しでも有利な和解書（和解書は[DATA23]参照）を作成することが求められよう。

(6) 履行の管理

任意整理にかかわった司法書士は、和解書の締結によって委任事務を終了するのではなく、和解条項の履行の管理に極力努めるべきである。具体的には、毎回の弁済金を事務所まで持参または預り金口座に入金してもらい、債権者に対する振込送金を代行するなどの方法によるものである。さらに、分割弁済中に別の債権者から過払金の返還を受けることもあるので、その場合には、残額を一括して弁済するなどの調整を行い、弁済期間の短縮化に努めるべきである。

履行の管理は、単に、任意整理に付随するサービス業務として行うのではなく、債務者が真に経済的な再生を達することができるよう、また、司法書士の行う任意整理の信頼性を高めるためにも積極的に行う必要がある。

(7) 金銭の管理

　任意整理の実務においては、預り金の入金、弁済金の出金、過払金の入金、報酬の受領など金銭の出納が頻繁に行われる。

(ｱ) 任意整理における金銭の動き

　任意整理における金銭の動きをシミュレーションすると、次のようなパターンが多い。

(A) 受任時における着手金の受領

　受任時においては、事務所規程の報酬額や見込まれるおおよその実費を説明のうえ、この時点において若干の着手金を受領することが多いと思われる。

(B) 費用の分割受領

　受任通知の送付により、貸金業者等の取立行為が禁止され、また、債務額を確定するために、依頼者は任意整理に係る債務の返済をとりあえず停止する。そこで、その状態において家計簿を調整してもらい、毎月の可処分所得を明らかにし、その可処分所得が現実的であることの証として、毎月定額の金銭を司法書士の預り金口座または本人の専用の口座へ入金してもらう。この金額は、実質的には報酬の引当てとなることも多いであろう。

(C) 過払金の入金

　過払金の返還を受けることも少なくない。

(D) 報酬の受領

　確定した報酬を受領または精算する。

(E) 和解条項に従った弁済

　和解条項に従って、弁済を代行する。

(ｲ) 司法書士倫理上の規定

　ところで、こうした金銭の管理については、司法書士倫理にもいくつかの規定が設けられている。

　まず、司法書士は、依頼者からまたは依頼者のために預り金を受領したときは、自己の金員と区別して管理しなければならず、また、依頼者のために金品を受領した場合には、速やかにその事実を依頼者に報告しなければなら

ない（司法書士倫理32条）。また、司法書士は、受任した事件の概要および金品の授受その他特に留意すべき事項について記録を作成し、保存しなければならない（同倫理34条）。そして、司法書士は、受任した事件が終了したときは、遅滞なく、金銭の精算、物品の引渡しおよび預かった書類等の返還をしなければならない（同倫理38条）。

このように、金銭の管理について具体的に司法書士倫理に定められている理由は、弁護士の懲戒事例の多くが、預り金の横領や、不明瞭な金銭管理に関するものであり、また、不明瞭な金銭管理は依頼者との信頼関係の破綻につながるおそれもあり、ひいては司法書士の社会的信用にもかかわる問題だからである。

金銭管理の方法としては、依頼者別に管理を行う方法が望ましいであろう。受任している依頼者が増加すると通帳の管理自体が煩雑となるが、依頼者別に金銭が管理できるため、出納帳を作成する必要がなく、他人の金銭を流用してしまう可能性もない。また、現金での管理も考えられるが、盗難等の危険性を考えれば通帳による管理を行うべきであることはいうまでもない。

(8) 認定司法書士の代理権の範囲

債務整理事件における認定司法書士の代理権の範囲において、紛争の目的額が140万円か否かの判断は、債務者の総債権の総額を基準とするか（総額説）、債権者ごとに個別に判断するのか（個別額説）、また、その価額も債権者が主張する債権額を基準とするのか（債権額説）、弁済計画の変更等によって受ける経済的利益の額（受益額説）を基準とするのかが争われてきた。司法書士側は、受益額説の見解をとっていたが、平成28年最高裁判決[1]（和歌山訴訟）では、「認定司法書士が債務整理を依頼された場合においても、裁判外の和解が成立した時点で初めて判明するような、債務者が弁済計画の変更によって受ける経済的利益の額や、債権者が必ずしも容易には認識できない、債務整理の対象となる債権総額等の基準によって決められるべきではない」

---

1 小林昭彦＝河合芳光『注釈司法書士法〔第3版〕』116頁以下。

とし、個別額説および債権者主張額説を採用した。これにより、個別の債権の価額（債権者が主張する債権の額）が140万円を超える場合には、その債権につき代理人として受任することはできないので注意が必要である（詳細については、第1章Ⅱ2・3参照）。

5　消滅時効[2]

(1)　消滅時効をめぐる最近の状況

　債務者が支払いを何らかの事情で停止してから、数年あるいは場合によっては10年以上経過してから、多額の損害金を付した請求がなされることがある。元本は50万円未満で、損害金が100万円を超えているようなものが多い。差押予告と題する書面や、決まり文句として連絡がない場合は法的手続をとると記載した書面を送りつけ、一方で、必ず「和解に応じる用意がある」「○○万円に減額する」などと債務者に和解を迫る。中にはいきなり債務者の自宅を訪問して、請求債権全額もしくは無理な場合であれば少額でも支払わせ、支払いの実績による消滅時効の主張を封じるための事実づくりをする貸金業者も存在する。また、一部の業者により、債務者の住所地から遠く離れた裁判所に消滅時効にかかった債権を請求する訴訟を大量に提訴し、債務者が裁判所に出頭することや争うこと自体を諦め、債務者が欠席して貸金業者が勝訴する判決が出されていた。このような訴訟に対しては、消滅時効の援用を行う旨の答弁書を提出するとすぐに請求を取り下げてくることがほとんどであるが、一度債務名義となってしまえば消滅時効の援用はできず、強制執行のおそれもある。直接、口頭による訴訟手続の原則、経済的に裁判を

---

[2] 第193回国会において、「民法の一部を改正する法律」（平成29年法律第44号。以下、「改正民法」という）が成立し、平成29年6月2日に公布された。改正民法の施行後は（公布の日から起算して3年を超えない範囲内において政令で定める日から施行）、時効期間や消滅時効の起算点等が変更されることに留意されたい（消滅時効制度の改正点や経過措置については、日本司法書士会連合会編『民法（債権関係）改正と司法書士実務――改正のポイントから登記・裁判・契約への影響まで』18頁～21頁・47頁・48頁・118頁～129頁参照）。

する力のない者であっても裁判をする権利が確保されるべきところ、事実上この権利が奪われている現状がある。

　請求する業者は元々貸付けを行った業者とは限らない。債権者から債権譲渡を受けたと称する業者から請求されることもある。大手の貸金業者も平然とこのような請求をしているのが現状である。消滅時効にかかった債権について、積極的に時効中断の措置をとっていない貸金業者や債権を譲り受けた業者が、形式的な公平によれば、消滅時効にかかるほど放置した期間の利息および利息制限法による貸付けでは得ることのできない率の遅延損害金を請求することができることとなり、法的知識の乏しい消費者と比して実質的には全く公平ではない。

　また、債権譲渡を受けたという業者は、登録業者であることもあるが、無登録業者のこともある。このように貸金業者から時効になった債権などを二束三文で買い取る債権買取業者が存在している。なお、法務大臣の許可を受けないで消費者金融会社から不良債権を譲り受けてその管理回収業を営んだ行為が、債権管理回収業に関する特別措置法（以下、「サービサー法」という）33条1号・3条に該当するとされた最判平成24・2・6刑集66巻4号85頁がある。この事案は、被告人Xが、代表者を務めていた被告人株式会社Yの業務に関し、従業員らと共謀のうえ、法務大臣の許可を受けずに消費者金融業者から長期間支払いが遅滞するなどした不良債権を廉価で大量に購入し、複数の債務者に対して支払いを請求し、合計142万円を回収して債権管理回収業を営んだということがサービサー法違反とされたものである。Yは、登録貸金業者であったが、自らは貸付業務をすることなく消費者金融業者から貸付債権を譲り受けてこれを回収することを業としていた。最高裁判所は、「被告会社が譲り受けた本件債権は、長期間支払が遅滞し、譲渡元の消費者金融業者において全て貸倒れ処理がされていた上、その多くが、利息制限法にのっとって元利金の再計算を行えば減額され又は債務者が過払いとなっており、債務者が援用すれば時効消滅となるものもあったなど、通常の状態では満足を得るのが困難なものであるところ、被告人らは、本件債権に関し、

取立てのための請求をし、弁済を受けるなどしていたのであるから、本件債権の管理回収に関する営業は、サービサー法2条2項後段の『他人から譲り受けて訴訟、調停、和解その他の手段によって特定金銭債権の管理及び回収を行う営業』に該当するといえる。したがって、法務大臣の許可を受けないで、本件債権を譲り受けてその管理回収業を営んだ行為は、サービサー法33条1号、3条に該当すると解するのが相当である」と判示した。

(2) 消滅時効の援用

このように、長年支払っていなかった債務の返済に関する相談がきた場合、まず期限の利益喪失日を確認する。しかし、期限の利益を喪失した日を相談者が認識していることは稀であろうからこの場合、最終の取引日を確認し、最後に借りた日、返した日を確認する。それが現在より5年以上前であれば、債権が時効により消滅している可能性が高いので、業者に対して、消滅時効援用の通知を送る（【書式11】[DATA24]参照）。できれば内容証明郵便が望ましい。これによりほとんどの業者は請求をすることはなくなる。

【書式11】 消滅時効援用通知①

東京都○○区○○町○丁目○番○号
　　株式会社○○○管理部御中

通　知　書

　先日，貴社より通知人に対し「通告書」なる文書が送付されてまいりました。これによりますと，貴社が通知人に対して貸金債権を有しており，その返済督促をされているようですが，通知人としましては，当該貸金契約には全く記憶がなく，したがって内容についても全く不明なものです。
　また，仮にその金銭消費貸借に関する契約が存在し，通知人が返済の義務を負っていたとしても，商人である貴社は商法522条の消滅時効の適用があり，少なくとも過去5年の間，時効中断事由が発生した記憶もないところから，すでに債権の消滅時効が成立しておりますので，本書をもって時効を援用いたします。

上記のとおりなので，通知人には支払う意思はなく，法律的な支払義務もありません。督促は直ちに中止してください。
　以上通知します。
　　平成○年○月○日

　　　　　　　　　　　　　　　　○○県○○市○○町○○○
　　　　　　　　　　　　　　　　通知人　○　○　○　○
　　　　　　　　〒○○○-○○○○　○○県○○市○○町○○○
　　　　　　　　　　　　　　　　○○司法書士事務所
　　　　　　　　　　　　　　　　（認定番号○○○○○○号）
　　　　　　　上記通知人代理人司法書士　○　○　○　○　㊞
　　　　　　　　　　　　　　　　電　話　○○○-○○○-○○○○
　　　　　　　　　　　　　　　　ＦＡＸ　○○○-○○○-○○○○

(3) 消滅時効の例外

　一方、5年間取引がなければ、絶対に時効により消滅するとは限らないことを注意しておかなければならない。例外はさまざま考えられるが、代表的なものをあげれば、まず業者が判決により債務名義を取得している場合である。そうなると最後の取引から10年ではなく、債務名義取得から10年は時効が完成しないことになる。そしてもう一つは個人で営業している業者からの借入れである。個人で営業している業者については、最判昭和30・9・27民集9巻10号1444頁（質屋営業者の貸付けについては、最判昭和50・6・27判時785号100頁）にもあるとおり、商行為性が否定され時効期間は10年とされている。しかし、これらの判例は貸金業法制定前のものである。個人で貸金業の登録をして営業を行っている場合と、貸金業の登録を受けている法人とで結論が異なることは常識的に考えると不合理である。個人の場合でも「金銭の貸付又は金銭の貸借の仲介を業とする者」として商法502条8号が適用されて5年の商事時効の適用を受けるとする見解もあるが、確立した見解には至っていない。

　また、クレジットを利用した場合にも時効の期間が5年とは限らない。クレジットは加盟店の債権が信販会社に移転したと考えて、元の債権の種類に

応じた時効期間となるのが基本的な考え方である。しかし、近時は信販会社のカードを利用して借入れをしていることも多いので、借入れといわゆるクレジット契約とが同じ信販会社にある場合には、時効期間は分けて考えることになる。

(4) 時効の起算点

時効の起算点であるが、厳密には分割弁済の場合、各支払予定額について個別に進行するので、最終弁済期日とならないと債権全額の時効が進行しないことになる。しかし、多くの業者は3カ月程度延滞すると残代金を一括して請求するため、最終の取引から3カ月程度で時効は進行することになる。一括請求がなかったとしても通常業者の約定には分割払いの支払いを怠ったことで期限の利益を喪失する条項が入っており、期限の利益喪失時点から時効が進行すると考えられる。また、保証会社が代位弁済を行った場合の求償債権については、保証会社が代位弁済を行った日が時効の起算点となる。債権譲渡とは異なり、元々の業者との間で生じていた債権とは別個の債権であることから、代位弁済が行われた日から新たな時効期間が開始する点に注意が必要である。

(5) 消滅時効の援用権に関する裁判例

債務者には消滅時効の知識がないことがほとんどで、業者からの請求により和解に応じて債務承認をしたり、支払いをしてしまうことがある。しかし、そのような事情の後に相談を受けたとしても、業者に対して消滅時効を援用することができるケースがあるので、どのような事情で支払いをしてしまったのかをよく確認する必要がある。業者は時効中断を主張するであろうが、近年、このような債務者の無知に付け込む業者に対し、債務者が消滅時効の援用権を喪失しないという裁判例が多数あることを紹介しておく。

札幌簡判平成10・12・22判タ1040号211頁は、消滅時刻完成後、債務者が債務の承認をしたが、その承認が債権者が弄した甘言等のためになされたような場合には、債務者が時効援用権を行使しても、信義則による制限を受けないとした。

東京簡判平成11・3・19判タ1045号169頁は、債権者が、消滅時効完成後に、たとえば、欺瞞的方法を用いて（債務者の無知に乗じて）債務者に一部弁済を促したり、債権の取立てが法令や各種通達などに抵触する方法でなされた場合にまで、債権者の信頼を保護するために債務者がその債務について消滅時効の援用権を喪失すると解すべきいわれはないとした。

福岡地判平成13・3・13判タ1129号148頁は、債務者が、自己の負担する債務について時効が完成した後に、債権者に対して債務の承認をしたとしても、債権者および債務者の具体的事情を総合考慮のうえ、信義則に照らして、債務者がもはや時効の援用をしない趣旨であるとの保護すべき信頼が債権者に生じたとはいえないような場合には、債務者にその完成した消滅時効の援用を認めるのが相当といわなければならないとした。

宇都宮簡判平成24・10・15金法1968号122頁は、債務の承認によって時効援用権喪失の効果が生ずるのは、信義則に照らした判断であるから、債務者の行動が債務承認に該当するかどうか、該当するとしてもこれによって時効援用権を喪失したとする債権者の認識を保護するに値するかどうかについては、事案の内容、時効完成前の債権者と債務者との交渉経過、時効完成後に債務を承認したと認めうる事情の有無、その後の債務者の弁済状況等を総合し、債権者と債務者との間において、もはや債務者が時効を援用しないであろうと債権者が信頼することが相当であると認めうる状況が生じたかどうかによって判断することが相当であると解するとした。

なお、近時の裁判例では、業者から単に請求を受けたところ（再々の訪問や威圧的な取立てなど、業者として許容される程度の請求）、無知がゆえに一部弁済をした事案や、親族による振込みを債務者自身の弁済として扱われることに異議をとどめるような行動をとらなかった事案において、債務者の対応により、業者が抱いた消滅時効を援用されることはないという信頼や期待が保護に値するとの判断で貸金業者側の請求を全額認容する判決も報告されている。本人からの聞き取りに限らず、交渉記録簿（貸金業法19条、貸金業法施行規則16条1項7号）の開示を請求する等して、その援用の可否を検討する

ことが重要である。

Ⅱ　特定調停による債務整理

1　概　要

　特定調停は、民事調停法の特例として定められた、支払不能に陥るおそれのある債務者（個人および法人を含む。以下、「特定債務者」という）と、その債権者（債務名義を有する場合を含む）や利害関係人（特定債務者に対して財産上の請求権を有する者および特定債務者の財産の上に担保権を有する者）との間で残債務の弁済方法等をあらためて協定することにより債務を整理して、特定債務者の経済的再生を図るための手続である（特定調停法1条）。

(1)　利息制限法に基づく引直計算と将来利息カット

　特定調停は、特定債務者（特定調停法2条1項）が支払ってきた金銭を利息制限法に基づく利息に引き直して制限超過部分を元本に充当する再計算を行って現在の借入金残高を確認したうえ、今後の弁済については利息を付さず、長期の分割弁済とすることが原則である。長期間にわたって利息制限法に定める利息を超えて返済を続けてきた場合には相当な金額が減額され、また、利息制限法内の取引であっても将来利息がカットされることや返済期間を延長することで負担の軽減ができることもある。分割払いの期間は通常3年間（一部の債権者によっては5年～7年）となることが多く、それ以上の期間では債権者の合意が得られない場合も多くみられる。

(2)　当事者の呼出しと調停委員の役割

　特定調停は、申立てにより裁判所が両当事者を呼び出し、調停期日において調停委員が交互に当事者の言い分を聞き、話合いがまとまれば調停調書を作成して終了する。司法書士が代理人として就任した場合は、司法書士が単独で出席することも可能であるが、返済計画書をまとめるために債務者と共に期日に出席することが多い。

　簡易裁判所では、まず調停申立人本人の生活状況、返済可能金額を確認し、申立人のみを第1回目の期日では呼び出し、調停委員が申立人から事情を聞

いて2回目以降に返済計画を立てるという手順が多い。

調停期日の呼出しを受けた者は、正当な事由なく出頭しない場合は過料の制裁が定められている。しかし、現実に過料が科されることは稀であり、特別な理由がなく欠席した場合は裁判所が調停を終了させることもある。

(3) 調停調書と17条決定

一般的に、債権者の立場から考えた場合、調停が成立したときには、調停調書が債務名義としての効力を有することになるため、債権者にとってもメリットがある。しかし、その反面、債務者にとってはリスクが大きいわけであるから、債務者から相談を受けた司法書士は履行困難な調停案が定められないよう注意を払う必要がある。

債権者が調停期日に出頭しない場合や調停が成立する見込みがない場合、裁判所が相当であると認めるときは、職権で当事者双方の申立ての趣旨に反しない限度で、調停に代わる決定(以下、「17条決定」という。後記3(9)(ア)参照)をすることもでき、実務上多くの17条決定が出されている。

(4) 調停不成立と17条決定の異議後の対応

当事者が合意せず、調停不成立となった場合や、債権者が17条決定に異議を申し述べた場合においては、調停申立てがなかったものとして取り扱われるので、注意が必要である。

2　説明すべき事項

特定調停を進めるにあたって、依頼者に説明すべき事項は、おおむね次の(1)～(9)のとおりである。

---

(1) 特定調停のメリット・デメリット
(2) 自庁処理
(3) 調停の手続期間
(4) 調停期日の出頭義務
(5) 裁判所からの呼出しや出頭回数

(6) 取引明細の有無と開示請求の必要性
(7) 文書提出命令
(8) 民事執行の停止申立て
(9) 弁済計画の立案

(1) 特定調停のメリット・デメリット

　任意整理と比較した場合の特定調停のメリットには、①申立てにより債権者の取立て、請求が制限される、②債務整理のための期日管理と資料管理を裁判所が行うため、管理が容易である、③債権者に対する取引開示請求が、調停委員会から各債権者に対して行われる、④利息制限法に基づく引直計算を調停委員が行う、⑤調停前の措置命令を利用することにより、保証金なしで保全措置が受けられる余地がある（後記3(5)参照）、⑥民事執行停止の申立てが担保なしで受けられる余地がある（後記3(4)参照）、⑦取引開示に応じない業者に対して、調停委員会は文書提出命令を発令することができ、命令に従わない業者に対しては過料の制裁があるため、債権者に対して文書提出について一定の強制力がある（後記3(7)(ｱ)参照）などが考えられる。

　一方、デメリットには、①過払金が生じている場合、過払金を返還するという特定調停を成立させることは難しい（この場合、別途、過払金返還請求訴訟を行う必要がある）、②調停調書が債務名義となるため、履行遅滞に陥った場合に、直ちに強制執行されるおそれがある、③調停期日に出頭する時間をとられ、調停成立までに最低2カ月程度の時間がかかる、④成立までの遅延損害金が債権額に加算されるなどが考えられる。

(2) 自庁処理

　管轄の異なる債権者が多数いる場合でも一括処理を容易にしているので、一つの簡易裁判所で調停手続を進められることを説明する。

(3) 調停の手続期間

　おおむね月1回の割合で期日が開かれ、3、4回の期日で調停が成立することを説明する。

(4) 調停期日の出頭義務

民事調停規則8条により、本人の出頭義務が明示されていることを説明する。

(5) 裁判所からの呼出しや出頭回数

特定調停の申立て後、裁判所から呼出状が送付されて、期日が指定されることを説明する。

(6) 取引明細の有無と開示請求の必要性

利息制限法とみなし弁済（旧貸金業法43条）の適用について説明し、利息制限法に基づいた引直計算をすることを伝える。

(7) 文書提出命令

債権者が取引経過の資料を提出しないときは、調停委員会が文書提出命令を出すことができ、正当な理由のない不提出に対しては、10万円以下の過料の規定があることを説明する。

(8) 民事執行の停止申立て

債権者に対して必要がある場合は給料債権の例外を除き、債務名義の種類を問わず担保を立てて、または無担保で民事執行の停止をすることができることを説明する。

(9) 弁済計画の立案

特定調停による弁済計画の立案後、債務者本人の生活立直しの心構えと家計改善の努力が不可欠であり、調停後の返済を終了するまでが本来の解決であることを説明する。

3 手続の大まかな流れ

特定調停の手続の大まかな流れは、〔図4〕のとおりである（基本事項と実務上の留意点は、後記4参照）。

〔図4〕 特定調停の手続の大まかな流れ

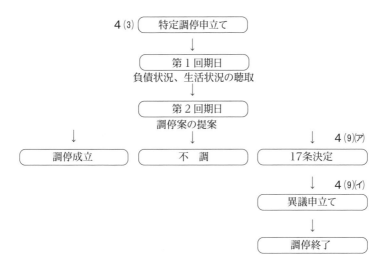

4 基本事項と実務上の留意点

(1) 管 轄

特定調停事件の管轄は、一般の調停事件と同様に、原則として、相手方の住所、居所、営業所または事務所の所在地を管轄する簡易裁判所である（特定調停法22条、民事調停法3条）。

特定調停では、裁判所の管轄区域外に営業所等を有する関係権利者を含め、総合的な弁済計画を立案する必要があるため、同一債務者についての事件は一つの裁判所でまとめて処理するのが望ましいと考えられる。特定調停法4条は「事件を処理するために適当であると認めるとき」には自庁において処理できる旨定めており、民事調停法4条1項ただし書の「事件を処理するために特に必要があると認めるとき」の要件を緩和している。

また、申立人の住所地に相手方の支店、営業所が存在している場合は、調停に応じることも多いので、この場合、応訴管轄を理由に申立人の住所地において申立てをすることも可能である。

特定調停法5条は、事件を処理するために相当であると認めるときは、申立てによりまたは職権で地方裁判所に移送することができる旨定めている。この規定は、ある程度の規模を有する事業者が特定調停を利用することが想定されるため、倒産処理手続に熟練した地方裁判所への移送の規定を定めたものと考えられる。実際には消費者や小規模事業者の特定調停事件については、地方裁判所に移送されることはほとんどない。
　また、特定調停法6条は、同一の債務者に係る複数の特定調停事件が同一の裁判所に係属する場合には、調停手続は原則として併合して行われるべきことを定めているが、申立債務者としても、複数の債権者に対する特定調停申立ては、すべて関連事件として申し立てるべきである。なお、1社のみの債権者に対する申立ても可能である。

　(2)　**特定調停を求める事項の価額——司法書士の調停代理権の範囲**
　司法書士法における司法書士の特定調停の代理権は、司法書士法3条1項6号ニ、裁判所法33条1項1号により、調停を求める（事項）の価額が140万円までと決められているので、特定調停における調停を求める事項の価額の算定方法は重要であり、調停手数料（印紙代）にも関係する。特定調停を求める事項の価額は、訴訟の場合の訴えによって受ける経済的利益と同じように考えるのが相当である（詳細については、第1章Ⅱ2(2)・4参照）。この経済的利益は、残債務の額ではなく、残債務額の支払免除、支払猶予または分割払い等の弁済計画の変更により、申立人（債務者）が受ける利益と考えられる。

　(3)　**調停申立書および添付書類**
　特定債務者は、調停申立ての際に特定調停手続による調停を行うことを求める旨を明らかにしなければならない（名古屋簡易裁判所の特定調停申立書は【書式12】参照）。なお、特定調停選択の申述は撤回できないものと解されている。また、特定債務者に連帯債務者、連帯保証人がいる場合には、訴訟経済上の問題や取立禁止効を徹底させるために、申立人として共同で申し立てることもあるが、簡易裁判所によっては、このような取扱いを認めないとこ

ろもあるので注意を要する。

　そのほか、特定調停申立ての際には、申立てと同時に、「財産の状況を示すべき明細書その他特定債務者であることを明らかにする資料及び関係権利者の一覧表を提出しなければならない」（特定調停法3条）。なお、やむを得ない理由によりこれらの書類を申立てと同時に提出することができないときは、申立ての後遅滞なく、添付書類を提出しなければならない。

　申立書の必要的記載事項は、特定調停法、特定調停手続規則にその定めがあり、①申立人の財産の状況を示す明細書（特定調停法3条3項）として、ⓐ申立人の資産、負債その他の財産の状況（特定調停手続規則2条1項1号）、ⓑ申立人が事業を行っているときは、その事業の内容および損益、資金繰りその他の事業の状況（同項2号）、ⓒ申立人が個人であるときは、職業、収入その他の生活の状況（一般的に、家計状況の記載を求められることも多い）（同項3号）、②関係権利者（債権者）の氏名または名称および住所、並びにその有する債権または担保権の発生原因および内容を記載した一覧表（特定調停法3条3項、特定調停手続規則2条2項）である。

　「財産の状況を示すべき明細書、その他特定債務者であることを明らかにする資料及び関係権利者の一覧表」の内容および書式については、各地の裁判所において所定の用紙が準備されている場合が多いが、もしも用意されていない場合には、①特定債務者の住所、氏名、生年月日、連絡先、②特定債務者の家族構成および家族全員の収入・支出の状況、③特定債務者および家族の所有資産、④関係権利者（債権者）一覧表（申立て外の債権者も記載する）、⑤債務全体の状況を明らかにする陳述、⑥月々の返済可能金額を記載して申立書を提出することになる。このほかに、実務上、収入を証明する書面として、給料明細等、資産については登記事項証明書、固定資産評価証明書等、負債については債務に係る契約書の写し等の提出を求められる。

　債務者が事業者の場合には、関係権利者との交渉の経過および希望する調停条項の概要を記載し（特定調停手続規則1条1項）、必要に応じて、事業の内容および損益、資金繰り（申立て前の実績と申立て後の見込みを記載したも

第3章 債務整理手続の流れと実務上の留意点

の)、その他の事業の状況を明らかにする資料を提出することになる(同規則2条1項)。

【書式12】 特定調停申立書(名古屋簡易裁判所)

特定調停申立書

○○簡易裁判所　御中

平成○年○月○日

特定調停手続により調停を行うことを求めます。

受付印

申立印紙　　　○円
予納郵便切手　○円

申立人	〒000-0000 住　所　○○県○○市○○町○○○ (ふりがな) 氏　名　○　○　○　○　㊞　TEL 000-000-0000 〒000-0000 住　所　○○県○○市○○町○○○ (ふりがな) 氏　名　○　○　○　○　㊞　TEL 000-000-0000
相手方	〒000-0000 住　所　○○県○○市○○町○○○ (ふりがな) 氏　名　○　○　○　○　㊞　TEL 000-000-0000
申立ての趣旨	債務額を確定したうえ債務の支払方法を協定したい。
紛争の要点	一　債務の種類 　　1　借受金 　　2　保証債務金(借受人氏名○○○○) 　　3　立替金 　　4　求償金 　　5　売掛金債務 　　6　その他(○○○○○○○○○○) 二　調停申立ての理由 　　申立人は、他にも債務があり、残債務額を一時に返済できない。
会員番号又は契約番号	○○○○

※　債権者一覧表、関係権利者一覧表、債務者の状況説明書収入と支出の一覧表などは省略。

(4) 民事執行停止の申立て

　司法書士法においては、執行手続についての代理権は認められていないため、一般に民事執行停止の申立てについては、司法書士は裁判書類作成関係業務として関与することになる。しかし、特定調停中の民事執行停止の申立てについては代理権が認められている。

　民事調停規則6条1項は、調停の成立を不能にし、または著しく困難にするおそれがあるときは、裁判および調書その他裁判所において作成する書面の記載に基づく執行手続以外のもの、すなわち、公正証書または担保権の実行による執行手続について、担保を立てさせて民事執行の停止を命ずることができる旨を規定している。一方、特定調停事件では、債務名義の種類のいかんを問わず民事執行の停止を命ずることが可能であり、しかも、無担保停止も認めている（特定調停法7条）。

　しかし、特定調停法7条ただし書は、民事執行申立債権者が給料、賃金等の労働債権を債務名義上の請求債権としている場合を除外しているので、たとえば、個人事業者が特定債務者として調停申立てをした場合には、当該事業者に対して給与債権に基づいて民事執行をしている債権者（従業員等）の執行の停止を命ずることはできない。

　なお、民事執行を停止するためには、「事件を特定調停によって解決するのが相当と認められる場合」であって、当該民事執行手続が継続することにより「特定調停の成立を不能にし若しくは著しく困難にするおそれ」または「特定調停の円滑な進行を妨げるおそれ」のあることが必要である。したがって、民事執行手続の停止を求める場合には、債務名義上の債権の種類、停止の必要性、停止についての関係権利者の意向、特定調停の成立の見込みおよび合意内容の履行可能性、債権者の損害発生の有無等を疎明する必要がある。典型的な例としては、差押債権者の民事執行手続が濫用的なものであると解された場合などである。

　「事件を特定調停によって解決するのが相当と認められる場合」の要件とは、債務者側は経済的再生に向けての強い意欲や合意内容を履行するだけの

資力や返済能力の客観性があり、同時に申し立てられた他の債権者の調停も含めて調停が成立する蓋然性が高いと認められる場合である。したがって、債務者が、単に民事執行手続を停止させる目的で特定調停が申し立てられたと考えられる場合には、執行停止は困難である。

　民事執行停止の効果として、たとえば、特定債務者が受領すべき給料・報酬等の継続的給付に係る債権を差し押さえられている場合に執行の停止決定を得たときには、差押債権者の取立行為が禁止されて、執行裁判所は配当手続を行わないことになるが、給料等の差押え自体は継続することになるので注意が必要である。しかし、配当を受けられないことで、債権者が民事執行手続を取り下げて、特定債務者との間で再度任意分割弁済の協議をし、合意される可能性も十分考えられるので、民事執行停止の実質的な利益は大きい。

　民事執行の停止決定の申立書（【書式13】【書式14】参照）には、①当該民事執行の基礎となっている債権または担保権の内容、②担保権によって担保される債権の内容、③当該民事執行の手続の進行状況、④特定債務等の調整に関する関係権利者の意向、⑤調停が成立する見込みの各項目を記載し、各項目について証拠書類を提出する（特定調停手続規則3条1項）。証拠書類の具体例としては、①については判決、公正証書などの債務名義など、②については登記事項証明書、金銭消費貸借契約書など、③については差押命令正本など、④および⑤については債務者の陳述書などが考えられる。

　民事執行の停止決定申立てがあると、特定調停事件の係属する裁判所は、必要があると認めるときは当該民事執行の申立債権者を審尋することができる（特定調停手続規則3条1項）。なお、特定債務者自身の審尋については法文上の規定はないが、発令の可否、担保の必要性などを考慮するために、当該民事執行申立債権者よりも、むしろ特定債務者の審尋を先行して行い、当該民事執行申立債権者については書面照会により意見を聴取する方法が実務的には行われている。なお、民事執行手続の停止期間は特定調停が終了するまでの間とされている（特定調停法7条1項）。

Ⅱ 特定調停による債務整理

【書式13】 民事執行停止決定申立書①──債権差押命令の中止を求める場合

平成○年（特ノ）第○号特定調停事件
申立人　○　○　○　○
相手方　株式会社○○○

民事執行停止決定申立書

平成○年○月○日

○○簡易裁判所　御中

申立人代理人司法書士　○　○　○　○　㊞

第1　申立ての趣旨
　　相手方から申立人に対する○○地方法務局所属公証人○○○○作成平成○年第○号公正証書（以下，本件公正証書という）の執行力ある正本に基づく○○地方裁判所○○支部平成○年㈹第○号債権差押命令事件は，御庁平成○年（特ノ）第○号特定調停事件が終了するまで停止する。
　との決定を求める。

第2　申立ての理由
1　申立人は，相手方に対する債務弁済方法について特定調停を申し立て，御庁平成○年（特ノ）第○号特定調停事件として係属中である。
2　申立人は，妻○○，長男○○（小学校2年生）の3人家族であり，○○○株式会社に勤務して月々20万円の手取収入を得，妻○○もスーパー○○○にパートとして勤務し月に8万円程度の収入を得ている。
3　一方，申立人の家族が暮らす借家の家賃は月5万円であり，水道光熱費および電話代約4万円，食費約8万円，車輌関係費約2万円，雑費3万円を要するため，月々の支出合計は約22万円である。このほか，申立人は，相手方を含め，貸金業者6社に対し総額約180万円の負債がある。
4　したがって，上記の生活状態で推移する限り，本件調停が成立すれば，債権者全員に対して月あたり6万円の按分弁済が可能であり，また，7月と12月の賞与（平成○年の実績年70万円）の一部で突発的な出費にも対応することが可能である。
5　相手方は，申立人に対する本件公正証書の執行力ある正本に基づいて○

○地方裁判所浜松支部に対し申立人の給与債権差押えの申立てをし，平成○年○月○日，上記裁判所は相手方の申立てを認容して債権差押命令を発令し（○○地方裁判所○○支部平成○年(ル)第○号債権差押命令事件。以下，「本件差押え」という），平成○年○月に支給される給与より申立人の給与が差し押さえられている。したがって，以降，申立人の手取収入は，差押金が控除された15万円となっている。

6 本件公正証書に記載された債権の内容は，申立人相手方間の，平成○年○月○日付金銭消費貸借契約に基づく残金36万円について約定したものであり，その後，申立人が一部について弁済をしたため，債務残高は28万円となっている。

7 申立人は，本件調停を申し立てるにあたり，これまで毎週のように通っていたパチンコをやめ，経済的に再生することを強く決意している。また，申立人の勤務する○○○株式会社の経営は安定しており，妻○○はパート勤務するスーパー○○○から2時間の勤務時間延長の申入れを受けているため，負債総額，収入状況，返済能力等を総合的に勘案すると，本件調停が成立する蓋然性は極めて高く，申立人の債務整理については本件調停によることが最も適当である。

8 ところが，本件差押えが係属する限り，上記のような弁済計画の履行は不能である。

9 よって，本件差押えは停止していただき，本件調停により分割弁済の合意をしたく，本申立てに及ぶ次第である。

添付書類

1	公正証書正本	1通
2	金銭消費貸借契約書	1通
3	債権差押命令正本	1通
4	申立人の給与明細書	1通
5	申立人妻の給与明細書	1通
6	陳述書	1通

【書式14】 民事執行停止決定申立書②――不動産競売の中止を求める場合

平成○年（特ノ）第○号特定調停事件
申立人　○　○　○　○
相手方　株式会社○○○

民事執行停止決定申立書

平成○年○月○日

○○簡易裁判所　御中

申立人代理人司法書士　○　○　○　○　㊞

第1　申立ての趣旨
　　相手方から申立人に対する，別紙物件目録（略）記載の不動産に関する○○地方裁判所平成○年(ケ)第○号不動産競売事件の競売手続は，御庁平成○年（特ノ）第○号特定調停事件が終了するまで中止する。
との決定を求める。

第2　申立ての理由
1　申立人は相手方に対する債務弁済方法について特定調停を申し立て，御庁平成○年（特ノ）第○号特定調停事件として係属中である。
2　申立人は，妻○○，長男○○（小学校2年生）の3人家族であり，○○○株式会社に勤務して月々20万円の手取収入を得，妻○○もスーパー○○○にパートとして勤務し月に8万円程度の収入を得ている。
3　一方，申立人が所有する別紙物件目録（略）記載の不動産に関する住宅ローンは月5万円であり，水道光熱費および電話代約4万円，食費約8万円，車輌関係費約2万円，雑費3万円を要するため，月々の支出合計は約22万円である。このほか，申立人は，相手方を含め，貸金業者6社に対し総額約180万円の負債を負っている。
4　したがって，上記の生活状態で推移する限り，本件調停が成立すれば，債権者全員に対して月あたり6万円の按分弁済が可能であり，また，7月と12月の賞与（平成○年の実績年70万円）の一部で突発的な出費にも対応することが可能である。
5　相手方は申立人の所有する別紙物件目録記載の不動産に設定した極度額

金300万円の根抵当権（○○地方法務局受付第○号）に基づき○○地方裁判所に対し不動産競売を申し立て，別紙物件目録記載の不動産は上記裁判所により差押えがなされている（平成○年(ケ)第○号）。
6 一方，申立人は，本件調停を申し立てるにあたり，経済的に再生することを強く決意しており，また申立人の勤務する○○○株式会社の経営は安定しており，妻○○は，パート勤務するスーパー○○○から2時間の勤務時間延長の申入れを受けているため，負債総額，収入状況，返済能力等を総合的に勘案すると，本件調停が成立する蓋然性は極めて高く，申立人の債務整理については本件調停によることが最も適当である。
7 ところが，本件不動産は，申立人ら家族の生活の本拠であるところ，本件不動産競売事件が続行されれば，これを失うこととなり，万一居住が不能となれば，生活再建どころではなく，上記のような弁済計画の履行は不能である。
8 よって，本件不動産競売は停止していただき，本件調停により分割弁済の合意をしたく，本申立てに及ぶ次第である。

添付書類

1	不動産競売決定正本	1通
2	金銭消費貸借契約書	1通
3	申立人の給与明細書	1通
4	申立人妻の給与明細書	1通
5	陳述書	1通

(5) 調停前の措置命令の申立て

司法書士が民事調停の代理権を有する場合には、調停前の措置命令は特定調停の付随手続といえるので、調停の代理権と同様に司法書士の代理権が認められている。

調停前の措置命令（民事調停法12条）とは、調停の成立およびその執行を保全するために調停機関によって行われる、調停の成否確定に至るまでの一時的処分である。その内容は、現状の変更または物の処分の禁止その他調停の内容たる事項の実現を不能にし、または著しく困難ならしめる行為の排除

であり、措置命令の対象者は事件の相手方並びに利害関係人である。

　調停前の措置命令を利用するメリットは、保証金が不要であり、事件当事者だけでなく利害関係人をも対象とできること（たとえば、いわゆる商工ローン業者に譲渡された売掛債権の債務者に対し、商工ローン業者への支払禁止を求めることも可能である）、「調停の成立およびその執行を保全する」ために必要な多種多様な行為を命令できることがあげられる（調停前の措置命令申立書は【書式15】参照）。

　しかし、強制手段としては民事調停法35条による相手方または参加人に対する過料制裁しか用意されておらず、その命令には執行力がなく、その命令を債務名義として命令内容の実現を強制できないという問題点がある。さらに、利害関係人に対して調停前の措置命令が発せられたとしても、参加人でない利害関係人には何の強制手段も用意されていない。

　調停前の措置命令は、以前はあまり利用されているとはいえない状態であった。しかし、いわゆる商工ローン問題では、債務者が振り出した手形や小切手の呈示を止め、調停で紛争の解決を図るという趣旨で多くの決定が出されている。

【書式15】　調停前の措置命令申立書

```
平成○年（特ノ）第○号特定調停事件
申立人　○　○　○　○
相手方　株式会社○○○
```

調停前の措置命令申立書

平成○年○月○日

○○簡易裁判所　御中

　　　　　　　　　　　　申立人代理人司法書士　○　○　○　○　㊞

第1　申立ての趣旨
　1　相手方は、別紙約束手形目録（略）記載の手形に対する占有を解いて，

○○簡易裁判所調停委員にその保管を命ずる。調停委員は，上記手形につき権利保全の方法をとることができる。
2　相手方は，上記当事者間の御庁平成○年（特ノ）第○号特定調停事件が終了するまで，別紙約束手形目録記載の約束手形を支払場所に呈示して権利を行使し，又は裏書譲渡その他一切の処分をしてはならない。
3　第三債務者は，別紙約束手形目録記載の約束手形に基づき，相手方に対して支払いをしてはならない。

との調停前の措置命令を求める。

第2　申立ての理由
1　申立人は○○市内で建築業を営んでいる。相手方は中小企業に高利資金を融資することを業とし，貸金業者として登録を受けている株式会社である（登録番号○○財務局長（○）第○号）。第三債務者は，申立人と当座取引契約を締結している銀行である。
2　申立人は，平成○年○月○日，相手方との間において手形貸付取引契約を締結し，その後，平成○年○月○日に同契約の書換えをした。以後，相手方は申立人に対し，本日に至るまで継続的反復的に，融資金から利息を天引きしたうえで，利息制限法所定の金利を超える金利で金員を申立人に貸し付け，申立人は天引きの方法で上記金利を支払ってきた。
3　申立人と相手方との間の手形貸付取引の明細は別表1「振出手形一覧表」（略）のとおりである。相手方は，申立人に対して，別紙1「振出手形一覧表」振出日欄記載の日に，振出金額欄記載の金員を貸し付け，貸付時に，天引利息欄記載の金員を天引きして，その残金である融資金額欄記載の金員を申立人に交付したものである。

　なお，申立人と相手方の間の手形貸付取引は次のような仕組みで行われてきたものである。すなわち，手形貸付の際，支払期日までの利息を貸付時に天引きされる。

　たとえば，金100万円を借り入れる際，額面金100万円の手形を担保として相手方に差し入れ，相手方は手形の期日までの金利を天引きした金額を申立人に交付する。そして，手形の期日が近づくと，申立人は事前にジャンプ手形を相手方に差し入れ，相手方は形式的には新規貸付けを行う形で新たな貸付金から利息を天引きした金額を申立人の当座預金口座に送金する。申立人は，天引きされた利息分を調達して当座預金口座に入金し，当初の手形を決済するのである。

このような方式で申立人が金利を前払いしながらジャンプを繰り返すというのが実態である。
4　申立人と相手方の間の金銭消費貸借は，利息制限法1条1項に違反する高利である。さらに，利息を先払いするのでなければ融資を受けられない状況であるから，申立人の支払った利息は任意の支払いといえず，それが合意のうえ行われたものであっても平成18年法律第115号による改正前の貸金業法43条の適用のないことは明白である（この点につき，東京地判平成2年12月10日（判例タイムズ748号170頁）は明確に判示している）。
　　そのため，申立人の相手方に対する残存債務を確定するためには，利息制限法1条1項，同2条に基づき元本充当計算を行わなければならない。相手方から融資を受けるつど，申立人が振り出した手形は，支払期日において第三債務者の申立人名義の当座預金にて決済されてきたが，上記手形はあくまでも返済金決済のためだけに振り出された手形であるから，利息制限法に基づく元本充当計算をする場合には，現実に融資された融資金額と返済金とで計算すべきである。
　　すなわち，別表1「振出手形一覧表」振出金額（同日に分割して振り出した場合はその合計）から天引利息を引き，その金額を元金として利息制限法1条1項所定の金利に日数を掛けて利息制限法上の金利（制限金利）を算出し，支払期日に決済された金額から右金利を差し引いたものが元本に充当するべき金額となる。
　　融資金額から元本充当の金員を差引いた金額が残元金となるが，返済期日に貸付金額を支払うことになっているため，貸付金額を返済すると，その時における過払金が算出される場合がある。この場合，過払金を次回の貸付金額から差し引いた金額が次期元金となる。
　　このようにして，申立人と相手方の間の金銭消費貸借契約に関して元本充当計算を行った結果が，別紙2「金利引直計算書」（略）記載のとおりである。
　　すなわち，申立人と相手方との間の残元金は金○万円，申立日現在の未払利息は金○円である。
5　しかるに相手方は，申立人に対して，下記債権を有しているとして申立人振出しの別紙約束手形目録番号1および番号2記載の約束手形を所持している。
　①　平成○年○月○日を返済日とする額面金額金○万円の約束手形（別表

1 「振出手形一覧表」の番号36の貸付けに際して振り出したもの）
    ②　平成○年○月○日を返済日とする額面金額金○万円の約束手形（別表
     1 「振出手形一覧表」の番号39の貸付けに際して振り出したもの）
 6　また相手方は，申立人振出の別紙約束手形目録番号3乃至番号8記載の下記白地手形を所持している。
    ①　返済日白地とする額面金額白地の約束手形
 7　しかしながら，前記4記載のように，申立人が相手方に対して支払わねばならない金額は残元金○万円，未払利息金○円である。
 8　申立人は相手方に対し，特定調停を申立て，御庁平成○年（特ノ）第○号特定調停事件として係属中である。
 9　しかるに，従来相手方は手形を支払場所に呈示して権利を行使して返済を受けていたため，平成○年○月○日の支払期日を控え，申立人としては，合計金○万円の資金調達は不可能な状態であり，相手方が右手形を取立てに回すということになれば申立人において手形不渡りを免れることができず，事業の倒産は必至である。
 10　よって，申立ての趣旨記載の調停前の措置命令ありたく本申立てをする。

添付書類

1	手形取引契約書（平成○年○月○日）	1通
2	手形取引契約書（平成○年○月○日）	1通
3	約束手形帳控え	1通
4	貸付明細書	1通
5	振出手形一覧表	1通
6	金利引直計算書	1通
7	報告書	1通
8	資格証明書	1通

(6)　関係権利者からの資料提出

　特定調停においては、当事者は調停委員会に対し、債権または債務の発生原因および内容、弁済等による債権または債務の内容の変更および担保関係の変更等に関する事実を明らかにしなければならない（特定調停法10条）。また、関係権利者は相当な期間内に、申立人に対する債権または担保権の発生

原因および内容、上記債権についての弁済、放棄等による内容の変更および担保関係の変更について記載した書面およびその証拠書類を提出することとされているので（特定調停手続規則4条1項）、担当書記官や調停委員が期間を定めてこれらの書面等の提出を催告したり、通知をすることにより行われている。

さらに、関係権利者は、弁済による債権の内容の変更を記載するときはその算出の根拠および過程を明らかにしなければならないから（特定調停手続規則4条2項）、旧貸金業法43条のみなし弁済を主張する関係権利者は、その根拠を明らかにしなければならない。したがって、この規定は、事実上、関係権利者に利息制限法に基づいて引直計算を行った計算書の提出を定めているともいえる。

(7) 調停委員会による調査等

(ア) 文書等の提出

調停委員会は、特定調停のために特に必要があると認めるときは、当事者または参加人に対して、事件に関係のある文書または物件の提出を求めることができる（特定調停法12条）。「特に必要があると認めるとき」とは、特定調停手続規則4条1項に定める関係資料の提出がなされない場合などが想定される。

通常、簡易裁判所調停委員会より債権者に対して、取引経過の開示請求がなされ、ほとんどの債権者がこれに応じているのが現状である。

正当な理由なく文書または物件の提出に応じないときは、裁判所は、10万円以下の過料に処することができる（特定調停法24条1項）。

(イ) 調査嘱託

民事調停規則16条は、調停委員会が職権探知の方法として必要な調査を官庁等に嘱託することができる権限を明らかにしている。同条は、広く「官庁、公署その他適当であると認める者」と規定するので、相手方としての団体には私法人である会社も含まれるものと解される。

そこで、民事調停規則16条の調査嘱託を利用して、取引経過がなお不明で

ある場合には、債権者との取引経過などの証拠を収集することが可能である（調査嘱託を促す上申書は【書式16】参照）。債権者が過去の資料がないという主張をした場合や債権者が取引開示した資料について信用が乏しい場合において、銀行振込みで貸し付け、返済をしているケースで当該銀行に対する利用がなされる場合がある。

　この場合、債務者から振り込んだ先の振込口座番号が判明すれば、振込みの控えがなくとも、債務者から相手方業者名への振込みなどの取引経過を確認することで、債務者の取引の存在を立証することが可能である。

【書式16】　調査嘱託を促す上申書

平成○年（特ノ）第○号特定調停事件
申立人　　○　○　○
相手方　　株式会社○○○

上　申　書

平成○年○月○日

○○簡易裁判所　御中

　　　　　　　　　　　　申立人代理人司法書士　○　○　○　○　㊞

上申の趣旨

　上記当事者間の，御庁平成○年（特ノ）第○号特定調停事件について，民事調停規則13条に基づいて，下記の者に対して，調査の嘱託をすること。

記

1　調査を求める者
〒000-0000　　○○県○○市○○町○○○
　　　　　　　○○銀行○○支店
　　　　　　　電話　000-000-0000

2　調査内容
　　相手方である株式会社○○○を名義人とする，普通預金○○○○○○○に平成○年○月○日以降申立人が入金した日付およびその金額

上申の理由

1　相手方は，申立人の再三の取引経過開示請求にもかかわらず，一向にこれに応じない。申立人は，上記調停事件において，残債務を確定し分割弁済をすることを求めているが，相手方が取引経過開示に応じなければ，残債務を確定することができない。
2　最高裁判所事務総局民事局監修の「債務の調整に関する調停事件執行資料」（平成12年6月15日発行，法曹会）においても，「3年分の計算書しか提出しない主張は根拠がないこと」（P26）「借換前の旧債務についても提出を求める扱いであること」（P27）「貸金業法43条の条件を立証できない限り，利息制限法による引直計算をしたうえで『計算書』を提出する責務がある」などと教示しているところである。
3　よって，上申の趣旨記載のとおりの調査嘱託を求めるものである。

(8)　調査期日および調停期日

　特定調停事件では、調停申立てがあると、まず調査期日を設け、調停委員が申立書の内容や弁済案などについて申立人から直接事情を聴取する機会を設ける扱いが一般に行われている。調査期日は、関係権利者からの資料提出催告期間満了後を指定している。

　調査期日には、申立書の内容確認、各債権者ごとの債務額および総債務額の確認、弁済原資の有無、援助者の有無、今後の生活（営業）見込み、1カ月あたりの返済可能額などが聴取される。そして、これらの資料を基に、総合的な弁済計画が立案される。

　調査期日が終了すると、調停期日（または調整期日）が指定され、各関係権利者との間で個別の弁済計画が調整され、必要により17条決定がなされる。

(9)　17条決定の利用

　㋐　17条決定とは

　債権者が、調停に出頭しない場合や調停委員の調停案に応じず調停が成立する見込みがない場合には、民事調停法17条の規定に従い、裁判所が職権で当事者双方の申立ての趣旨に反しない限度で、事件解決のために、調停に代

わる決定を行うことができる（特定調停法20条により民事調停法17条を準用）。

司法書士は、特定調停の趣旨がすべての特定調停事件において貫徹されるべく、必要であれば、裁判所に17条決定を求めることもできる。

　(イ)　17条決定に異議が出た場合の対応

17条決定に対し、相手方が異議を出す場合がある。異議の効果について、17条決定に対しては、「当事者又は、利害関係人は異議の申立てをすることができる。その期間は、当事者が決定の告知を受けた日から2週間とする」とされており（民事調停法18条1項）、その期間内に異議の申立てがあったときはその効力を失い（同条2項）、その期間内に異議の申立てがないときは、17条決定は、裁判上の和解と同一の効力を有する（同条3項）。

これらの規定を基に、債権者によっては、異議申立てと同時に、直ちに支払請求をしている場合もある。この対応には、債権者と任意に協議して解決を図る必要がある。

　(10)　調停成立後の過払金返還請求

調停条項に、「申立人の相手方に対する債務は存在しない」という条項（以下、「片面的清算条項」という）がある場合は、調停後においても、申立人は相手方に対して過払金返還請求ができる。

しかし、調停条項に、「申立人と相手方は互いに債権債務がない」という清算条項がある場合は、過払金返還請求ができるかどうか争いがあったところ、最判平成27・9・15集民250号47頁により、調停後の過払金請求について一部制限する判断が下された。

前掲最判平成27・9・15は、特定調停手続中の債務者Xと貸金業者Aとの間で、実際には過払金が生じていたところ、残債務を確認する調停が成立した後についての過払金請求権の有無について争われた事案である。ところが、本件の調停では、「何らの債権債務がないことを相互に確認する」（本件清算条項）という清算条項の記載があった。残債務が残っていた要因は、実際には昭和62年から取引（第1取引）が開始していたにも関わらず、平成10年からの取引（第2取引）が開始したとして、第1取引を入れずに利息制限法所

定の制限利率に引き直して残元利金を計算したことによるものであった。後日、Xは第1取引開始時より残債務を計算し、過払金が存在しているので返還すべきと主張したところ、Aは本件は調停が成立しているので過払金は存在しないと主張したが、原審（東京高判平成25・6・19金法2040号82頁）は、Xの主張を認めていた。

　これを受けて、最高裁判所は、特定調停条項については、「本件確認条項及び本件清算条項を含む本件調停が、全体として公序良俗に反するものということはできない」として調停そのものは有効であるものと判断した一方で、第1取引により生じた過払金については、本件清算条項に入っていないため消滅したとはいえないとして、過払金の一部の請求は認めたものである。

Ⅲ　過払金返還請求訴訟

1　概　　要

　過払金返還請求は、訴訟手続によらずに任意交渉をすることも当然可能であるが、多くの貸金業者は任意交渉の場合と訴訟手続による場合とで返還額が違い、訴訟手続によるほうが回収額が大きくなることが多い。

　(1)　過払金返還請求にあたっての注意点

　平成22年6月18日に現行の貸金業法（平成18年法律第115号による改正）が完全施行された。依頼者となる債務者の中でも、同日以前、特に平成18年～19年頃より前から貸金業者あるいは信販会社との金銭消費貸借取引を継続している場合、長年、利息制限法に違反する利息・損害金を、貸金業者に対し支払い続けていることが多い。

　このような依頼者について、当初からの借入れと返済の取引履歴を利息制限法に基づき引直計算を行うと、債権者が請求していた債権債務が存在せず、逆に過払金が発生しているケースに遭遇することになる。

　通常、過払金の返還請求手続が、債務整理手続の中で単独で選択されることは少なく、任意整理、特定調停、民事再生、破産などと並行して行われることが多いと思われる。もちろん債権調査の結果、すべての貸金業者について過払い状態であることもありうるが、旧貸金業法43条のみなし弁済規定が廃止された現在では、ほとんどそのようなことはないであろう。完済業者のみの過払金返還請求もありうるが、この場合には債務はないので、過払金返還請求はもはや債務整理手続とはいえない。

　過払金返還請求事件だけを受任し、債務の残る案件を受任しないということはあってはならない。根本的解決にならないし、債務整理をしなかったという専門家責任を問われることもありうる。もちろん依頼者が過払金返還請求事件だけの委任を望んだ場合は別だが、その場合でも、債務を残すデメリットを説明したうえで判断してもらう必要があろう。

過払金返還請求は、これまでの判例により解決済みの論点が多いが、未解決の論点もある。最新の判例情報の収集が不可欠であるといえる。裁判では、新たな主張が現れたり、いまだ未解決の論点を主張されることもある。判例知識だけではなく論理的理解が必要であり、定型的訴訟と侮ってはいけない。

回収した過払金は、選択する債務整理手続によって使い道が変わってくる。任意整理、特定調停の場合は他社への返済にあてられることが多いであろう。民事再生、破産の場合には使い方を慎重に検討する必要がある。

なお、過払金返還請求事件については、依頼者と後日紛争となることがある。その多くが報酬のことであるが、回収額が少なすぎるといった不満も現れることもある。依頼者の利益を第一に考え、信頼関係を築いておくことが紛争の防止につながる。

(2) 過払金の存在が判明した場合の対応

債権調査の結果、過払金の存在が判明した場合、債務の法的整理につき依頼者の委任を受けた司法書士としては依頼者のために、債権者に対し過払金の返還請求を検討することになる。

過払金の返還を請求するにあたり、通常は、書面（たとえば、方針決定通知）により過払金の返還を債権者に請求し、その後、電話や書面等を用いて過払金の返還交渉を行うこととなろう。

また、任意交渉の段階では、思うような対応や回答が得られない場合も多いので、依頼者の意向を考慮しつつ、訴訟対応も当然に検討すべきである。

2　説明すべき事項

過払金返還請求訴訟を進めるにあたって、依頼者に説明すべき事項は、おおむね次の(1)～(9)のとおりである。

(1)　過払金返還請求訴訟の流れ
(2)　訴訟に要する費用
(3)　予想される手続期間

> (4) 予想される争点の内容
> (5) 被告による反訴提起の可能性
> (6) 勝訴判決を得た場合の回収方法
> (7) 和解基準
> (8) 司法書士の代理権
> (9) 上訴への対応

(1) 過払金返還請求訴訟の流れ

具体的には、①訴え提起後、弁論、証拠調べを経て、判決に到ること、②ただし、訴え提起後、第1回期日前に裁判外で和解が成立することがある一方、期日を重ねる事件もあり、最終的には被告の出方次第であることを説明する。

(2) 訴訟に要する費用

訴訟に要する費用として、司法書士報酬および印紙代、予納郵券の金額などが必要であることを説明する。

(3) 予想される手続期間

訴え提起から2カ月～3カ月で終結するのが一般的であろうが、場合によっては半年程度を要することがあることを説明する。

(4) 予想される争点の内容

被告の抗弁としては、みなし弁済、取引の分断、時効消滅などが予想されることを説明する。なお、重要なのは、借入れと弁済の事実であり、この点の主張・立証がポイントであるが、被告の作成した取引履歴に基づいて主張している限り、この点に争いは生じない。大きく争われる可能性があるのは、取引の分断である。

(5) 被告による反訴提起の可能性

貸金業者の計算でも完済していれば問題はないが、残債務がある場合、貸金業者から、貸金請求の反訴の提起もありうることを説明する。

また、一部の貸金業者は、過払金返還請求額が140万円以下であるにもか

かわらず、あえて司法書士の代理権外である地方裁判所に、過払金の額が一定額を超えて存在しない旨の債務不存在確認訴訟を提起してくる場合があることを伝える。これに対しては、同債務不存在確認訴訟の不当性、訴権の濫用、信義則違反、当事者間の衡平性などに基づき、訴訟の簡易裁判所への移送申立て（民事訴訟法17条）により対応することとなる。

(6) 勝訴判決を得た場合の回収方法

貸金業者の多くは、判決後、認容額について任意の支払いが期待できるが、一部の貸金業者については、強制執行の申立ても必要となり、その場合は回収できない可能性もあることを説明する。

(7) 和解基準

訴え提起後、判決に至らず和解により解決することも少なからずあることを説明する。あらかじめ、依頼者との間で、和解をする場合の基本方針を打ち合わせておく必要がある。

(8) 司法書士の代理権

司法書士の訴訟代理権は、簡易裁判所における訴額を基準としているので、当初、司法書士が訴訟代理権を有し、簡易裁判所において訴訟活動を行っていた事件であっても、事案によっては、地方裁判所に裁量移送（民事訴訟法18条）されるケースも考えられることを説明する。万一、関与事件が簡易裁判所から地方裁判所に移送された場合、司法書士は訴訟代理権を喪失し、移送後の地方裁判所では訴訟代理人として訴訟活動を行うことができなくなる。

この場合、移送後の訴訟において司法書士が本人訴訟を支援する形で関与するのか、あるいは代理人として弁護士を選任するのかを協議しておく。

(9) 上訴への対応

訴訟の結果いかんによって、控訴審への対応が必要となることを説明する。司法書士には自らが訴訟代理人として関与した事件の控訴提起を除いて代理権が認められていないので、控訴となった場合の訴訟対応について協議しておく。

(10) 訴訟委任状

前記(7)(8)(9)などの諸点を考慮した訴訟委任状（【書式17】参照）の例を紹介しておく。

【書式17】 訴訟委任状

訴訟委任状

（委任者）住　所　〒000-0000　○○県○○市○○町○○○
　　　　　氏　名　○　○　○　○　㊞

　私は，次の司法書士を訴訟代理人と定め，下記事件に関する各事項を委任します。

（受任者）氏　名　司法書士　○　○　○　○
　　　　　　　　　○○司法書士会所属
　　　　　　　　　認定番号　第○○○○○○○号
　　　　　事務所　〒000-0000　○○県○○市○○町○○○　○○ビル１F
　　　　　　　　　○○司法書士事務所
　　　　　　　　　電　話　000-000-0000
　　　　　　　　　ＦＡＸ　000-000-0000

記

第１　事　件
　　　　相手方　　　株式会社○○○
　　　　裁判所　　　○○簡易裁判所
　　　　事件の表示　不当利得返還等請求事件

第２　委任事項
　１　上記訴訟事件の訴訟行為
　２　反訴の提起，訴えの取下げ，和解，請求の放棄若しくは認諾又は訴訟参加若しくは訴訟引受けによる脱退
　３　控訴の申立て

4　担保保証の供託，同取消決定の申立て，同取消しに対する同意，権利行使催告の申立て
　5　手形訴訟，小切手訴訟又は少額訴訟の終局判決に対する異議の申立て，これらの取下げ及びその取下げについての同意
　6　弁済の受領に関する一切の件
　7　復代理人の選任　　　　　　　　　　　　　　　　　　　　　　　以上

3　基本事項と実務上の留意点

(1)　訴え提起時の留意点

㋐　事物管轄

　過払金返還請求訴訟の事物管轄は、訴訟の目的物の価額に応じて簡易裁判所と地方裁判所に分かれることとなる（裁判所法33条1項1号）。過払金返還請求訴訟の目的の価額、すなわち訴額は、原告が被告に対して返還を求める過払金の金額により定まる。したがって、140万円以下の過払金返還請求訴訟は、簡易裁判所が事物管轄を有することになる。なお、過払金に対する法定利息は、訴額に算定されない（民事訴訟法9条2項）。

㋑　土地管轄

　原則的には、被告の住所地であるが（民事訴訟法4条1項）、過払金返還請求訴訟において、過払金の返還の履行場所は、債権者たる原告の現在の住所地となることから（民法484条）、原告の住所地を管轄する裁判所に訴えを提起することができる（民事訴訟法5条1号）。

　なお、専属的合意管轄などを理由に、被告より移送の申立てがなされることがある。この場合、この却下を求めて争うこととなるであろうが（移送申立てに対する反論の意見書は [DATA25] 参照）、その際には盛岡地遠野支判平成17・6・24兵庫県弁護士会HPなどが参考になる。

(ウ) 要件事実と立証責任

(A) 過払金返還請求

　過払金返還請求訴訟の訴訟物は、不当利得による過払金返還請求権（民法703条）である。過払金返還請求訴訟の要件事実として、原告は、①原告の損失、②被告の利得、③その因果関係、④被告の利得が法律上の原因に基づかないことを示す事実を主張・立証しなければならない（訴状は【書式18】参照）。

【書式18】　訴状①──取引履歴の開示がある場合

訴　　　状

　　　　　　　　　　　　　　　　　　　　　　平成○年○月○日

○○簡易裁判所　御中

　　　　　　　　　　　　原告訴訟代理人司法書士　○　○　○　○　㊞

当事者の表示

〒000-0000　　○○県○○市○○町○○○
　　　　　　　　原　　　　　告　　○　○　○　○
〒000-0000　　○○県○○市○○町○○○
　　　　　　　　○○司法書士事務所（送達場所）
　　　　　　　　原告訴訟代理人司法書士　○　○　○　○
　　　　　　　　　電　話　000-000-0000
　　　　　　　　　FAX　000-000-0000
〒000-0000　　○○県○○市○○町○○○
　　　　　　　　被　　　　　告　　株式会社○○○
　　　　　　　　　上記代表者代表取締役　○　○　○　○

不当利得返還請求事件
　訴訟物の価額　　金132万3343円
　貼用印紙額　　　金　1万2000円

請求の趣旨

1　被告は原告に対し，金146万6547円及び内金132万3343円に対する平成28年7月6日から支払済みまで年5分の割合による金員を支払え
2　訴訟費用は被告の負担とする

との判決並びに仮執行宣言を求める。

請求の原因

1　（当事者）

　　原告は，一般の消費者であり，被告は，利息制限法の利率を超える高金利の貸付けを主な業務内容とする株式会社である。

2　（取引の経過）

　　原告は，被告との間で，継続的に金銭消費貸借取引を行い，金銭の借入れ及び弁済を繰り返し，平成28年7月5日まで弁済を続けた。借入金及び弁済金の額並びに各取引日については，別紙計算書（略）に記載のとおりである。なお，この計算書は被告作成の甲第1号証（取引一覧表）の取引履歴を基に，原告が利息制限法所定の利率に引き直したものである。

3　（利息制限法の適用）

　　原告の被告に対する利息の支払いは，利息制限法所定の利率を超過しており，超過する部分の支払いは元本に充当されるべきである。

4　（不当利得返還請求権の発生）

　　別紙計算書のとおり，原告の被告に対する金132万3343円は過払いとなっており，同額は債務が存在しないのに支払われた金員であり，被告は法律上の原因なくして同金員を利得し，これによって原告は同額の損失を被った。

5　（悪意の受益者）

　　被告は登録貸金業者であって貸金業法を熟知しているところ，原告と被告との間の取引には，平成18年法律第115号による改正前の同法43条1項に定めるみなし弁済の適用の余地がないことを承知しており，平成19年7月13日最高裁判決で判示する特段の事情も存在しない。したがって，被告は民法704条にいう悪意の受益者と推定されるので，被告は，原告が被告に対して金員を支払って不当利得が生じた翌日から利息を付して原告に返還すべき義務がある。したがって，別紙計算書では不当利得金に年5分の

利息を付して計算した。
6　よって，原告は，被告に対し，以下の支払いを求める。
① 不当利得返還請求権に基づく不当利得金，金132万3343円
② ①につき，最終取引日までの民法704条所定の利息として金14万3204円
③ ①につき最終取引日の翌日以降の民法704条所定の利息として，平成28年7月6日から支払済に至るまで年5パーセントの割合による金員

証拠方法

甲第1号証　　取引一覧表

付属書類

1　訴状副本　　1通
2　甲号証写し　2通
3　代表者事項証明書　　1通
4　訴訟委任状　1通

※　利息制限法所定の制限金利で計算した別紙計算書を合綴し，訴状の1ページ目から，別紙までページ番号を振る（別紙計算書については，[DATA26]参照）。

これらの要件事実を，原被告間の金銭消費貸借契約に即して具体的に述べれば，ⓐ原告と被告との間に金銭消費貸借契約が締結され，原告が一定額の金銭を借り入れたこと，ⓑ利息および遅延損害金の約定が利息制限法に違反していた事実に加え，ⓒ原告がその約定に従い弁済をしたことになる。

なお，ⓓ被告の利得が法律上の原因に基づかないとの要件事実は，上記ⓐ～ⓒの事実を主張・立証することにより，主張・立証したことになる。なぜなら，利息制限法に違反する超過部分の利息の約定は無効であり（利息制限法1条1項），利息制限法に超過する部分の利息の支払いは，無効な利息契約に基づく弁済となり，被告はこれを保持する法律上の根拠がないからである。

(B) 過払金に対する利息

貸金業者が不当利得につき悪意の場合、受益の時から過払金に対する法定利息の請求が可能となる（民法704条）。この点につき、貸金業者は、当然に利息制限法を超過した利率であることの認識があり、過払いになった時点で特段の事情がない限り悪意の推定を受けるとする判例がある（最判平成19・7・13民集61巻5号1980頁）。さらに、過払金に法定利息を加算することは、過払金の総額を増加させることになり、最終的に和解により解決する際にも有利な解決に導くことができる。

原告が被告に対し、過払金の法定利息の支払いを求める場合、その要件事実は、前記(ア)①～④の各事実に加えて、⑤被告が受益の当時、受益が法律上の原因を欠くことを知っていたことを主張・立証することになる（民法704条）。過払金の法定利息は年5分となる。

(エ) 取引履歴の一部あるいは全部が開示されていない場合の対応

(A) 取引履歴の再現による仮計算

実務上、被告である貸金業者から取引当初より現在までの取引履歴が開示されていれば、過払金返還請求訴訟の訴状を起案すること自体には、困難な点はないといえる。しかし、貸金業者が債務者からの情報の閲覧または謄本請求（貸金業法19条の2）を拒み、取引履歴を開示しなかったような場合は問題となる。

貸金業者から取引履歴の開示が訴訟提起前にない場合において、前記の要件事実の主張を行うために、取引履歴の再現による「仮計算」による訴え提起の検討が必要になる。仮計算は、取引履歴の開示のあった部分は、当該取引履歴により、取引履歴の開示のなかった部分については、原告の記憶、断片的に存在する契約書、領収書等により、取引履歴を再現しようとするものである。これにより借入れおよび返済の事実を主張していくわけであるが、仮計算の結果は、現実の取引経緯とは一致することはなく、被告の強硬な反発・反論を招くこともある。しかし、被告が原告の取引履歴の再現による仮計算の借入れと返済の事実を単に否認することは被告の訴訟行為としては妥

当とは考えられず（民事訴訟規則79条3項）、原告として理由づけ否認を求めることになろう。取引履歴を記載した帳簿を作成すべき義務（貸金業法19条）がある貸金業者が、借入れおよび返済の事実を具体的に主張せず単純否認することは、弁論の全趣旨からは被告にとって不利な要素となると考えられる。

そこで、原告としては、被告の理由づけ否認の内容として主張された借入れと返済に関する取引履歴を基に仮計算を修正することもあり得よう。なお、前述のとおり過払金返還請求訴訟においては、原告の被告に対する弁済の事実を原告が主張・立証しなければならないが、この点につき、証拠資料の偏在の観点から、裁判所の訴訟指揮として、「現実の訴訟審理の過程においては、具体的な状況に応じて弁済の事実をまず債権者に明らかにするよう促し、または、法定の要件が存するときには、貸金台帳等について文書提出命令を発する」ことも可能との指摘もある。この観点から、事前の債権調査、当事者照会、文書提出命令の効果的活用を検討することが大事であろう。

取引履歴を再現した仮計算による訴え提起後、被告から取引履歴が開示された場合、開示された取引履歴に基づき利息制限法に基づく引直計算を行い、必要に応じて請求の拡張または減縮の申立てを行うことになる。

ちなみに、貸金業者は、原則として取引履歴を開示すべき義務を負っており、貸金業者がこの義務に違反して取引履歴の開示を拒絶したときは、その行為は、違法性を有し、不法行為を構成し、損害賠償義務を負うと解されている（最判平成17・7・19民集59巻6号1783頁。貸金業法19条の2）。

(B) 冒頭0円スタート計算

依頼者と貸金業者との取引が相当長期にわたる場合、過去の取引履歴はすでに廃棄し保管していないとして、貸金業者から、完全な履歴の開示を受けられないことがある。

たとえば、開示された取引履歴上に記載された一番目の取引が、通常想定

3　最高裁判所事務総局編『貸金業関連事件執務資料』155頁。

し得ない端数を含む借入残高や、あるいは弁済から開始されているケースなどがこれにあたる（中途開示の取引履歴の例として［DATA27］参照）。この場合、原告としていかに対応すべきであろうか。

　貸金業者が開示した取引履歴に基づき、利息制限法に基づく引直計算を行ったとしても、あくまでも全取引期間のうち一部の取引履歴に基づくものであり、真実の過払金額を算出できるわけでもなく、場合によっては引直計算後も債務が残ることがある。なぜなら、取引履歴の一部開示の開始残高は、あくまでも当初の金銭消費貸借契約に基づき交付された金員を示すものではなく、一定期間の借入れと返済を経過した時点での残高にすぎず、利息制限法による引直結果とは当然異なることになるからである。

　ところで、前述のとおり原告が過払金返還請求訴訟を提起する場合の請求原因の一つとして、原被告間の消費貸借契約の締結の事実の主張が必要となる。取引履歴がすべて判明している場合の訴状には、原被告間の消費貸借契約締結の事実を主張するために、①当事者、②契約日、③最初の借入金額の各事実を具体的に訴状に記載することができる（前掲【書式18】参照）。一方、取引履歴の開示が一部にとどまっている場合、原告が契約書等を所持していなければ原告としては最初の契約日、貸付金額を具体的に主張することが困難である。この場合、原告は、最初の契約日、貸付金額の主張に代えて、①原告被告間に継続的金銭消費貸借契約があったこと、②原告において過払いとなっているとする期間の取引経過（被告の開示した取引履歴記載のとおり貸付と返済があったこと）を主張すれば足りると解される（東京地八王子支判平成16・3・10判例集未登載、広島地判平成16・8・3判例集未登載）。

　原告が被告に対し長期間にわたり、利息制限法を超過する利息を支払ってきた場合、利息制限法所定の制限利息を超える部分を元本に充当していけば、元本を全額弁済し、さらに過払金を生じることになる。したがって、取引期間が長期にわたる場合、ある時点以降、残債務は存在しておらず、過払金が発生している可能性も十分あるところである。そこで、過払金が発生していることを考慮して開示された当初の残高を少なくとも０円としたうえで、利

息制限法に基づく引直計算を行うことは合理的な根拠があると考えられる。

　原告が被告が開示した取引履歴の返済と借入れの事実経過を認めたうえで、開始時点での残高を0円として利息制限法に基づき引直計算を行うと、開始時点の残高は0円となり、返済が継続されると当初から過払金が発生し、過払金の残高が増加していくことになる（[DATA27]の取引履歴を冒頭残高0円で引き直した計算書は[DATA28]参照）。つまり、この利息制限法に基づく引直計算書は、通常の取引履歴に比べて過払金がどんどん増えていくという一見奇妙なものになってしまう。

　本来、取引初日の残高の主張・立証責任は被告にあるのであり、仮に被告が、開示した取引日以前に残高があったことを主張するのであれば、原告の取引履歴に基づく開始時点0円の主張に対する被告の積極的否認であり、その存在の主張は、被告の反証としてなされるべきことと解することになろう（前掲東京地八王子支判平成16・3・10、広島高判平成17・4・6兵庫県弁護士会HP。冒頭残高0円計算による訴状の例として[DATA29]参照）。

　　(オ)　取引の一連性

　たとえば、依頼者が一度約定の債務を完済した後に、同一の業者から再度借入れを行っているケースなど、依頼者と貸金業者との間に複数の継続的取引が存在する場合がある（後記(2)(エ)参照）。そのような場合には、依頼者とその貸金業者との取引が明らかに事実上1個の取引と評価できない合理的な理由がある場合を除き、1個の取引として引直計算した金額を請求額（訴額）とすべきであろう。仮に、複数個の取引として計算すると請求額が大幅に減少してしまうのが通常であり、原則的に、少しでも回収額が多額となることが依頼者の利益にかなうと思料されるところ、それに反することになるからである。

　(2)　訴訟上に現れる論点等

　過払金返還請求訴訟自体は、全国の地方裁判所および簡易裁判所に相当数係属し、おおむね定型化されたものとなり、原告の主張に対する被告の反論もおおむね定型的である。最高裁判所においても多くの争点について判断が

Ⅲ 過払金返還請求訴訟

なされている。とはいえ、定型的訴訟と侮ってはいけない旨は前述のとおりであるが、ここでは、訴訟上に現れる論点について簡単に触れておく。

　㋐　みなし弁済の抗弁

　現行の貸金業法に改正される前の旧貸金業法43条に、みなし弁済に関する規定が存在した。貸金業者は、このみなし弁済規定を根拠とし、取引においてみなし弁済が有効に成立しているので利息制限法所定の利率を超える利率により計算した利息を収受しても適法であり、引直計算は不当であるとの主張をすることがある。しかし、最高裁判所は、このみなし弁済の成立要件を厳格に解釈しており、その立証責任を被告が負うところ、そもそも要件を具備していることは少なく、立証は事実上不可能に近い。原告としては、まず被告が立証責任を果たすべき旨を反論すれば足り、裁判上みなし弁済の主張が認められることは極めて低い。参照判例として、最判平成18・1・13民集60巻1号1頁がある（第2章Ⅳ2⑴〜⑶参照）。

　㋑　悪意の受益者

　民法704条では、「悪意の受益者は、その受けた利益に利息を付して返還しなければならない、この場合において、なお損害があるときは、その賠償の責任を負う」と規定していることから、貸金業者（被告）が悪意の受益者であると認定されれば、過払金に対する利息を貸金業者に請求することができることになる。貸金業者からは、みなし弁済が成立すると認識していたのであるから悪意の受益者ではない、との主張がなされる。一般的には、民法704条の利息を請求する者が、相手方が悪意の受益者であることを主張立証しなければならないことから問題となる。

　この点に関して、最判平成19・7・13集民225号103頁（第2章Ⅳ2⑶参照）は、貸金業者にみなし弁済の成立が認められない場合、貸金業者に特段の事情がない限り、貸金業者に悪意が推定される旨判示している。したがって、原告において、被告が、①貸金業者であること、②制限超過部分を利息の債務の弁済として受領したことを主張・立証すれば、被告のほうで、特段の事情の存することを立証しない限り、被告は悪意の受益者と認定されることと

なる。なお、特段の事情に関連する判例として、前掲最判平成18・1・13、福岡高宮崎支判平成20・10・24判例集未登載、大阪地判平成20・12・26判例集未登載などがある。

　　㋄　**取引履歴の一部開示**

　貸金業者等が、一部の取引履歴しか開示していない場合に、冒頭０円スタート計算により開示当初の貸付残高を無視して過払金を算出し、訴訟提起することも合理性があることは前述のとおりである。問題は、このような請求方法によって過払金返還請求が認容されるかどうかという点であり、不当利得返還請求権の要件事実を確認する必要がある。この点については、①原告の損失、②被告の利得、③損失と利得の因果関係、④被告の利得が法律上の原因に基づかないこととする考え方（通説）と、①②③のみで足りるとする考え方（有力説）がある。

　有力説では、原告から被告に対する金員の交付の事実のみを主張・立証すれば、被告の側で、その金員の受領が法律上の原因に基づくことを主張・立証しない限り、原告の損失と被告の利得に因果関係があり、被告の利得が法律上原因に基づかないことになるのであるから、冒頭残高の立証責任は当然に被告が負うことになろう。

　それでは、通説的見解によった場合はどうであろうか。通説によれば、被告の利得が法律上の原因に基づかないことを原告側で主張・立証しなければならないことになる。しかし、利息制限法所定の制限利率を超過する利息契約に基づき継続的金銭消費貸借取引が行われた場合、ある一定時点での貸付残高については（少なくとも残高の一部については）法律上の原因のないことが事実上推認されるというべきである。そして、貸金業者のみなし弁済の主張が抗弁であることは一般的な理解であることから、一定時点での残債務存在の根拠がみなし弁済適用の結果であるならば、この事実もまさに抗弁として取り扱われるべきであり、残債務を保有できる「法律上の原因の存在する」ことを主張する抗弁として貸金業者に立証責任を負わせるのが妥当であろう。

また、貸金業者が開示以前の取引を推定して利息制限法の適用利率により計算したものを提出し、その計算結果の限度でしか過払金が発生しないとの主張がなされることがある。しかし、利息制限法1条1項および2項の規定は、金銭消費貸借上の貸主には、借主が実際に利用することができることが可能な貸付額とその利用期間とを基礎とする法所定の制限内の利息の取得のみを認めている（最判平成15・7・18民集57巻7号895頁）。利息制限法の趣旨からすれば、被告が開示当初の残高を主張するのであれば、利息制限法超過利率で取引をしたものである以上、同日以前の具体的な貸付日、貸付額、弁済日、弁済額等の取引経過を明らかにし、同日の貸付残高が利息制限法の制限利率を超えない範囲で取引された結果であることを主張・立証しなければならない。そうでなければ、貸金業者がみなし弁済に関する立証責任を免れることになり、その結果として、利息制限法違反を見過ごす結果となりかねない。強行法規の遵守の有無に関する事項は、職権で調査すべき事項であり、裁判所においてこのような脱法を許すことがあってはならないのであるから、この意味においても、開示当初残高の立証責任は、貸金業者が負わなければならないのである。

裁判例としては、冒頭残高無視計算を認めたものに、広島高判平成17・4・6兵庫県弁護士会HP（原審は広島地判平成16・8・3判例集未登載）など、開示された取引履歴の冒頭時点において過払金が発生していたことが推認され、冒頭0円スタート計算を認めた裁判例が多数ある。一方で、冒頭0円スタート計算が認められていない裁判例も同様に存在するので、留意されたい。

(エ) **過払金の充当に関する問題（分断計算と一連計算）**

(A) **問題の所在**

過払金が発生した場合において、その過払金を他の借入金債務に充当できるか否か、過払金が発生した後に新規借入れが実行された場合に、その過払金を新たな借入金債務に充当することができるか否かという問題がある。

たとえば、依頼者が金銭消費貸借に関する基本契約（いわゆる極度額貸付契約）に基づいて借入限度額の範囲内で借入と返済を繰り返した後、約定債

務を完済したが（ここまでの取引を「第１取引」とする）、その後、再度借入れを開始して取引を継続した（再度の取引を「第２取引」とする）場合に、第１取引で生じた過払金を第２取引で生じた債務に充当できるかということで、いわゆる一連計算か分断計算かという問題である。

分断計算とは、金銭消費貸借取引ごとあるいは極度額貸付基本契約ごとに別々に分けて引直計算を行うことであり、分断計算をすると一連計算をするより過払金が少なくなることが多く、場合によっては、分断計算による場合の初期の取引が消滅時効にかかり、一連計算の場合と極端に計算結果が違うこともある。

原告としては、過払金が他の借入金債務や新たな借入金債務に当然に充当されることを前提として、一連計算により算出した過払金を請求すべきことは前述のとおりであるが、貸金業者からは、充当をするべきではないとの反論がなされる。なお、この充当の問題は、極度額貸付契約に限ったことではないことを念のため付言する。

(B) **分断計算が争点となった判例**

分断計算を主な争点とした一連の最高裁判決が出ているので紹介する。充当問題は、これらの判例に先立ち、最判平成15・7・18民集57巻7号895頁（第2章Ⅳ2(3)参照）でも判断されているが、前掲最判平成15・7・18は弁済当時存在する他の債務に充当されるとしていたため、以下の判例では、過払金が発生したとき、他の債務が存在していなかった場合が争点とされたのである。

最判平成19・2・13民集61巻1号182頁は、貸主と借主との間で継続的に貸付けが繰り返されることを予定した基本契約が締結されていない場合のものである。第１の貸付けに係る過払金は、第１の貸付けに係る債務の各弁済が第２の貸付けの前にされたものであるか否かにかかわらず、第２の貸付けに係る債務には充当されないとした。

最判平成19・6・7民集61巻4号1537頁は、基本契約が存在する事例である。基本契約は、同契約に基づく借入金債務につき利息制限法１条１項所定

の制限を超える利息の弁済により過払金が発生した場合には、弁済当時他の借入金債務が存在しなければ上記過払金をその後に発生する新たな借入金債務に充当する旨の合意を含んでいるものと解するのが相当であるとした。

最判平成19・7・19民集61巻5号2175頁は、基本契約は存在しないが、類似の貸付けが行われていた事例である。過払金をその後に発生する新たな借入金債務に充当する旨の合意を含んでいるものと解するのが相当であるとした。

最判平成20・1・18民集62巻1号28頁は、第1の基本契約と第2の基本契約との間に空白期間が存在する事例である。充当合意を認める類型として、①第1の基本契約に基づく貸付けおよび弁済が行われた期間の長さ、②第1の基本契約の最終の弁済から第2の基本契約に基づく最初の貸付けまでの期間、③第1の基本契約についての契約書の返還の有無、④借入れ等に際し使用されるカードが発行されている場合にはその失効手続の有無、⑤第1の基本契約に基づく最終の弁済から第2の基本契約が締結されるまでの間における貸主と借主との接触の状況、⑥第2の基本契約が締結されるに至る経緯、⑦第1と第2の各基本契約における利率等の契約条件の異同の七つが示された。

以上の判例の考え方からすると、金銭消費貸借契約あるいは基本契約が二つ以上あるときに一連で計算するには、「事実上1個の連続した貸付取引であると評価することができる」かどうか、そう評価される特段の事情が存在するかどうかということにかかってくることになる。

訴え提起の段階では、一連計算により算出した過払金を請求すべきと解されるが、以上の判例の要旨を勘案しつつ、場合によっては、貸金業者主張の分断計算額の検算も必要になってくることもあり得よう。

(オ) **過払金の消滅時効に関する問題（消滅時効の抗弁）**

原告の過払金返還請求に対し、被告から過払金返還請求権が時効により消滅したとの抗弁が主張されることがある。

時効期間について最判昭和55・1・24判時955号529頁は、金銭消費貸借契

約に基づく利息制限法超過利息の元本充当後の過払金に係る不当利得返還請求権の時効期間は、当該消費貸借が商行為によるものであったか否かに関係なく10年であると判示した。

そこで問題になるのが、過払金返還請求権の消滅時効の起算点がいつになるかという点である。この点については、最判平成21・1・22民集63巻1号247頁において、「過払金充当合意を含む基本契約に基づく継続的な金銭消費貸借取引においては、同取引により発生した過払金返還請求権の消滅時効は、過払金返還請求権の行使について上記内容と異なる合意が存在するなど特段の事情がない限り、同取引が終了した時点から進行するものと解するのが相当である」と判示された。

なお、前掲最判平成21・1・22のいう「取引が終了した時点」が具体的にいつの時点であるかについては、事案ごとに検討を要する。たとえば、「本契約の有効期間は、契約成立の日から5年間とする」との定めがある基本契約に基づく取引で、契約成立の日から4年を経過した時点で約定残債務を完済した場合、「取引が終了した時点」を「完済した時点」ととらえるか「契約期間の満了時点」ととらえるかが問題となる。前掲最判平成21・1・22の事案では、契約期間の定めの存否等は争点となっていない。しかし、この判決が「新たな借入金債務の発生が見込まれなくなった時点、すなわち、……取引が終了した時点」としていることから、「取引が終了した時点」とは、この事案では、「契約期間の満了時点」ということになろう。基本契約が継続している限り、借入金債務の発生が見込まれるからである。

(カ) 期限の利益の喪失

原告が所定の返済日を徒過したことにより、期限の利益を喪失し、それ以後の取引については遅延損害金の利率で引直計算がされるべきとの主張が貸金業者からなされることがある。この場合、取引期間の長短や返済日を徒過した日数・回数などを考慮し、期限の利益喪失の主張が妥当であるか判断がなされる。この点については、最判平成21・9・11集民231号495頁および最判平成21・9・11集民231号531頁を参考とされたい。

(キ) その他の論点

　被告の抗弁あるいは法的反論ではないが、中には認容される過払額を少しでも減らそうとするために、取引経過・貸付台帳を改ざん・廃棄したり、さらには隠匿したりするような貸金業者も稀に存在する。このような場合には、原告の手持ちの資料を基に被告の主張以前から取引があったことを主張・立証することに努め、被告の開示した資料の矛盾点の解明に努めることになろう。

(3) 期日の進行・立証および終結

(ア) 期日の進行

　通常、第1回期日は、訴え提起後、30日以内に指定される（民事訴訟規則60条2項）。具体的には、裁判所書記官と代理人司法書士との間で打合せを行い、指定されることとなろう。

　第1回口頭弁論期日において、裁判所から立証計画、和解の可能性等について釈明を受けることがあるので、事前に検討をしておくことも必要であろう。

　第1回期日においては、原告が訴状を、被告が答弁書を陳述することとなる。被告となる貸金業者にもよるが、多くの場合、被告から提出されている答弁書の内容は争う旨のみを明示した簡易なものであり、第2回期日までに提出される準備書面により、みなし弁済等の抗弁の内容が主張され、争点整理が行われることになる。

　第3回期日において証拠調べが実施され、第4回期日で判決が言い渡されるというのが平均的審理モデルであろう。

(イ) 立証活動

　返済および借入れの経緯は、原告の主張・立証を要する要件事実であるので、原告はこれを立証する必要がある。もっとも、これを立証する一番の証拠は被告から開示を受けた取引履歴が一般的となるので、近時は、被告が誠実に取引履歴を開示している限り、借入れと返済の事実に争いが生じることは少ない傾向にある。それでも、履歴の一部が開示されていない場合や、明

らかに原告の記憶と異なる履歴が開示されている場合などは、主張に沿った立証活動が必要となる。この場合、原告の所持・保管する金銭消費貸借契約書、包括基本契約書、融資金の計算書、預金通帳等が書証となりうるほか、文書提出命令（民事訴訟法223条。文書提出命令申立書は［DATA30］参照）や、当事者照会制度（訴え提起前の照会（同法132条の２）、当事者照会（同法163条本文））などの活用も検討すべきであろう。そのほか、原告の本人尋問（原告本人尋問に係る証拠申出書は［DATA31］参照）や貸金業者の貸付担当者の証人尋問など、人証の活用も有用であろう。

また、人証に関しては、取引の分断か一連かが争われる場合に、前掲最判平成20・１・18にいう、事実上１個の連続した貸付取引であると評価することができる事情の立証手段として検討してもよいであろう。

　(ｳ)　訴訟の終結

　　(A)　和　解

過払金返還請求訴訟は、和解により終了する場合も多くある。通常、被告から和解案が提示されるわけであるが、合意にあたっては、依頼者の意向を十分に確認しなければならない。仮に、依頼者の承諾を得ることなく低額な和解金で和解を成立させた場合、依頼者から訴訟代理人としての善管注意義務に違反するとして責任を追及されるおそれもある。

依頼者からは、和解内容について一任されることも少なくないが、訴訟の見通し、回収や上訴の可能性を十分に説明したうえ、依頼者のおかれている状況（他に債務を負っており過払金を返済原資とするため早期に過払金の回収を必要としている事情ほか）や、依頼者の意向を確認しつつ、過払金およびこれに対する法定利息の適正な回収をめざすべきであろう。

訴訟上の和解であれば、和解調書が債務名義となり、和解により訴訟は終結する。万一、和解合意した入金日に入金がない場合は、執行手続を検討することになろう。これに対して、訴外での和解の場合、期日延期の申立て等をして、和解金が入金されたのを確認した後、訴訟を取り下げるのが通常である。

(B) 和解に代わる決定

簡易裁判所においては続行期日にも擬制陳述が認められることから、司法書士が代理人として関与する過払金返還請求訴訟においては、被告が期日に一度も出廷しないこともある。このような場合に、簡易裁判所独自の制度として、和解に代わる決定（民事訴訟法275条の2）により訴訟終結となることも多い。

和解に代わる決定の前提として、原告・被告間に和解が成立していることが通常であるが、出廷しない被告について、受諾和解等に比して手続が簡易・迅速となり、訴外和解とは異なり債務名義ともなるので利便性が高い。

なお、決定の内容について依頼者の意向を十分に確認することは、和解の場合と同様に当然である。

(C) 判　決

被告の和解案が依頼者の意向に沿わず、とうてい許容されるものではないなど、和解が成立しなければ、判決となる。この場合、以後の対応は、被告たる貸金業者によって異なるが、勝訴であれば回収方法や上訴される可能性および上訴への対応を、敗訴であれば上訴を十分に検討しなければならない。

なお、これらの点については、和解交渉において依頼者の意向を確認する際にも、訴訟の見通しとあわせて、依頼者に十分な説明を行うべきであることは当然である（最後に、勝訴判決が確定した場合、訴訟費用も忘れずに請求すべきことを念のために付言しておく。訴訟費用額確定処分申立書は［DATA32］参照）。

Ⅳ 民事再生（個人民事再生）による債務整理

1 概　要

　民事再生（個人民事再生）とは、経済的に困窮して支払不能に陥るおそれが生ずるに至ったものの、継続的な収入の見込みがあり、総債務額が5000万円以下の個人債務者を対象にして、破産しないで、総債務額の相当部分を免除し、残った債務を原則3年間で分割返済することにより経済的な再生を図るという手続である。

　個人民事再生には、給与所得者等再生と小規模個人再生がある。給与所得者等再生とは、給与所得者を対象とし、可処分所得の2年分以上を原則3年で返済すれば残った債務は免除するという再生手続である。また、小規模個人再生とは、給与所得者だけでなく個人事業者等をも対象にし、債務額の5分の1（基準債権が1500万円を超え3000万円以下の場合には300万円、3000万円を超える場合は10分の1）か100万円以上（民事再生法231条3号・4号）を返済すれば残った債務は免除するという再生手続である。ただし、双方の手続においては、清算価値保障の原則に注意することが必要である（後記4(4)参照）。

2 説明すべき事項

　個人民事再生に係る書類作成業務を進めるにあたって、依頼者に説明すべき事項は、おおむね次の(1)～(12)のとおりである。

（1）民事再生手続の概要
（2）手続に要する費用
（3）予想される手続期間
（4）予想される再生計画案の概要
（5）予想される住宅資金特別条項の概要
（6）計画弁済に基づく弁済金の弁済代行

(7) 裁判所に出頭する回数・時期

(8) 民事再生から破産への移行の可能性

(9) 資格制限がないこと

(10) 再生計画の履行

(11) 再生計画の変更・取消し

(12) 非免責債権の存在

(1) 民事再生手続の概要

具体的には、①給与所得者等再生と小規模個人再生に分かれていること（前記1参照）、②住宅ローンを抱えている債務者の場合は、住宅ローン特別条項というオプションを利用することにより、住宅を失わないで経済的再生を果たすことも可能となることなどを説明する。

(2) 手続に要する費用

各地の運用により異なるが、収入印紙1万円、予納郵券5000円程度、裁判所予納金1万3000円程度のほか、個人再生委員に対する予納金として5万円程度から25万円程度（各地方により一括支払いと分割支払い方式がある）が必要となることを説明する。

(3) 予想される手続期間

再生手続開始の申立てから4カ月～6カ月程度で認可決定に至るのが、平均的な期間であることを説明する。

(4) 予想される再生計画案の概要

小規模個人再生と給与所得者等再生の計画弁済総額に関する要件は、前記1のとおりである。したがって、①小規模個人再生であれば、債権者一覧表を作成することにより計画弁済総額が割り出されるので、3年で分割弁済することが可能か、毎月の弁済が振り込み手数料等をも考慮して可能かを、②給与所得者等再生であれば、2年分の源泉徴収票並びに課税証明書をチェックして2年分の可処分所得を算出のうえ、同様に3年で分割弁済することが可能か、毎月の弁済が振込手数料等をも考慮して可能かをシミュレーション

して説明する。なお、それらの際には、清算価値を考慮に入れる必要がある（後記4⑷参照）。

　⑸　予想される住宅資金特別条項の概要

　具体的には、①再生手続開始決定後もそのまま住宅ローンの支払いを継続するパターンか、開始決定により支払いをストップさせるパターンなのか、②特別条項の中身として、当初の約定どおりの弁済を行うか、期限の利益回復型か、期限延長型か、元本一部据置型か、あるいは併用型か、同意型かなどを説明する（後記4⑸㈣参照）。

　⑹　計画弁済に基づく弁済金の弁済代行

　個人民事再生では、その立法の過程から履行の確保が重要な課題となっていた。そこで、計画弁済の履行にあたっては、債務者自らが弁済にあたっていく方法のほか、司法書士が弁済の代行をしていく方法も履行の確保の面からみて有用であるので、その方法について確認する。

　⑺　裁判所に出頭する回数・時期

　具体的には、①再生手続開始の申立てに本人と同行する司法書士もいるが、司法書士だけが出頭することも多いこと、②申立てから1カ月以内に行われる審尋期日には、本人が裁判所に出頭しなければならないパターンと、裁判所ではなく個人再生委員の事務所にも出向かなければならないパターン、本人が裁判所にも個人再生委員の事務所にも出向く必要のないパターンがあることなど、裁判所ごとに運用が異なるため、運用を確認して説明する。

　⑻　民事再生から破産への移行の可能性

　破産手続開始の決定前の債務者について、再生手続開始の申立ての棄却、再生手続廃止、再生計画不認可または再生計画取消決定が確定した場合、裁判所は破産原因ありと認める場合は職権で破産手続開始の決定をすることができる（民事再生法250条1項）。一方、破産手続開始の決定後の債務者について、再生計画認可決定の確定により破産手続が効力を失った後に、再生手続廃止または再生計画取消決定が確定した場合は、裁判所は職権で破産手続の開始の決定をしなければならない（同条2項）。

再生手続中は新たな破産手続開始の申立てはできないが（民事再生法39条1項）、小規模個人再生の場合は、再生手続終了後の破産手続開始の申立てができる。したがって、再生計画の認可を受けた債務者が再生手続終了後に病気や失業により支払不能に陥ってしまった場合、再生手続開始の申立ての棄却、再生手続廃止、再生計画不認可または再生計画取消決定が確定した場合は破産手続開始の申立てができる。このような場合は、本人が再生を強く希望しても破産になってしまうことがあるので注意が必要である。

　給与所得者等再生における再生計画が遂行された場合は、再生計画認可決定確定の日から7年間、ハードシップ免責の決定が確定した場合は、当該免責の決定に係る再生計画認可決定確定の日から7年間は、破産免責許可の申立てをしても免責不許可事項に該当するので注意が必要である。（破産法252条1項10号ロ・ハ）。

　(9)　**資格制限がないこと**

　破産手続開始の決定がなされた場合には、特別法によりさまざまな資格制限があるが、民事再生法には資格制限はないことを説明する。

　(10)　**再生計画の履行**

　再生計画の履行を確保するための手段を検討することを説明する。民事再生において再生計画がしっかり履行されないのでは全く意味がないので、履行がしっかりなされることの重要性を伝える。

　(11)　**再生計画の変更・取消し**

　再生計画認可決定後、やむを得ない事由により再生計画の履行が著しく困難となった場合は、再生債務者の申立てにより、再生計画で定められた期限の延長ができる（民事再生法234条）。一方、再生計画認可決定が確定しても、再生計画が不正の方法で成立した場合や債務者が再生計画の履行を怠った場合等は、債権者の申立てにより、裁判所は再生計画を取り消すことができる（同法189条）。

　(12)　**非免責債権の存在**

　民事再生法229条3項（同法244条で給与所得者等再生に準用）は、再生債務

者が悪意で加えた不法行為に基づく損害賠償請求権（1号）、再生債務者が故意または重大な過失により加えた人の生命または身体を害する不法行為に基づく損害賠償請求権（2号）、民法752条の規定による夫婦間の協力および扶助の義務（3号イ）、民法760条の規定による婚姻から生ずる費用の分担義務（3号ロ）、同法766条の規定による子の監護に関する義務（3号ハ）、同法877条から880条までの規定による扶養の義務（3号ニ）等の再生債権については、当該再生債権者の同意がある場合を除き、債務の減免の定めその他権利に影響を及ぼす定めをすることはできないと規定している。

非免責債権については、それが無異議債権または評価済債権である場合は、再生計画による他の一般債権と同率の分割弁済を行うが、弁済期間満了時に残額を一括弁済しなければならない。一方、無異議債権および評価済債権以外の場合は、再生計画による弁済期間満了時に債権全額を一括弁済しなければならない（民事再生法232条4項・5項・244条）。

3 手続の大まかな流れ

個人民事再生の手続の大まかな流れは、〔図5〕のとおりである。

Ⅳ　民事再生（個人民事再生）による債務整理

〔図5〕　個人民事再生の手続の大まかな流れ

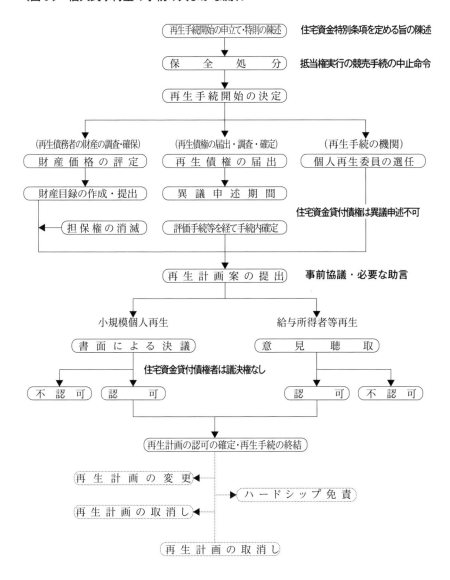

4 基本事項と実務上の留意点

(1) 申立要件

個人民事再生の申立原因は、「債務者に破産手続開始の原因たる事実の生ずるおそれがあるとき」である（民事再生法21条1項前段）。「破産手続開始の原因」とは、自然人においては支払不能または支払停止であり、「生ずるおそれのあるとき」とは支払不能や支払停止が確実に到来することを指すのではなく、客観的に、近い将来、支払不能となる蓋然性が高いことをもって足りるとされている。

また、事業者については「事業の継続に著しい支障を来すことなく弁済期にある債務を弁済することができないとき」が申立原因とされている（民事再生法21条後段）。これは、債務者が資金を調達して弁済期にある債務を弁済しようとすると、債務者の事業の継続に重大な支障が生じることが必然的であることをいうとされている。

これに加え、小規模個人再生・給与所得者等再生は、自然人が簡易・迅速に再生を図ることができるよう、再生債権総額の上限や収入の要件などを定め、極力定型的な処理ができるように工夫されている。

(ア) 個人民事再生手続を利用しうる債務者

民事再生法221条1項は小規模個人再生開始の要件を、同法239条1項は給与所得者等再生開始の要件をそれぞれ定めている。

小規模個人再生を利用しうる債務者は、個人である債務者のうち、将来において継続的にまたは反復して収入を得る見込みがあり、かつ、再生債権の総額（住宅資金貸付債権の額、別除権の行使によって弁済を受けることができると見込まれる再生債権の額等を除く）が5000万円を超えないことが必要である（民事再生法221条1項）。

一方、給与所得者等再生を利用しうる債務者の要件は、小規模個人再生を利用しうる者のうち、給与またはこれに類する定期的な収入を得る見込みがある者であって、かつ、その額の変動の幅が小さいと見込まれることが必要

である（民事再生法239条1項）。これは、給与所得者等再生は、収入が安定しており容易に補足できる債務者が、再生債権者の同意を得ずに可処分所得の2年分以上の額を計画弁済総額として再生計画期間中に弁済する制度であるからである。

給与所得者等再生を利用しうる債務者の要件を満たせば必然的に小規模個人再生による民事再生手続を利用することができることになるので、給与所得者等再生の要件を満たす者は、その選択により小規模個人再生を利用することも可能である。

　(イ)　「収入を得る見込み」の解釈

小規模個人再生を利用しようとする者は「将来において継続的に又は反復して収入を得る見込み」があること（民事再生法221条1項）、給与所得者等再生を利用しようとする者は「給与又はこれに類する定期的な収入を得る見込み」があること（同法239条1項）が必要である。

この要件については、小規模個人再生では、収入にある程度波のある事業者、歩合給の勤め人も対象となるが、給与所得者等再生については、再生債権者の決議を行わないため、解釈は厳密に行われる。

　(ウ)　再生債権の総額が5000万円を超えないこと

小規模個人再生・給与所得者等再生のいずれも、再生債権の総額が5000万円を超えないこと（民事再生法221条1項・239条1項）を要件としているが、この金額には、①住宅資金貸付債権の全額、②別除権の行使によって弁済を受けることができると見込まれる再生債権の額、③再生手続開始前の罰金、科料、刑事訴訟費用、追徴金または過料（共益債権または一般優先債権であるものを除く）の金額は含まれない。

　(エ)　変動の幅が小さいと見込まれること

給与所得者等再生の債務者の収入要件における「変動の幅が小さい」（民事再生法239条1項）とは、年収でみて20％を超えるような大きな変動が起きることが確実でない場合をいうと解されている。

(2) 住宅資金貸付債権

(ア) 住宅資金貸付債権と住宅資金特別条項

　住宅資金貸付債権とは、個人である再生債務者が所有し、自己の居住の用に供する建物の建設、購入、改良に必要な資金の貸付けに係る分割払いの定めのある再生債権であって、当該債権または当該債権に係る債務の保証人の求償権を担保するための抵当権が当該住宅に設定されているものをいう（民事再生法196条3号）。再生債権のうちに住宅資金貸付債権を含む再生計画においては、原則として、再生債権者の有する住宅資金貸付債権の全部または一部を変更する再生計画の条項（住宅資金特別条項。後記(5)(エ)参照）を定めることができる（同条4号）。この場合、住宅資金貸付債権の保証会社が保証債務を履行したときには、当該履行をした日から6カ月を経過する日までの間に再生手続開始の申立てがされた場合に限り、当該保証債務は初めから履行されなかったものとみなすことができ（巻戻し）、巻戻しされた債権について住宅資金特別条項を定めることができる（同法198条2項）。

(イ) 住宅資金特別条項の内容

　住宅資金特別条項においては、再生計画認可の決定の確定時までに弁済期が到来する住宅資金貸付債権の元本（再生債務者が期限の利益を喪失しなかったとすれば弁済期が到来しないものを除く）およびこれに対する再生計画認可の決定の確定後の住宅約定利息並びに再生計画認可の決定の確定時までに生じる住宅資金貸付債権の利息および不履行による損害賠償金全額を、住宅資金貸付債権以外の再生債権について再生計画で定める弁済期間内（当該期間が5年を超える場合は再生計画認可の決定の確定から5年）に支払うことになる（民事再生法199条1項1号）。また、再生計画認可の決定の確定時までに弁済期が到来しない住宅資金貸付債権の元本（再生債務者が期限の利益を喪失しなかったとすれば弁済期が到来しないものを含む）およびこれに対する再生計画認可の決定の確定後の住宅約定利息は、住宅資金貸付契約における債務の不履行がない場合についての弁済の時期および額に関する約定に従って支払うことになる（同項2号）。しかし、住宅資金特別条項を定めた再生計画を遂

行することが著しく困難である場合には、住宅資金特別条項において住宅資金貸付債権に係る債務の弁済期を住宅資金貸付契約において定められた最終の弁済期から後の日に定めたり（同条2項）、住宅資金貸付債権以外の再生債権について再生計画で定める弁済期間中は、住宅資金貸付債権の元本の一部の返済を猶予する計画を定めることができる（同条3項。リスケジュール）。さらに、住宅資金貸付債権の債権者の同意がある場合には、より柔軟なリスケジュールをすることも可能となっている（同条4項）。

　　㈦　**住宅資金特別条項を定めた再生計画案の決議等**

　住宅資金特別条項を定めた再生計画案が提出されたとき、裁判所は、住宅資金特別条項によって権利の変更を受ける者の意見を聴くこととなるが（民事再生法201条2項）、住宅資金特別条項によって権利の変更を受ける者および保証会社は、住宅資金貸付債権または住宅資金貸付債権に係る債務の保証に基づく求償権については議決権を有しない（同条1項）。

　　㈧　**住宅資金特別条項の効果等**

　住宅資金特別条項を定めた再生計画の認可の決定が確定したとき、住宅資金特別条項によって変更された後の権利は、当該住宅資金貸付債権を担保するために設定された抵当権や、再生債務者の連帯債務者、保証人等に対しても効力が及ぶことになる。

　なお、後順位抵当権等の登記が設定されている場合に、第三者からの資金提供があり、抵当権登記が抹消されれば住宅資金特別条項によることが可能となる。

　⑶　**小規模個人再生か給与所得者等再生かの選択**

　債務者が給与またはこれに類する定期的な収入を得る見込みがあって、かつ、その額の変動の幅が小さいと見込まれる場合には給与所得者等再生を利用することができる。

　給与所得者等再生では、再生債権者の同意を要せずに再生計画が認可されるのと引き換えに再生計画期間内に弁済すべき債権額が機械的に算出されるのに対し、小規模個人再生では、再生債権者の消極的同意が認可の要件とさ

れているのと引き換えに再生債務者の事業または生活を考慮してより柔軟な再生計画を立案できる。

そこで、これらの点を活かして、実際の生活実態を考慮した場合、給与所得者等再生において機械的に算出された再生計画を遂行することが困難であるケースにおいて、再生債権者の消極的同意を得るというリスクを冒してでも小規模個人再生を選択することがある。

(4) 財産調査

財産状態の正確な把握は、計画弁済総額を画する基準である清算価値保障原則との関係で重要である。特に問題になるのは、仮に退職した場合の退職金相当額、生命保険解約返戻金、不動産、自動車、過払金返還請求が可能な場合の返還額等の取扱いである。

それぞれの財産価額の評定は、原則として清算価値（処分価額）を基準としてなされるが、その場合の必要書類は、①退職金相当額については退職金予定支給額計算書（ただし8分の1あるいは4分の1（裁判所により異なる）の価額が財産として計算される）、②生命保険解約返戻金については生命保険解約返戻金計算書、③不動産については査定書および固定資産評価証明書等、④自動車については査定書、⑤過払金返還予想額については引直計算書（相手方が会社か個人か、相手方の資力等をファクターとし、回収可能性の有無を考慮して判断する）である。

(5) 再生計画案

㋐ 再生計画案の内容

再生計画案では、再生債権者の権利の全部または一部を変更する条項並びに共益債権および一般優先債権の弁済に関する条項を定める（民事再生法154条1項）。権利変更条項には、権利変更の一般的基準を定める（同法156条）。

弁済期は、3カ月に1回以上の分割払いであり、最終の弁済期は、再生計画認可決定確定の日から3年後の日が属する月中の日とされている。特別の事情がある場合は、再生計画認可の決定の確定の日から5年を超えない範囲内で定めることができる（民事再生法229条2項）。

(イ) 最低弁済額の算定

再生計画が認可されるための最低弁済額は、次のように定められている。

基準債権の総額が
　　100万円未満の場合　　　　　　　　　その全額
　　100万円以上500万円未満の場合　　　 100万円
　　500万円以上1500万円未満の場合　　　基準債権額の5分の1
　　1500万円以上3000万円以下の場合　　 300万円
　　3000万円を超え5000万円以下の場合　 基準債権額の10分の1

　小規模個人再生においては、この最低弁済額（①）に加え、清算価値（②）を算出し、①②のうち金額の多い額以上を弁済額とする。さらに、給与所得者等再生の場合は、2年分の可処分所得（③）も算出し、①②③のうち金額の多い額以上を弁済額とする。

(ウ) 履行の方法

　再生計画に従った履行の方法としては、銀行振込みの方法が一般的である。再生債権者に対する振込先の確認は、認可決定後、認可決定書の写しを添えて振込先の確認をする。その際振込みの開始予定時期を明記することも大切である。

　履行方法で実際上悩むのは、振込料金がかさんでしまう場合の対処方法と、少額債権の処理である。前者は、再生計画案における返済時期を3カ月に1回とすることで対処可能であるが、銀行の自動送金を利用する場合には毎月の振込み以外は認めないところもあるので注意が必要である。後者については、少額債権のみ第1回に一括支払いとする方法や、返済回数を少なくするなどの方法により再生計画を立案することで対処することができる。

(エ) 住宅資金特別条項

　住宅資金特別条項としては、①非同意型（ⓐ期限の利益回復型（民事再生法199条1項）、ⓑ最終弁済期延長型（同条2項）、ⓒ元本据置型（同条3項））、②同

意型のパターンがある。

(A) 期限の利益回復型

再生計画認可の決定の確定時までに弁済期が到来する住宅資金貸付債権の元本およびこれに対する再生計画認可の決定の確定後の住宅約定利息並びに再生計画認可の決定の確定時までに生ずる住宅資金貸付債権の利息および不履行による損害賠償は、その全額を再生計画で定める弁済期間に支払う旨定めなければならない（民事再生法199条1項1号）。

再生計画認可の決定の確定時までに弁済期が到来しない住宅資金貸付債権の元本およびこれに対する再生計画認可の決定の確定後の住宅約定利息については、住宅資金貸付契約における債務の不履行がない場合についての弁済の時期および額に関する約定に従って支払う旨定めなければならない（民事再生法199条1項2号）。

また、この類型の一つに、いわゆる「そのまま型」というものがあり、住宅ローンの支払いは従前どおり支払い続ける点に違いがある。実務上一番多いと考えられる。この場合、再生債務者は、再生手続の開始後であっても、裁判所の許可を得て住宅資金貸付債権の弁済をすることができる（民事再生法197条3項）。住宅資金貸付債権に対する弁済許可の要件は、①再生債務者が再生手続開始後に住宅資金貸付債権を弁済しなければ住宅資金貸付契約の定めにより当該住宅資金貸付債権について期限の利益を喪失することとなる場合であること、②住宅資金特別条項を定めた再生計画の認可の見込みがある場合であることである。

(B) 最終弁済期延長型

期限の利益回復型による住宅資金特別条項を定めた再生計画の認可の見込みがない場合には、住宅資金特別条項において、住宅資金貸付債権に係る債務の弁済期を住宅資金貸付契約において定められた最終の弁済期から後の日に定めることができる（民事再生法199条2項）。ただし、変更後の最終の弁済期が約定最終弁済期から10年を超えず、かつ、変更後の最終の弁済期における再生債務者の年齢が70歳を超えないことが必要である。

(C) 元本据置型

　最終弁済期延長型による住宅資金特別条項を定めた再生計画の認可も見込みがない場合は、一般弁済期間の範囲内で定める期間（以下、「元本猶予期間」という）中は、住宅資金貸付債権の元本の一部および住宅資金貸付債権の元本に対する元本猶予期間中の住宅約定利息のみを支払うものとすることができる（民事再生法199条3項）。

(D) 同意型

　債権者の同意が得られればより柔軟な内容も可能となる。たとえば、最終の弁済期における債務者の年齢が70歳を超えていても期間を延長する場合や、一般弁済期間における元金全額の弁済猶予などがある（民事再生法199条4項）。

(6) 不認可事由

　㋐ 小規模個人再生における不認可事由

　小規模個人再生における不認可事由は、次の①～⑨である（民事再生法231条2項）。小規模個人再生において、債権者により再生計画が可決されれば原則として再生計画は認可されることとなるが、これらの事由がある場合に限り、裁判所は不認可決定をしなければならない。

① 再生手続・再生計画が法律の規定に違反し、その不備を補正することができない場合（民事再生法174条2項1号本文。ただし、違反の程度が軽微な場合は除く（同号ただし書））

② 再生計画が遂行される見込みがないとき（同項2号。再生計画の前提となった将来の収入を問題とするもの）

③ 再生計画の決議が不正の方法によって成立したとき（同項3号）

④ 再生計画の決議が債権者の一般の利益に反するとき（同項4号）

⑤ 再生計画案が住宅資金特別条項を定めたものであるときは、再生債務者が住宅の所有権または住宅の用に供されている土地を住宅の所有のために使用する権利を失うこととなると見込まれるとき（同法202条2項3号）

⑥ 再生債務者が将来において継続的にまたは反復して収入の見込みがな

いとき（同法231条2項1号）
⑦ 無異議債権の額および評価済債権の額の総額（住宅資金貸付債権の額、別除権の行使によって弁済を受けることができると見込まれる再生債権の額および同法84条2項各号に掲げる請求権の額を除く）が5000万円を超えるとき（同法231条2項2号）
⑧ 最低弁済基準額を満たしていない場合（同項3号・4号）
⑨ 再生債務者が債権者一覧表に住宅資金特別条項を定めた再生計画案を提出する意思がある旨の記載をした場合において、再生計画に住宅資金特別条項の定めがないとき（同項5号）

裁判所が再生計画を不認可とし、その不認可決定が確定した場合、小規模個人再生の手続は終了する。不認可決定の確定により、再生計画に定められた権利変更の効果は生じない。

小規模個人再生の手続が不認可により終了した場合、不認可となった小規模個人再生の債務者が破産手続開始の決定前の再生債務者であった場合には、裁判所は、その再生債務者に破産原因たる事実があると認めたときは、不認可決定の確定を待って職権で破産手続開始の決定をすることができる（民事再生法250条）。

なお、小規模個人再生では、債権確定手続を欠くことから、再生債権者表は作成されず、給与所得者等再生の債権者一覧表の記載には、何らの効力（確定判決と同一の効力・執行力）も認められない（民事再生法238条による同法185条の不適用）。

(イ) **給与所得者等再生における不認可事由**

給与所得者等再生においては、小規模個人再生のように書面による決議を経ずに再生計画の認可手続を行う点に特徴があり、裁判所は、給与所得者等再生について、次の①～⑩の不認可事由に該当する場合を除き、再生計画認可の決定をする（民事再生法241条）。

① 再生手続・再生計画が法律の規定に違反し、その不備を補正することができない場合（民事再生法241条2項1号・174条2項1号本文。ただし、

違反の程度が軽微な場合は除く（同号ただし書））

② 再生計画が遂行される見込みがないとき（同法241条2項1号・174条2項2号）
③ 再生計画が債権者の一般の利益に反するとき（同法241条2項2号）
④ 再生計画が住宅資金特別条項を定めたものである場合において、再生債務者が住宅の所有権または住宅の用に供されている土地を住宅の所有のために使用する権利を失うこととなると見込まれるとき（同項3号・202条2項3号）
⑤ 再生債務者が、給与またはこれに類する定期的な収入を得ている者に該当しないか、またはその額の変動の幅が小さいと見込まれる者に該当しないとき（同法241条2項4号）
⑥ 無異議債権の額および評価済債権の額の総額（住宅資金貸付債権の額、別除権の行使によって弁済を受けることができると見込まれる再生債権の額および同法84条2項各号に掲げる請求権の額を除く）が5000万円を超えるとき（同法241条2項5号・231条2項2号）
⑦ 最低弁済基準額を満たしていない場合（同法241条2項5号・231条2項3号・4号）
⑧ 再生債務者が債権者一覧表に住宅資金特別条項を定めた再生計画案を提出する意思がある旨の記載をした場合において、再生計画に住宅資金特別条項の定めがないとき（同法241条2項5号・231条2項5号）
⑨ 再生債務者について、次のⓐ～ⓒに掲げる事由のいずれかがある場合において、それぞれに定める日から7年以内に給与所得者等再生を行うことを求める旨の申述がされたとき（同法239条5項2号）
　ⓐ 給与所得者等再生における再生計画が遂行されたこと　当該再生計画認可の決定の確定の日
　ⓑ 小規模個人再生または給与所得者等再生におけるハードシップ免責の決定が確定したこと　当該免責の決定に係る再生計画認可の決定の確定の日

ⓒ　破産法252条1項に規定する免責許可の決定が確定したこと　　当該決定の確定の日
　⑩　計画弁済総額が可処分所得要件を満たしていないとき（民事再生法241条2項7号）

　裁判所が再生計画を不認可とし、その不認可決定が確定した場合、給与所得者等再生の手続は終了する。不認可決定の確定により、再生計画に定められた権利変更の効果は生じない。

　なお、給与所得者等再生でも、小規模個人再生と同様に、債権確定手続を欠くことから、再生債権者表は作成されず、給与所得者等再生の債権者一覧表の記載には、何らの効力（確定判決と同一の効力・執行力）も認められない（民事再生法245条・同238条による同法185条の不適用）。

　給与所得者等再生の手続が不認可により終了した場合、不認可となった給与所得者等再生の債務者が破産手続開始の決定前の再生債務者であった場合には、裁判所は、その再生債務者に破産原因たる事実があると認めたときは、不認可決定の確定を待って職権で破産手続開始の決定をすることができる（民事再生法250条）。

(7)　スケジュール管理の重要性

　個人民事再生では、さまざまな日程・期限が定められている。一般的な運用として想定されるスケジュールのイメージは次のとおりである。

```
平成○年1月25日　　受　任
　　　　　2月～3月　　債権調査
　　　　　4月17日　　再生手続開始の申立て（給与所得者等再生の申
　　　　　　　　　　　述）
　　　　　4月24日　　債務者審尋および再生手続開始決定（給与所得者
　　　　　　　　　　　等再生）
　　　　　　　　　　　　←申立てから1週間経過
　　　　　5月15日　　債権届出期間の終期
```

Ⅳ　民事再生（個人民事再生）による債務整理

```
5月29日    一般異議申述期間の始期
6月5日     一般異議申述期間の終期
6月26日    再生債権評価の申立期限
7月3日     再生債務者の財産目録・報告書提出
           再生計画案提出
              ←申立てから3カ月経過
7月10日    再生計画案に対する意見聴取手続の開始
8月7日     意見聴取期間の終期
8月8日     再生計画の認可決定
              ←申立てから4カ月経過
```

　このように、個人民事再生においては、報告書の提出、異議申述期間、計画書の提出期限等さまざまなタイムリミットが設定されている。特に並行して数件の事件が進行している場合など、ともすればタイムリミットを失念するというリスクもある。実際に、債権認否一覧表の認否欄には、一定額を「認めない額」として届け出ていたにもかかわらず、異議申述期間の終期までに異議申述書を提出しなかったため、再生計画が不認可となった事例（東京地方裁判所本庁）も報告されている。確かに、期限に間に合わなくなりそうなときには伸長の申立ても可能ではあるが、タイムリミットを厳守する姿勢が重要である。

　そこで、スケジュール管理が非常に重要となるが、その具体的な方法としては、日程進行表を事務所の見やすい場所に貼っておくという古典的な方法のほか、パソコンを利用する方法等があるが、いずれにせよ自分なりの方法を確立しておくことが必要であろう。

　(8)　**履行の確保**

　民事再生法のうち、個人民事再生手続については、基本的には認可決定が出るまでのことを規定するだけで、決定がなされた後の履行の確保については何も規定していない。

その履行確保のため、再生計画認可の後、司法書士が分割弁済の代行を行うという方法もあるが、そのような方法をとるか否かは個々の司法書士の判断に委ねられる。

分割弁済を本人に任せた場合には、毎月複数箇所に対する送金が煩雑となり、また、債務整理が終了したという安堵感から分割弁済が途中で頓挫するおそれもある。債務整理事件は単に法的に債務者を救済するだけではなく、経済的管理能力が乏しい債務者をサポートしていくことにも重要な業務と考えられ、できるだけ弁済について代行することも検討すべきである。

Ⅴ 破産（個人破産）による債務整理

1 概　要

　破産（個人破産）とは、債務者が支払不能（支払いを停止した場合は支払不能と推定される。破産法15条2項）に陥った場合に、債務者の財産を債権者に対して適正・公平に清算するとともに、免責を得ることによって債務者について経済生活の再生の機会を確保するという手続である。

2 説明すべき事項

　個人破産に係る書類作成業務を進めるにあたって、依頼者に説明すべき事項は、おおむね次の(1)～(13)のとおりである。

---

(1)　破産手続の概要
(2)　受任後の借入れの禁止
(3)　手続費用
(4)　予想される手続期間
(5)　裁判所に出頭する回数・時期
(6)　破産した場合の影響
(7)　住宅の取扱い
(8)　給与振込口座の取扱い
(9)　クレジット引落口座の取扱い
(10)　保証人への影響
(11)　管財事件となる可能性
(12)　免責不許可の可能性
(13)　ヤミ金融業者への対応

(1) 破産手続の概要

個人破産の多くが同時廃止事件であり、依頼者に対しては聴取した事情を踏まえ、①破産という手続選択が妥当か、②破産手続を選択するとして、同時廃止事件であるか、管財事件となる見込みか、③免責不許可の可能性を検討したうえで手続全体の見通しについて説明にあたるべきである。

なお、破産手続は、地方裁判所に管轄があるため司法書士の代理権はない。しかし、司法書士は、書類作成者として手続に関与し、依頼者が適切に破産手続を遂行できるように助力すべきである。

(2) 受任後の借入れの禁止

司法書士への委任後は、絶対に借入れをしないように依頼者に説明しておくべきである。破産手続を選択した場合、支払不能となった後に、債務者が新たな債務を負担するという行為（借入れ）は、債権者との関係においても委任した司法書士との関係においても、信義に反する行為といわなければならない。最悪の場合、返済の意思なく借金をしたとみなされ、詐欺罪に問われることもあろう。さらに、破産手続開始の前後を問わず債権者を害する目的で債務者の財産を債権者の不利益に処分し、または債権者に不利益な債務を債務者が負担する行為は詐欺破産罪（破産法265条1項4号）に該当し、免責取消しの決定（同法254条1項）がなされることもある。そのような誤解を招く行為は厳に慎むべきである。その旨、依頼者には十分に注意を促しておく必要がある。

(3) 手続費用

破産に要する費用も依頼者にとって重要な関心事の一つである。最低限必要な費用としては実費として破産申立書貼用印紙（1500円）、予納郵券（1万円程度。債権者の数により異なる）、破産予納金（1万円～2万円程度）であり、これに司法書士報酬が加わることになる。また、法律扶助制度が利用可能と思われる依頼者については、必ず民事法律扶助制度を利用すべきである（司法書士倫理66条）。

(4) 予想される手続期間

依頼者に対して、破産・免責手続終了までの日程を説明しておく。

大まかな手続期間としては、同時廃止事件において申立てから破産手続開始までが通常1カ月～2カ月、免責の意見申述期間が官報公告に載るまでの期間を含めて約1カ月～2カ月、免責決定からその確定までの期間が約1カ月程度と予想される。したがって、全体では、半年前後の期間を要することを説明する。ただし、各地の地方裁判所によって若干の違いがみられる。

(5) 裁判所に出頭する回数・時期

申立裁判所の運用を踏まえ出頭回数と、呼出しの大まかな時期を伝えておき、裁判所からの呼出状がきたら司法書士にも伝えるよう指示しておく必要がある。なお、同時廃止事件の場合、出頭（審尋）の要否と回数については破産法上に規定はなく、各地の裁判所の運用に任されている。

(6) 破産した場合の影響

(ア) 賃貸借契約

アパートや借家などの賃借人、借地人である依頼者が破産した場合には、明渡しを求められるのではないかとの不安をもつことがある。

破産法の改正に伴う民法の改正（平成16年法律第76号による改正）により、「賃借人カ破産ノ宣告ヲ受ケタルトキハ賃貸借ニ期間ノ定アルトキト雖モ賃貸人又ハ破産管財人ハ第六百十七条ノ規定ニ依リテ解約ノ申入ヲ為スコトヲ得此場合ニ於テハ各当事者ハ相手方ニ対シ解約ニ因リテ生シタル損害ノ賠償ヲ請求スルコトヲ得ス」との規定（旧民法621条）が削除されたため、賃借人が破産しても賃貸人から賃貸借契約の解約申入れをすることはできない。したがって、目的物が土地であるか建物であるかを問わず、破産手続の開始によって賃貸人から賃貸借契約が解除されることはない。なお、管財事件であれば、破産管財人が解除か履行の選択権をもつことになる（破産法53条）。もっとも、延滞賃料がある場合は債務不履行による解除（民法541条）はあり得るので、注意が必要である。

また、約定によって「賃借人が破産手続開始の申立てをしたとき」もしく

は「賃借人について破産手続開始決定があったとき」に賃貸借契約を解除できる旨を定めている賃貸借契約書がしばしばみられる。このような特約は、破産法53条1項が破産管財人に解除か履行の選択権を与えている意味が事実上失われてしまうことを理由として、その効力を否定する学説が有力である。[4]しかし、この点につき立法的解決はなされなかったことから、最終的には解釈に委ねられていることになる。判例としては、建物の賃借人が差押えを受け、または破産宣告の申立てを受けた（いわゆる自己破産ではなく、債権者からの申立てによる）ときは、賃貸人は直ちに賃貸借契約を解除することができる旨の特約は、賃貸人の解約を制限する借家法1条ノ2の規定の趣旨に反し、賃借人に不利なものであるから同法6条により無効としたものがある（最判昭和43・11・21民集22巻12号2726頁）。

(イ) 資格制限

破産者に対しては、さまざまな資格制限がある。たとえば、弁護士や司法書士、税理士などの資格を失うことになったり、会社の役員の資格を失うなどである（会社法（平成17年法律第86号）においては、破産手続開始の決定を受けたことが欠格事由から除かれているが、民法653条2号の規定により破産手続開始決定当時役員である者は会社との委任契約が終了する）。また、保険外交員や証券外務員など、他人の財産を預かり、または管理する業務を一定の資格の下に行っている場合には破産手続開始の決定によってその業務が制限される場合が多くみられる。ただし、免責決定の確定と同時に復権（破産法255条1項1号）するため、こうした資格制限がそれぞれの法令に従って解除される。

受任した司法書士としては、依頼者の職業に留意し、資格制限に該当する場合はその業務ができなくなるので、その旨の説明や対処方法、資格制限が解除される時期等について説明しておく必要がある。

(ウ) 転居・郵便物の制限

管財事件については、破産者は裁判所の許可を得なければ転居や旅行をす

4　伊藤眞『破産法〔第4版〕』260頁。

ることができない（破産法37条）。これは破産者の逃走や財産隠匿行為を防止し、説明義務（同法40条・230条等）を尽くさせるための制度である。実際には、買い物や散歩などの一時的な外出ではなく、旅行、入院など相当期間居住場所を離れる場合に許可が必要となる。実務上は、合理的な理由があれば問題なく許可が出されるので、債務者にとっては特に不利益とはならないものと考えられる。同時廃止事件については上記のような制限はないが、送達等の都合上、転居した場合はその旨の上申書を提出し、裁判所に報告しておく必要がある。

また、管財事件では、裁判所は破産管財人の職務遂行のため必要があると認める場合には郵便物を破産管財人に配達する旨を嘱託することができる（破産法81条1項）。実務上は原則として一定期間、上記嘱託がなされることになろう。これは主に債権債務・財産の調査のためである。債務者はこれらの郵便物を閲覧することができ、破産財団に関係のないものについては破産管財人から受け取ることもできる（同法82条2項）。

(7) 住宅の取扱い

債務者が借家住まいの場合に、破産手続開始の申立てによって賃貸借契約を解除されることはないこと、債務者の住宅が持家の場合には、いずれ処分せざるを得ないこと、その場合の手続の流れ、転居するまでの期間の見込みなどについて説明をする必要がある。

(8) 給与振込口座の取扱い

債務者が給与所得者で給料が銀行振込みされている場合は、振込先の金融機関に対しカードローン等の負債がないか確認し、もしこれが存する場合には、以後の給料は現金給付とするか他の金融機関への振込扱いに変更する必要がある。すなわち、借入金等の債務は、破産手続開始の決定を受けたときには債務者が期限の利益を主張することができず（民法137条1号）、または、破産手続開始のときにおいて弁済期が到来したものとみなされるため（破産法103条3項）、その時点で相殺適状となるからである。さらに、カードローンなど金融機関に対する借入金債務は、銀行取引約定や約款によって、期限

の利益の喪失時期を破産手続開始の時ではなく破産手続開始の申立てがあった時に修正されているから、借入金と預金債権とは破産手続開始の申立てのあったときに相殺適状となるので注意が必要である。

しかし、破産法には相殺制限の規定があり、支払停止後または破産手続開始申立て後にそれを知って負担した債務を受働債権とする相殺は許されない（破産法71条1項3号・4号）。また、破産手続開始後に負担した債務を受働債権とする相殺も許されない（同項1号）。

したがって、口座の変更が間に合わなくて給料が振り込まれてしまうような場合、債権者に支払停止または破産手続開始の申立ての事実を給料振込前に通知しておくことが必要となるが、事実上、一定期間は口座が凍結され、振り込まれた給料等が引き出せなくなるおそれはある。

また、給与生活者だけでなく債務者が年金の給付を受けている場合も同様の手続をとる必要がある。さらに失業手当・児童手当等の給付を受けている場合も同様であるので、債務者の収入の状況を入念に聴取したうえ、振込先の変更等の指示を行う必要がある。

(9) **クレジット引落口座の取扱い**

原則として、支払不能となった後に一部の債権者に対してだけ弁済をすることは、債権者平等という破産制度の趣旨に反することにもなる。

したがって、口座からのクレジット代金等の自動引落の有無を確認し、これがある場合には、引落し中止の手続をとるか、残高不足により引落しができないように調整するなど、指示しておく必要がある。

(10) **保証人への影響**

破産手続開始の申立てをして破産手続開始の決定・免責許可決定を受けても、保証人には何の影響も及ぼさない（破産法253条2項）。したがって、保証人は債権者から保証債務についての追及を受けることになる。しかも、保証契約では債務者の破産手続開始の申立てが期限の利益喪失事由とされていることが多く、保証債務が現実化することになる。したがって、破産手続開始の申立てに伴って、保証人においてどのような対処をすべきかを検討して

おく必要がある。

　保証人も支払不能であったり、支払いが困難な状況にあれば、保証人についても法的債務整理を検討する必要がある。しかし、自動車等の購入に伴う立替払契約にみられるが、保証人が保証債務の分割弁済を希望すれば、従来どおりの割賦弁済の合意が成立することも多い。

なお、以上のことは連帯債務者についても同様である（破産法253条2項）。

　　(11)　**管財事件となる可能性**

　平成17年の破産法改正により（平成16年法律第75号による改正）、破産手続は改正前より大幅に柔軟性・迅速性をもつこととなった。その結果、特に個人破産の場合は管財手続を簡略化して予納金を低額化し、管財事件を利用しやすくする運用が多くの裁判所によって行われている。したがって、破産法改正以前より管財事件の割合が増えているのが全国的な傾向である。同時廃止となるか管財事件となるかの基準は、各地の裁判所の運用によってまちまちである。また、管財事件の予納金が低額化される傾向にあるとはいえ、裁判所によって15万円程度から50万円程度まで大きな差がみられる。したがって、管轄裁判所の運用を十分確認したうえ、管財事件となる見込みである場合は、どのように予納金を捻出するか、依頼者と検討しておかなくてはならない。具体的には財産の処分や親族からの援助、過払金の回収、給料からの積立てなどによって捻出することになると思われる。

　管財事件となるかどうか微妙な事案については、事前に管財事件となる見込みや予納金について裁判所に相談しておくことが望ましい。

　　(12)　**免責不許可の可能性**

　免責不許可事由が存在すると考えられる場合、免責不許可の可能性について依頼者に説明すべきである。

　免責不許可事由がある場合でも裁量免責により多くの債務者が救済されている。なお、著しい免責不許可事由が存在することを理由として管財事件となる運用も多くの裁判所で行われている。

(13) ヤミ金融業者への対応

依頼者によっては、ヤミ金融業者から借入れをしている者もみられる（ヤミ金融業者への対応策については、後記Ⅶ参照）。ヤミ金融業者は、破産者を狙ってダイレクトメールや携帯電話などで勧誘を行ってくることが多いので、絶対に勧誘に応じない、借入行為をしない、メールには返事を出さない等の対応方法について、依頼者に十分な注意を促す必要がある。

なお、ヤミ金融業者に限らず破産者等に対する面会強請等の罪（破産法275条）があるので、万一ヤミ金融業者が面会を強請した場合には、録音等、その記録を保管するように説明しておく。

3 手続の大まかな流れ

個人破産の手続の大まかな流れは、〔図6〕〔図7〕のとおりである（図中の条数は、破産法のものである）。

〔図6〕 同時廃止事件における手続の流れ

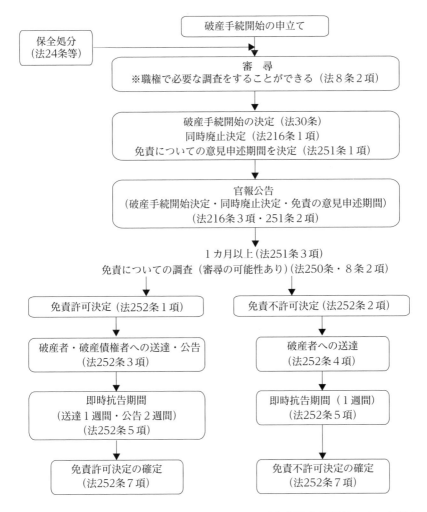

※ 運用の一例であり、裁判所によって異なる（東京地方裁判所では、弁護士の場合は申立日に即日審尋を行い同日で破産手続開始決定がなされる場合があるが、本人申立ての場合は開始決定前に何度か審尋を行う場合が多い。大阪地方裁判所では、弁護士申立ておよび司法書士関与申立てのうち一定の要件を備えた事件の場合、申立日に即日破産手続開始決定がなされる）。

〔図7〕 管財事件における手続の流れ

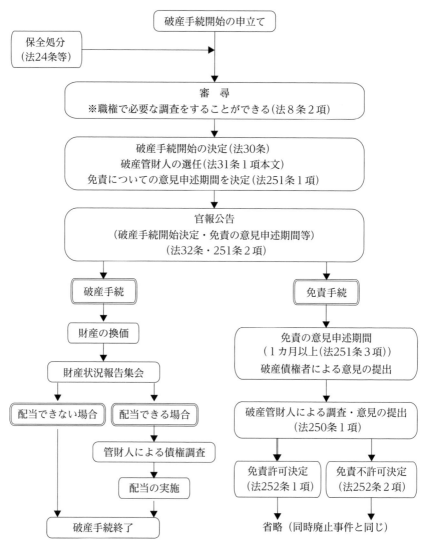

※ 運用の一例であり、裁判所や事案によって異なる。

4　基本事項と実務上の留意点

(1)　開始要件等
(ア)　開始要件

　債務者が「支払不能」であることが必要となる。支払不能とは「債務者が支払能力を欠くために、その債務のうち弁済期にあるものを、一般的かつ継続的に弁済することができない状態」であると定義づけられている（破産法2条11項）。判例に現れた定義では、支払不能とは、支払手段の欠乏により、①金銭債務として弁済ができず、②現に履行期にある債務につき、一般的な即時払いができず、かつ、③これが継続的・客観的である状態をいう（福岡高決昭和52・10・12判時880号20頁）とするものなどがある。具体的には、債務者の収入、資産、信用などを総合的に考慮して判断されることになる。たとえば、同じ100万円の債務がある債務者であっても、年金生活者と勤労者では支払不能であるかどうかについて異なる判断がなされることがあり得よう。

　債権者の数についても債権者が1名であっても、多額の債務を負担しており支払不能の状態であることは明らかであるとして破産が認められた事例（東京地決平成12・5・15金商1119号9頁）や、反対に債権者が国1名のみであり、債務者に対し長期の分割弁済の申出をしている場合に、債務者の性別、年齢、稼働能力、現在の収入等の事情を総合的に考慮すれば、債務者が支払不能の状態にあるとはいえず、原決定を取り消し、破産手続開始の申立てを棄却した事例（東京地決平成12・5・15金商1119号9頁）があり、支払不能の判断材料は多岐にわたる事情を総合考慮してなされている。

(イ)　開始の効果

　破産手続開始の効果として主なものは、①破産者は財産の管理処分権を失い、管理処分権は管財人に専属する（破産法78条）、②居住制限（同法37条）、③説明義務（同法40条）、④重要財産開示義務（同法41条）、⑤郵便物等の転送嘱託（同法81条）、⑥破産財団に属する財産の引渡命令（同法156条）等が

ある。

　(ウ)　同時廃止と管財事件

　個人破産の大半は、「破産財団をもって破産手続の費用を支弁するのに不足すると認めるとき」（破産法216条1項）に該当し、破産手続開始と同時に手続を終了する。これを同時廃止という（同項）。「破産財団をもって破産手続の費用を支弁するのに不足すると認めるとき」とは、破産手続の費用を捻出するだけの財産がない場合をいうが、各地の裁判所の運用によってその基準は異なるので確認が必要である。

　それ以外の場合には、破産手続開始の決定と同時に破産管財人が選任され、破産管財人が財産を換価して債権者に公平に配当する手続が行われる。いわゆる破産管財人選任事件（管財事件）である。

　(エ)　自由財産の範囲

　自由財産とは、破産財団に属せず、破産者が自由に使用・管理・処分等ができる財産である。破産法では、自由財産として民事執行法131条3号に規定する額に2分の3を乗じた額の金銭（99万円）と、差押禁止財産が定められている（破産法34条3項）。差押禁止財産の具体的内容は、債務者の生活に欠くことができない家財道具や、1カ月間の食料および燃料など民事執行法で定められている（民事執行法131条・152条）。

　金銭については条文上はあくまでも「金銭」に限られているが、金銭以外の財産であっても一定の基準の下、換価を要しない財産を認め、その場合は自由財産拡張の裁判（破産法34条4項）があったものとして取り扱うという最高裁判所事務総局民事局の基準案をベースとして、各地の裁判所によって修正が加えられているようである。その内容をみると、細かな運用の違いはあるが、ほとんどの裁判所では事実上運用によって申立て当初から、自由財産の拡張の裁判があったのと同様の効果を生じせしめているといえよう。

　自由財産の範囲拡張の裁判の制度とは、決定により、破産財団に属しない財産の範囲が拡張される制度である（破産法34条4項）。これは、破産手続開始の決定があった時から当該決定が確定した日以後1カ月を経過する日まで

の間に破産者の申立てによりまたは職権で、破産者の生活の状況、財産の種類・額、破産者の収入を得る見込み等を考慮してなされるが（同条4項）、裁判所がこの決定をするには、破産管財人の意見を聴かなければならないとされ（同条5項）、同時廃止の場合には利用できないことになる。

(オ) 免　責

免責とは、破産者が破産手続による配当によって弁済できなかった残債務について、その責任から免れさせることである。

(A) 免責不許可事由

裁判所は、破産者について免責不許可事由のいずれにも該当しない場合は、免責許可の決定をする（破産法252条1項本文）。免責不許可事由に関しては、次の①～⑪のとおり規定されている。

① 債権者を害する目的で破産財団に属し、または属すべき財産の隠匿、破壊、債権者に不利益な処分その他破産財団の価値を不当に減少させる行為をしたこと（破産法252条1項1号）

② 破産手続の開始を遅延させる目的で、著しく不利益な条件で債務を負担し、または信用取引により商品を買い入れてこれを著しく不利益な条件で処分したこと（同項2号）

③ 特定の債権者に対する債務について、当該債権者に特別の利益を与える目的または他の債権者を害する目的で、担保の供与または債務の消滅に関する行為であって、債務者の義務に属せず、またはその方法もしくは時期が債務者の義務に属しないものをしたこと（同項3号）

④ 浪費または賭博その他の射幸行為をしたことによって著しく財産を減少させ、または過大な債務を負担したこと（同項4号）

⑤ 破産手続開始の申立てがあった日の1年前の日から破産手続開始の決定があった日までの間に、破産手続開始の原因となる事実があることを知りながら、当該事実がないと信じさせるため、詐術を用いて信用取引により財産を取得したこと（同項5号）

⑥ 業務および財産の状況に関する帳簿、書類その他の物件を隠滅し、偽

造し、または変造したこと（同項6号）

⑦　虚偽の債権者名簿（同法248条5項の規定により債権者名簿とみなされる債権者一覧表を含む）を提出したこと（同法252条1項7号）

⑧　破産手続において裁判所が行う調査において、説明を拒み、または虚偽の説明をしたこと（同項8号）

⑨　不正の手段により、破産管財人、保全管理人、破産管財人代理または保全管理人代理の職務を妨害したこと（同項9号）

⑩　次のⓐ～ⓒに掲げる事由のいずれかがある場合において、それぞれⓐ～ⓒに定める日から7年以内に免責許可の申立てがあったこと（同項10号）

　　ⓐ　免責許可の決定が確定したこと　　当該免責許可の決定の確定の日（同号イ）

　　ⓑ　民事再生法239条1項に規定する給与所得者等再生における再生計画が遂行されたこと　　当該再生計画認可決定の確定の日（破産法252条1項10号ロ）

　　ⓒ　民事再生法235条1項（同法244条において準用する場合を含む）に規定する免責の決定（いわゆるハードシップ免責）が確定したこと　　当該免責決定に係る再生計画認可決定の確定の日（破産法252条1項10号ハ）

⑪　破産法40条1項1号（説明義務）・41条（重要財産開示義務）・250条2項（免責についての調査協力義務）に規定する義務その他この法律に定める義務に違反したこと（同法252条1項11号）

(B)　**免責不許可事由に関する留意点**

前記(A)①②について問題となるケースとして、破産者が信販会社との立替払契約を利用して商品を購入し、その商品を質屋等で処分した場合がある。経済的に破綻した債務者は返済原資を捻出するためにこのような行動に及ぶ場合が少なくない。しかし、立替払契約で購入した商品には通常、所有権留保が付けられているため破産財団に属する財産とはいえず、①②には該当し

ないと解される。これに対し、所有権留保は実質的には担保目的でなされているため、留保売主は別除権者にとどまり、担保目的物であったとしても破産財団に属する財産であることに変わりがなく、本号の対象となるとする見解もある。したがって、この場合は免責不許可事由の問題ではなく横領罪の問題といえる。

前記(A)③（偏頗弁済行為）は、要件として、「破産原因たる事実を債務者が知っていたこと」を要しない。そのため、客観的に支払不能状態であれば、債務者がそのことを認識していなくても、本号に該当する可能性があるので注意が必要である。また、これらの行為を他の債権者を害する目的で行った場合は、「特定の債権者に対する担保の供与等の罪」となる（破産法266条）。

前記(A)④（浪費または賭博等の射幸行為をしたこと）は、それが「著しく財産を減少させ」または、「過大な債務を負担した」ときに認められる。したがって、過去に一度でも浪費やパチンコ・競馬等のギャンブルをしたからといって直ちに免責不許可事由に該当するわけではない。とはいえ、どの程度の浪費等が「著しく財産を減少させ」または「過大な債務を負担した」ことに該当するかは、具体的事案ごとに裁判官が判断することになる。しかし、浪費は単に不要不急の支出を意味するものではなく、支出の程度が社会的に許されうる範囲を著しく逸脱することを意味し、その結果として、責任財産を著しく減少させ、または消極財産である過大な債務を負担し、破産債権者の利益を害するものでなければならないとする見解もある。たとえば、パチンコをしたことがあってもその頻度や額が債務者の収入や資産状況に照らして常識的な範囲を超えているか、また、過大な債務を負うことになった主要な原因といえるかどうかを検討することが必要である。

前記(A)⑤にいう「詐術」の意味が問題となるが、破産者が単に支払不能等の破産原因事実があることを黙秘して相手方に進んで告知しなかったことの

---

5 斎藤秀夫ほか編『注解破産法(下)〔第3版〕』872頁〔阿部純二〕。
6 大内義三「免責不許可事由としての破産法375条2号の行為」判タ830号334頁。
7 伊藤・前掲（注4）525頁。

みでは「詐術ヲ用ヒ」た場合（旧破産法366条ノ9第2項）にあたらないとする判例があり（大阪高決平成2・6・11判時1370号70頁）、妥当な解釈と思われる。

前記(A)⑥のような行為は、債権者の利益を害することが多く、また、円滑な破産手続の進行を妨げることにもなるため、免責不許可事由とされている。なお、これらの行為を債権者を害する目的で行った場合は、「業務及び財産の状況に関する物件の隠滅等の罪」（破産法270条）に該当する。

前記(A)⑦について、破産者が過失によって債権者名簿の記載を誤った場合には、過失の程度を考慮して非免責債権（破産法253条1項6号）の問題となり（過失の程度が軽微であるときは免責の効力が及ぶとした神戸地判平成元・9・7判時1336号116頁）、同法252条1項7号には該当しないと考えられるが、破産者が債権者を害する目的または破産手続の適切な進行を妨害する目的をもってした虚偽記載の場合には同号に該当すると解される。しかし、当然記載されているべき債権者が記載されていないなど、過失の程度が大きい場合は、上記の故意が事実上推認されることになろう。[8]

前記(A)⑧について、破産法においては、裁判所が行う免責についての調査に対する破産者の協力義務（同法250条2項）、審尋における説明義務（同法271条）が明文で規定されている。また、免責制度は誠実な破産者を更生させるための制度といわれており（最判昭和36・12・13民集15巻11号2803頁）、同法252条1項8号は破産手続に対して不誠実な者は免責を受けることができないという趣旨を明確にしたものである。

前記(A)⑨も⑧と同趣旨で免責不許可事由とされている。なお、偽計または威力を用いて、破産管財人、保全管理人、破産管財人代理または保全管理人代理の職務を妨害した者は、「破産管財人等に対する職務妨害の罪」（破産法272条）となる。

前記(A)⑩について注意したいのは、⑥の再生計画における弁済期間は3年

---

[8] 佐上善和「免責不許可事由としての説明義務違反・虚偽陳述及び虚偽債権者名簿の提出等」判タ830号342頁参照。

から5年であるため（民事再生法229条2項2号・244条）、再生計画が遂行された時点ではその再生計画認可決定の確定の日から少なくとも3年は経過しており、再生計画の遂行が完了した日から数えると4年程度（再生計画案が5年であれば2年）の期間となる。また、事情によりやむを得ず再生計画の遂行が不可能となり再生計画の途中で破産手続に切り替える場合には免責不許可事由とはならない。

前記(A)⑪も⑧と同趣旨で免責不許可事由とされているが、破産法上の義務一般にまでその対象となる行為を広げている。

(カ) 非免責債権

破産法においては、免責の効果が及ばない債権（非免責債権）が規定されている。具体的には、後記(A)～(G)の債権である（破産法253条1項各号）。

これらの債権が免責されないことは十分依頼者に説明しておくべきである。そのうえでそれらの債権をどのように弁済していくかを検討し、場合によっては非免責債権についての弁済の交渉などを行う必要もある。

また、後記(B)(C)などは、その存在や債権額が明確ではない場合も多いと考えられる。その場合には、破産手続に関連する業務として、債務の存在やその額の確認、支払方法等を決めるための交渉や裁判手続を行うこともありうる。債務整理の究極の目的は、依頼者にとってはその経済的再生にあるから、司法書士としては、破産手続のみならず、非免責債権に対しても、このような関与をすることが望まれるところである。

(A) 租税等の請求権

租税等の請求権（破産法253条1項1号）とは、国税徴収法または国税徴収の例によって徴収することのできる請求権をいうが（同法97条4号）、同法148条1項3号において財団債権と規定されているものはそもそも免責の対象にはならない。したがって、ここでいう租税等の請求権とは、財団債権とならず破産債権となる租税債権（同法97条3号～5号に規定するものや、開始決定時に納期限から1年を経過したもの等）や、関税、登録免許税など租税としての性質をもつ債権に限られる。

ちなみに国税徴収法または国税徴収に規定する滞納処分の例によることのできる請求権の主なものとして、所得税・法人税等の国税のほか、個人の都道府県民税（地方税法48条1項）、法人等の道府県民税（同法68条6項）、市町村民税（同法331条6項）、固定資産税（同法373条7項）、不動産取得税（同法73条の36第6項）、法人・個人事業税（同法72条の68第6項）、自動車税（同法167条6項）、軽自動車税（同法459条6項）、国民健康保険料（国民健康保険法79条の2、地方自治法231条の3第3項）、厚生年金保険料（厚生年金保険法89条）、国民年金保険料（国民年金法96条4項）、介護保険料（介護保険法144条、地方自治法231条の3第3項）、失業給付等の返還請求権（雇用保険法10条の4第3項）等がある。

(B) **破産者が悪意で加えた不法行為に基づく損害賠償請求権**

破産法253条1項2号にいう「悪意」とは、単なる故意（民法709条）ではなく、積極的な害意を要するとするのが通説である。また、使用者責任（同法715条）のような他人の行為について責任を負う場合は、その他人が悪意であってもここでいう「悪意」にはあたらず、非免責債権になることはない。

判例としては、月収額から生活費等を控除するとすでに負担している借入金債務を返済できない状況にあったのに、それを隠して発行を受けたクレジットカードを利用して破産手続開始申立て前に商品等を購入し、その後破産宣告および免責決定を受けた債務者について、商品等の購入の際に立替金債務の支払いが滞ることを十分に認識していたと推認し、平成16年法律第75号による改正前の破産法366条ノ12第2号の悪意で加えた不法行為に基づく損害賠償請求が認められた事例がある（最判平成12・1・28金商1093号15頁）。

反対に、悪意による不法行為にあたらないとした裁判例として、大阪地判平成4・8・4判タ794号263頁があり、個々の事案に応じた検討が必要であろう。

(C) **破産者が故意または重大な過失により加えた人の生命または身体を害する不法行為に基づく損害賠償請求権**

破産法253条1項3号は、人の生命または身体という重大な法益の侵害に

対する被害者保護の観点から設けられた規定である。したがって、保険会社の求償債権などはこれには含まれないと解される。

⑴ 一定の身分関係から生ずる義務から生ずる請求権

一定の身分関係から生ずる義務（①夫婦間の協力および扶助の義務（民法752条）、②婚姻から生ずる費用の分担の義務（同法760条）、③子の監護に関する義務（同法766条・749条・771条・788条）、④扶養の義務（同法877条～880条）、⑤前記①～④までに掲げる義務に類する義務であって契約に基づくもの）から生ずる請求権は、要保護性が強いとして非免責債権とされている（破産法253条1項4号）。対象となる債権は、破産手続開始の決定時にすでに具体的に発生している債権で、その支払いが延滞しているものである。

実務上しばしば遭遇するのは、未成年子の父母に対する養育費支払請求権（民法877条1項）、夫婦間の婚姻費用分担義務から生ずる未成熟子（経済的に独立して自己の生活費を獲得することが期待できない子供）の養育費支払請求権（同法760条）、子の監護権者による非監護親に対する監護費用（養育費）支払請求権などであろう。

⑸ 雇用関係に基づいて生じた使用人の請求権および使用人の預り金の返還請求権

破産法253条1項5号にいう「雇用関係に基づいて生じた使用人の請求権」とは、破産者が自営業者である場合などの使用人の給料債権や退職金債権などをいうが、破産手続開始前3カ月間の使用人の給料債権等は、財団債権とされている（同法149条1項）。財団債権はそもそも免責の対象とはならないので、ここでいう「雇用関係に基づいて生じた使用人の請求権」とは財団債権になる部分を除いた部分である。

⑹ 破産者が知りながら債権者名簿に記載しなかった請求権

破産者が免責申立ての際に知りながら債権者名簿に記載しなかった債権者（破産手続開始の決定があったことを知っていた債権者は除く）については、免責手続に関与する機会が奪われることになる。したがって、このような債権者の破産債権は非免責債権とされている（破産法253条1項6号）。一例として、

破産者の連帯保証債務について、破産者が、免責申立ての際にその存在を知りながら債権者名簿に記載しなかったとして、非免責債権となるとした事例がある（大分地判平成12・10・17判タ1097号301頁）。これは、債務の存在を失念したことについて過失がある場合も含まれるが、過失の程度が軽微であるときは免責の効力が及ぶとした判例がある（神戸地判平成元・9・7判時1336号116頁）。ただし、債権者が破産手続開始の決定があったことを知っていた場合は、破産者は自ら免責手続に参加できるはずであるから、免責の効果が生じることとなる。

なお、虚偽の債権者名簿（破産法248条5項の規定により債権者名簿とみなされる債権者一覧表を含む）を提出したことは免責不許可事由となるので注意が必要である（同法252条1項7号）。

(G) **罰金等の請求権**

罰金、科料、刑事訴訟費用、追徴金および過料については、その制裁的側面を重視して非免責債権とされている（破産法253条1項7号）。

なお、非免責債権も破産債権であるから、債権者一覧表に記載しなければならない（破産規則14条1項1号）。

(2) **申立て**

(ア) **債権調査**

他の手続を選択する場合と同様に、破産においても、申立て前に債権調査をして、個々の債権額を正確に把握すべきである。ちなみに、ここでいう債権調査とは、第2章Ⅳで解説している債権調査のことであり、ただ単に債権者からの請求額を把握するだけでなく、利息制限法による引直計算を行い、法律上最も正確と思われる債権額を把握することである。

破産手続は清算型の手続であり、他の再建型手続と比較すると、一見、債権調査によって正確な債務額を把握する必要性は低いように思えるかもしれない。しかし、正確な債務額を把握して初めて破産を選択することが妥当か否かが判断できるのであり、債権調査を怠り、債務者に破産以外の選択肢を提示しないのは、法律家としての司法書士の執務姿勢としては問題である。

Ⅴ 破産（個人破産）による債務整理

(イ) 管　轄

　破産手続開始の申立ては、債務者の普通裁判籍の所在地を管轄する地方裁判所にするのが原則である（破産法5条1項）。つまり、債務者の住所地を管轄する地方裁判所ということになるが、ここにいう住所地とは現実に居住している場所を指し、住民票上に記載されている住所とは限らない。債務者が営業者の場合は、主たる営業所の所在地を管轄する地方裁判所が管轄裁判所となる。営業者であっても営業所を有しないときはその普通裁判籍の所在地を管轄する地方裁判所が管轄する（同項）。

　上記の管轄がないときは、債務者の財産の所在地（債権については、裁判上の請求をすることができる地）を管轄する地方裁判所に申し立てる（破産法5条2項）。

　さらに、個人破産の場合、連帯債務者・主債務者と保証人・夫婦の関係にある個人について、それぞれ一方について破産事件が係属中であれば、他方の者も同じ裁判所に破産手続開始の申立てをすることができる（破産法5条7項1号〜3号）。

　なお、法人破産についても、親会社と子会社や法人とその代表者など一定の関係にある場合に同様の規定が設けられている（破産法5条3項〜6項）。

(ウ) 申立書および添付書類

　申立書、陳述書、債権者一覧表、財産目録等については、多くの裁判所において所定の書式が用意されているので、それを利用するのが一般的であろう。

(A) 申立書

　破産手続開始の申立ては、破産規則で定める事項を記載した書面でしなければならない（破産法20条1項）。同時廃止事件の場合には申立書に同時廃止を望む旨を記載する。

　申立書の記載事項は、①申立人の氏名または名称および住所並びに法定代理人の氏名および住所（破産規則13条1項1号）、②債務者の氏名または名称および住所並びに法定代理人の氏名および住所（同項2号）、③申立ての趣

旨（同項3号）、④破産手続開始の原因となる事実（同項4号）、⑤債務者の収入および支出の状況並びに資産および負債（債権者の数を含む）の状況（同条2項1号）、⑥破産手続開始の原因となる事実が生ずるに至った事情（同項2号）、⑦債務者の財産に関してされている他の手続または処分で申立人に知れているもの（同項3号）、⑧債務者について現に係属する破産事件、再生事件または更生事件があるときは、当該事件が係属する裁判所および当該事件の表示（同項4号）、⑨破産法5条3項～7項に規定する破産事件等があるときは、当該破産事件等が係属する裁判所、当該破産事件等の表示および当該破産事件等における破産者もしくは債務者、再生債務者または更生会社もしくは開始前会社の氏名または名称（破産規則13条2項5号）、⑩債務者について外国倒産処理手続（破産法245条1項に規定する外国倒産処理手続）があるときは、当該外国倒産処理手続の概要（破産規則13条2項6号）、⑪債務者について、ⓐ債務者の使用人その他の従業者の過半数で組織する労働組合があるときは当該労働組合の名称、主たる事務所の所在地、組合員の数および代表者の氏名、ⓑ債務者の使用人その他の従業者の過半数を代表する者があるときは当該者の氏名および住所（破産規則13条2項7号）、⑫債務者について破産法9条1項の規定による通知をすべき機関があるときは、その機関の名称および所在地（破産規則13条2項8号）、⑬申立人または代理人の郵便番号および電話番号（ファクシミリの番号を含む。同項9号）である。

　前記⑥は、主に申立書に添付する陳述書によって明らかにすることになるが、これはできるだけ詳細に記載すべきである。個人破産の場合、ほとんどの債務者は消費者金融会社・信販会社からの借入れが存在するが、その取引形態は多くの場合、一定額の借入限度枠の範囲内で借入れ・返済を繰り返す（いわゆるフリーローン）というものである。したがって、すべての取引についてその使途や借入理由を明確に記憶していることはほとんどない。このような場合、最低でも債権者ごとの借入当初、および大きな金額を借増しまたは返済した時点について、その当時の債務者の収入、生活状況（住んでいた場所、家族構成、家族の収入等）、その他特別な事情（本人や家族の事故や病気、

転居、出産、解雇・転職、自営業の失敗、主債務者の倒産による保証債務の負担、浪費など）等を聴取し、できる限り正確に債務増加の原因を突きとめて詳細に記載すべきである。

　たとえば、債務増加の原因について「生活費不足」と答える依頼者は多いが、単に生活費不足という説明では債務増加の原因が明らかになっているとはいえない。給料の減少によって生活費不足に陥ることもあれば、浪費によって生活費不足に陥ることもあるからである。そもそもなぜ生活費不足に陥ったかを詳細に記載すべきである。

　(B)　**債権者一覧表**

　債権者以外の者が破産手続開始の申立てをするときには、破産規則で定める事項を記載した債権者一覧表を裁判所に提出しなければならない（破産法20条2項）。ただし、債権者が破産手続開始の申立てをするときは、当該債権者において債権者一覧表を作成することが著しく困難である場合はこの限りでない（破産規則14条2項）。

　債権者一覧表の記載事項は、①破産手続開始の決定がされたとすれば破産債権（破産法2条5項に規定する破産債権）となるべき債権であって、後記②③の請求権に該当しないもの（破産規則14条1項1号）、②租税等の請求権（破産法97条4号に規定する租税等の請求権。破産規則14条1項2号）、③債務者の使用人の給料の請求権および退職手当の請求権（同項3号）、④民事再生法252条6項、会社更生法254条6項または金融機関等の更生手続の特例等に関する法律158条の10第6項もしくは331条の10第6項に規定する共益債権（破産規則14条1項4号）を有する者の氏名または名称および住所並びにその有する債権および担保権の内容である。

　前記②③の債権が①の債権と区別して記載されていることが求められているのは、これらの債権は破産手続開始時を基準として、破産債権となる部分と財団債権となる部分に分かれる債権であるため、一般の破産債権と区別しようとする趣旨であると考えられる。

　非免責債権については、前記②③の債権を除き、一般の債権と同様に債権

者一覧表に記載しなくてはならない。

　債権者一覧表の作成においては債権者の遺漏がないように入念に債務者からの聴取を行う必要がある。破産者が知りながら債権者名簿（破産法248条3項・252条1項7号の規定によって同条5項によって破産手続開始の申立て時に提出した債権者一覧表が債権者名簿とみなされる場合の債権者一覧表も含まれる）に記載しなかった請求権（当該破産者について破産手続開始の決定があったことを知っていた者の有する請求権を除く）は非免責債権とされている（同法253条1項6号）。したがって、債権者一覧表に記載すべき債権者の遺漏を発見した場合、速やかに裁判所に届け出る必要がある。それに加え、届出が破産手続開始の決定の官報公告および送達に間に合わなかった場合には、何らかの方法（内容証明郵便が望ましい）で破産手続開始の旨を当該破産債権者に知らせる必要があろう。

　(C)　その他の添付書類

　債権者一覧表以外の添付書類としては、①住民票の写しで本籍の記載があるもの（破産規則14条3項1号）、②法令の規定により作成された貸借対照表および損益計算書（同項3号）、③申立て前1カ月間の債務者の収入および支出を記載した書面（同項4号イ。ただし、裁判所によっては2カ月分以上を要求される場合もある）、④確定申告書の写しまたは源泉徴収票その他債務者の収入の額を明らかにする書面（同項4号ロ。たとえば、給与明細（直近の2～3カ月程度）、公的給付の受給証明書、所得証明書など）、⑤財産目録（同項5号）がある。

　このほかにも、⑥立証を要する事由についての証拠書類の写し（破産規則2条3項）を添付する必要がある。具体的には、債務を疎明するための資料、財産を疎明するための預貯金通帳の写し（債務者名義のものすべて）、不動産登記事項証明書、資産証明書、固定資産税評価証明書、車検証の写し、退職金見込額計算書、生命保険解約返戻金証明書等を添付する。特に預貯金通帳については、不明確な入出金があれば裁判所から問われることになるので、入念にチェックし、何の出入金かの説明を通帳の写しの余白や陳述書に記載

しておくべきであろう。

(D) 免責許可の申立て

　個人である債務者は、破産手続開始の申立日から破産手続開始の決定が確定した日以後1カ月を経過する日までの間に、破産裁判所に対し免責許可の申立てをすることができる（破産法248条1項）。また、上記の債務者がその責めに帰することができない事由により、この期間内に免責許可の申立てをすることができなかった場合は、その事由が消滅した後1カ月以内に限り、免責許可の申立てをすることができる（同条2項）。

　なお、債務者が破産手続開始の申立てをした場合には、当該申立てと同時に免責許可の申立てをしたものとみなされる（破産法248条4項）。ただし、当該債務者が破産手続開始の申立ての際に反対の意思表示をしているときはこの限りではない（同項ただし書）。

　債務者が破産手続を遂行する最終の目的は、免責許可を受けることによって債務から解放されることにあるから、特別な事情がない限り必ず免責許可の申立てを行うことになる。しかし、前述のように、破産法248条4項の規定により、債務者が自ら破産手続開始の申立てを行ういわゆる自己破産の場合は、特に意識しなくとも免責許可の申立てをしたものとみなされる。

　また、免責許可の申立てをする際には、債権者名簿を提出しなくてはならない（破産法248条3項）が、同法248条4項の規定により免責許可の申立てをしたものとみなされるときは、申立て時に提出する債権者一覧表（同法20条2項）が債権者名簿とみなされる（同法248条5項）ので、あらためて債権者名簿を提出する必要はない。

(エ) **申立て後の手続および注意点**

(A) **破産債権者への通知**

　破産手続開始の申立て後は、裁判所より申立受理証明書の交付を受け、申立ての事実を債権者に通知する（破産申立通知書は [DATA33] 参照）。これにより、債権者は債務整理の方針が破産に決定したことを知り、それに基づいた対応をすることになると思われる。

(B) 破産審尋

　破産手続等に関する裁判は、口頭弁論を経ないですることができ、裁判所は、職権で、破産手続等に係る事件に関して必要な調査をすることができる（破産法8条）。同時廃止事件においては、調査の一環として債務者の審尋が行われることがあるが、これは法律上必要なものではなく、裁判所の裁量に委ねられている。

　実務においては、破産手続開始の申立て後、2週間～1カ月程度後に審尋期日を設け、問題がなければ直後に破産手続開始決定がなされるなどの運用がみられる。また、免責決定の判断材料を得るために必要であると裁判所が判断した場合や、一度の審尋では内容が十分ではなかった場合に補充的に再び審尋を行うこともある。

　これらの審尋期日においては必ず本人が出頭しなければならないが、原則として、司法書士は同席できない。しかし、審尋に不必要な不安を抱くことの多い債務者の心理的な負担を取り除くため、裁判所に同行することが望ましい。

(C) 免責審尋

　破産手続開始決定後、破産者について免責許可決定をすることの当否について破産管財人および破産債権者（非免責債権を有する債権者は除く）が裁判所に対し意見を述べることができる期間が定められる（破産法251条1項）。この期間は公告され、かつ、破産管財人および知れている破産債権者に通知される（同条2項）。そして、その期間は公告の翌日から起算して1カ月以上でなければならない（同条3項）。この意見申述期間は、必ず設けられるものである。

　債権者からの意見は、期日においてする場合を除き、書面でしなければならない（破産規則76条1項）。また、この意見の申述は、免責不許可事由に該当する具体的な事実を明らかにしてしなければならない（同条2項）。

(D) 免責手続中の強制執行等の禁止および中止

　免責許可の申立てがあり（破産法248条4項により免責許可の申立てをしたも

のとみなされる場合も含む）、かつ、同時廃止決定があったときは、免責申立てについての裁判が確定するまでの間は、破産者の財産に対する①破産債権に基づく強制執行、仮差押えまたは仮処分、②破産債権を被担保債権とする一般の先取特権の実行または留置権（商法に規定によるものを除く）による競売、③破産債権に基づく国税滞納処分の手続はすることができない（同法249条1項）。

また、すでにされている前記①②の手続は中止される（破産法249条1項）。さらに、免責許可の決定が確定したときは、中止された①②の手続は、その効力を失う（同条2項）。

したがって、破産手続開始の決定前にすでに給与等の差押え等がなされている場合には、執行裁判所に対して破産手続開始の決定正本を添付した上申書等で強制執行手続の中止を求める必要があろう（強制執行中止申立書は[DATA34]、強制執行中止上申書は[DATA35]、強制執行取消上申書は[DATA36]参照）。給与の差押えが中止された場合、勤務先は差押相当額を供託することができる（民法494条。債権者不確知）。その供託された給与は免責決定確定後に、供託所に還付申請することによって破産者が還付を受けることができる。

これら強制執行等の禁止・中止・失効の規定には、非免責債権（破産法253条1項各号）について除外する規定は設けられていないため、非免責債権についても他の破産債権と同様に扱われることになる。これは強制執行の段階で非免責債権かどうかを執行裁判所が明確に区別することが困難なためであるといわれている。

なお、これら強制執行等が禁止される場合においては、非免責債権は、免責許可の決定が確定した日の翌日から2カ月を経過する日までの間は時効が完成せず（破産法249条3項1号）、非免責債権以外の破産債権については、免責許可の申立てを却下した決定または免責不許可の決定が確定した日の翌日から2カ月を経過するまでの間は時効が完成しない（同項2号）。

第3章　債務整理手続の流れと実務上の留意点

Ⅵ　奨学金債務への対応

1　概　　要

　近年、大学の学費が高騰する一方、不況による影響で家計収入が下がり、平成27年度は高等教育機関の学生等（348万人）の2.6人に1人が、独立行政法人日本学生支援機構（以下、「機構」という）の貸与型奨学金を利用している。多重債務に関する相談者の中には、機構の奨学金の返済を抱えている相談者もおり、機構の奨学金に関する知識も持ち合わせておくべきである。

　機構への奨学金の返還が困難となった場合の救済制度があるが（後記2参照）、機構独自に相談窓口をもっているものの、利用者の救済に有効に活用されているとはいいがたく、過去の収入の証明ができずに救済制度の利用ができなかった事例も存在する。

　また、延滞金を付加した多額の返済を求められたり、任意整理手続においては、和解や返済免除に容易に応じない、個人保証人がいることで破産や民事再生への支障となるなど、留意すべき点も多い。さらに、消滅時効にかかった債権を請求している等さまざまな問題点も存在する。

　なお、独立行政法人日本学生支援機構法（平成15年法律第94号）が一部改正され（平成29年法律第9号）、平成29年4月1日より施行されている。従来の奨学金制度が単なる教育ローンであったことからすると、同改正において、新たに返還不要な給付奨学金制度が創設されたことにより新たな一歩を踏み出したといえる（給付奨学金の詳細な内容については第4章Ⅴ8参照）。

2　奨学金の返還が困難な場合の救済制度

　機構の奨学金の返済が困難な場合の救済制度としては、以下のとおりである（それぞれの救済制度の比較については［DATA36］参照）。

　⑴　所得連動返還型無利子奨学金制度
　第一種奨学金（大学院を除く）の貸与を受けた利用者が、貸与終了後、一

定の収入・所得（給与所得者収入300万円、給与所得者以外所得200万円）を得るまでの間、願い出によって、一定期間返還期限を先延ばしする制度である。期間の制限はないが、すでに借りている利用者には適用されず、将来の返還が免除になるわけではない。

(2) 返還期限の猶予制度

返還できない一定の事情があるとき、願い出と証明書を提出して、返還を一時停止して先延ばしする制度である。返還期限の猶予が認められると、猶予期間中は利息と延滞金が発生しない。一度の願い出で最大1年間猶予することができ、全額を猶予する方式と半額だけ猶予する方式があり、2種類の奨学金の場合、金額を合計して返済期間を延ばし（最長20年）、毎月の負担額を減らす方法や、一時的に片方の奨学金のみ猶予を申請する方法もある。

(3) 減額返還制度

災害、傷病、その他経済的理由により奨学金の返還が困難な利用者に対し、一定期間、1回あたりの当初割賦金を2分の1に減額して、減額返還適用期間（最長10年）に応じた分の返還期間を延長する制度である。

(4) 延滞金減免制度

機構の延滞金の減免に関する施行細則（以下、「細則」という）2条に基づき、願い出により延滞金を減額または免除する制度である。延滞金が減免される場合としては、細則2条に「その他真にやむを得ない事由」が明記されている。

(5) 返還免除制度

奨学生であった利用者が一定の要件に該当する場合、願い出により奨学金の返還を免除する制度である。

(6) 返還期間変更制度

2口以上の返還金（高校と大学での奨学金や第1種と第2種の両方にまたがっているケース）がある場合に、借用金額を合計し、20年を超えない範囲で返還期間を変更することができる制度である。

3　消滅時効に関する留意点

　機構の奨学金は、各割賦金について約定の返済日から10年を経過すると、消滅時効が完成する。

　機構への奨学金の返還は、卒業から6カ月経過した後から口座引落しにより、月賦、半年賦、年賦または月賦・半年賦併用で行うこととなっている。消滅時効の起算点となる「権利を行使することができる時」とは、原則として毎回の割賦金の約定の返済日が到来した時がこれにあたるので、その場合、10年の時効期間は、毎月ごと、半年ごとまたは1年ごとの割賦金について、それぞれ約定の返済期日から進行する。したがって、未払いの奨学金は、毎月または半年ごとに支払う割賦金ごとに約定の返済期日から10年を経過したものについては、消滅時効が完成することとなる。

　しかし、時効完成後に、返還期限の猶予、減額返還制度、延滞金の減免、返還免除を求めると、これらの行為は債務を承認する行為とみなされ、以後、消滅時効の主張ができなくなる場合があるので注意が必要である。長年返済をしておらず、一部でも消滅時効完成の可能性がある場合に、これらの救済制度の適用を申請する場合には、時効が完成している分については時効を援用する旨、またはこれらの制度の適用申請行為が債務の承認を意味するものではないことを申請書等に明記するなどしたうえで、申請すべきである。

4　契約の不成立・無効の主張

　機構から奨学金の返還請求を受けたところ、本人には機構から奨学金を借りた記憶がなく、親が子の名前を勝手に使って機構から奨学金を借りている場合もある。この場合、契約は有効に成立していないので、本人には機構の奨学金を返還する義務はない。これは、利用する際に、学校の担当職員と親との間で話がなされて手続が進められることがあったこと、本人に対して十分な説明がされていないこと、機構の奨学金の内容が複雑でわかりにくく、パンフレットやホームページで内容の確認を求められても、実際には理解し

づらいこと等が影響しているものと考えられる。相談にあたる場合には、このことをよく認識したうえで、事実関係を確認し、契約が当然に有効であるという前提で考えるべきではないであろう。

Ⅶ ヤミ金融業者等への対応

1 概　要

(1) ヤミ金融業者とは

　ヤミ金融業者とは、狭義では貸金業登録の有無にかかわらず、出資法5条2項に定められている上限金利を超える超高金利で貸付けを行う金融業者を総称して指す。

　また、自らは貸付けを行わず、紹介料などの名目で金員を詐取する紹介屋、パソコンやデジタルカメラなどの換金性の高い商品を安価で買い取る換金屋、また一部の提携司法書士と組んで暴利を貪る整理屋などについても、その被害は大きく、決して見逃すことのできない問題である。さらに、近時、爆発的に増加しているいわゆる振り込め詐欺（架空請求・保証金詐欺・還付金等詐欺）についても、その出自は同様と考えられよう。したがって、これらについても、本書では広義のヤミ金融業者ととらえて取り扱うこととする。

　まずは、近時、横行しているヤミ金融業者の種類と特徴を述べる。

(2) ヤミ金融業者の種類

⑺　狭義のヤミ金融業者

(A)　短期業者

　全国的な問題となっているヤミ金融業者で、かつて最も多かったのが「短期業者」と呼ばれる高利貸金業者である。以前は、東京都に貸金業登録をしている業者（いわゆる都(1)業者）であったが、現在では無登録の業者も増えており、東京以外の都市においても同様の手口をとる業者が増えている。

　その特徴としては、①消費者金融業者等の利用者や延滞者、破産者等をターゲットにして、ダイレクトメール、チラシ、街頭でのビラ、ネット上の広告、電話などで融資の勧誘が行われる。勧誘においては借りやすさが強調され、金利も出資法の範囲内である旨表示されている、②貸付金額は小口（2万円～5万円程度）である（取引が繰り返されると十数万円と高額となること

も稀にある)、③借入れに際しては、携帯電話番号、勤務先、家族、家族の勤務先、父母、兄弟姉妹などの情報提供を求められる、④貸付けは口座に振り込む方法によって行われ、契約書等は交付されないことが多い。返済も銀行振込みが多いが、宅配便やレターパック等で送金させる手口もある、⑤返済は7日または10日のサイクル制が多く、サイクルごとに元本の5割から8割という異常な金利を支払わされ、完済するためには2倍～4倍の金額を要求される。支払日やその前日には、それと歩調を合わせて他のヤミ金融業者から融資の勧誘がしつこく行われる。中には「あなたの口座は知っているから」と勝手に金銭を振り込んでくる「押し貸し」と呼ばれる手口も存在する。

　このようにして、一度ヤミ金融業者に手を出してしまうと、次々にヤミ金融業者の餌食になり、わずか2カ月程度で30カ所以上のヤミ金融業者に手を出してしまうことも少なくない。支払いが遅れると昼夜を問わず電話で恫喝し、「腎臓売れ」「会社にいられないようにしてやる」「親戚中に電話するぞ」「若い者を回す」など恐喝する。また、1日遅れると利息と称して5000円～1万円を上積みして返済するよう迫る。それでも支払いが滞ると、職場の上司に対しては「とんでもない奴を雇っている」、親戚に対しては「金を支払え」と恐喝する。

　このようなヤミ金融業者が、平成13年ころより東京都を中心にして全国で猛威を奮っており、被害者は数知れない。

　ヤミ金融業者という名のとおり、こうした犯罪者はヤミ(裏)の存在であり、表(法が行き届く社会)に出ることを極端に嫌う。表に出そうになると深追いはしない。

　したがって、弁護士や司法書士が関与すると、おおかたは取立てをやめる。残りは腹いせに勤務先に電話するなどしていやがらせをするが、ほどなくしてそれもなくなる。

　(B)　090金融・携帯金融

　前記(A)と同様に、超高金利で貸付けを行い、携帯電話1本で融資を行う「090金融」や「携帯金融」と呼ばれる業者も存在する。貸金業の登録を行わ

ない無登録業者がほとんどである。ガードレールや電柱などに「ブラックOK」「自己破産者OK」などの文言と携帯電話番号のみが書かれた看板・張り紙を貼り、顧客を集めている。

　また、短期業者から情報が流れているようで、短期業者を利用している者に対して、突然、融資の勧誘の電話がある場合も多い。

　いずれにせよ、被害者は、相手の携帯番号のみしか知り得ず、業者は被害者の勤務先・家族構成などの情報を得ていること、無登録業者であることなどから、被害の拡大防止は困難を極める。

　この種の業者の総数についての統計はないが、罰則の大幅な引き上げ、年109.5％を超える利息での貸付契約自体の無効化などを規定した、いわゆるヤミ金融対策法（平成15年法律第136号による旧貸金業法、出資法の改正）の施行後も根強く残っており、同法に基づく積極的な告発が望まれる。

　　(イ)　**システム金融**

　中小零細企業向けにダイレクトメールやチラシなどで貸付勧誘を行い、小切手を交付させるのと引き換えに貸付けを行い、貸付金の回収手段として小切手の決済を用いる方法をとる貸金業者であり、出資法の上限金利をはるかに上回る高金利であるのが通常である。小切手の不渡り、銀行取引停止処分を恐れる中小零細企業の弱みに付け込む手法である。

　　(ウ)　**換金屋**

　換金屋は、自らは融資せず、換金性の高い電化製品（デジタルカメラやパソコンなど）を購入させ、それを安価で買い取るというものである。その手口は、指定された家電量販店に出向くと、すでに商品が用意されており、クレジットカードで支払いを終えると、量販店から換金屋に商品が送付され（換金屋が量販店に対し、あらかじめ商品および送付先を連絡しているものと思われる）、その後、本人口座に代金が振り込まれるというものである。そのほか、クレジットカードで購入した物品を換金屋が購入し、その代金をもって貸付けの代替とする手法が広くみられる。街頭での「あなたのショッピング枠を現金化」などの広告により勧誘をしていることもある。当然のことながら、

被害者には、クレジット債務が残ることとなり、結局は負債総額を増やすだけである。貸金業法改正（平成18年法律第115号による改正）による貸金における総量規制の影響から、貸付けを受けることができない者（もはや借入れを行うべきではない者）を狙った手口がみられるようになっている。

(エ) 振り込め詐欺

平成16年12月9日、警察庁は、いわゆる「オレオレ詐欺」の名称が犯行の実態に合わなくなっていることを受け、電話や手紙で騙したり、脅したりして巧みに現金を振り込ませる事件を「振り込め詐欺」と呼ぶと発表した。被害の大きさから警察庁や各都道府県警のホームページにも対策についての記述がなされている。

振り込め詐欺は、いわゆるオレオレ詐欺をはじめ、架空の誘拐話で身代金を脅し取る恐喝事件や、アダルトサイトの利用料金名目などで請求書を送りつける「架空請求詐欺」、融資を装って申込者から保証金を騙し取る「融資保証金詐欺」など、これらに類似する詐欺の総称である。いずれも銀行口座などに現金を振り込ませる点が共通している。

ヤミ金融対策法（前記(ア)(B)参照）の施行後、いわゆる短期業者や090金融が減少傾向にある一方、この架空請求、オレオレ詐欺、保証金詐欺等が激増しており、被害が絶えない。手口も日に日に巧妙化しており、注意が必要である。

(A) オレオレ詐欺

「おれおれ」などとはっきり名乗らず、子供や孫などを装って電話をし、「交通事故を起こしたので示談金が必要」「サラ金から返済を迫られている」「妊娠中絶の費用に困っている」などと窮状を訴え、口座に振り込む形で現金を詐取しようとするものである。

近時では、警察官を装い、夫が交通事故を起こしたなどと称して示談金の振込みを指示してくるものや、弁護士・保険会社関係者等の第三者を装った者を登場させるものが増加しているほか、あらかじめ入手した名簿で名前を確認したうえで親族を名乗るものもあり、手口は日に日に巧妙化している。

新政策・制度などその時々において社会で話題になっている物事に便乗したり、登場人物が多数出てくる手の込んだ形のものが増えている。

(B)　架空請求詐欺

債権譲渡を受けた債権管理回収業を騙って、実際には利用していない有料情報サービス（インターネット上の有料アダルトサイト、出会い系サイト等）の利用料や債権などを請求する文書を、電子メールやはがき等で送りつけ、送金を要求するものである。電子メールで送られるものは、迷惑メールの典型的な一形態である。

(C)　融資保証金詐欺

融資勧誘のはがき・メール等を送付したり、広告を打ち、電話等による融資申込みに対し「あなたは、借入金が多数あるという登録があるため融資できない。しかし、保証協会費を納めてそのデータを一端抹消すれば融資を受けることができる。これは国の制度の一つです」などと、保証金等を名目として、現金を預金口座等に振り込ませて騙し取る詐欺をいう。広告等には低金利での融資がうたわれているが、決して融資をせず、保証金名目の金員の詐取を継続する。被害者がおかしいと気づき、解約を迫っても解約に応じない。専門家が介入すると、解約に応じる素振りを見せるが、返還日を先延ばしし、結局は行方をくらますというものである。

(D)　還付金等詐欺

税務署、年金事務所の職員を名乗り、税金等の還付金名目で、あたかも税金等を還付する手続であるかのように装って、電話でATMを操作させて、被害者の口座から相手方の口座へ現金を振り込ませる形態である。

2　説明すべき事項、注意すべき事項

ヤミ金融業者の事件を受任するにあたって、依頼者に説明すべき事項、注意すべき事項は、おおむね次の(1)～(4)のとおりである。なお、すでに述べてきたとおり、一口にヤミ金融業者といっても、多種多様であり、今後は、前記1に紹介した以外の態様の新手の違法業者も現れてくると考えられる。こ

こでは、最も典型的と思われる短期業者への対応を中心に述べていくこととする。

> (1) 迅速な対応
> (2) 警察への相談
> (3) 勤務先・親族に対する説明
> (4) 不法原因給付

(1) 迅速な対応

通常の消費者金融業者のみが債権者となっている事件と比較して、返済期間のサイクルが極めて短期であることから、逼迫度が高く、より迅速な対応が求められる。依頼者が精神的に追い詰められていることも多いため、迅速にヤミ金融業者に連絡し、依頼者への取立てに対処する必要がある。ただ、繰り返しヤミ金融業者から借り入れる者も多いため、当事者として主体的にかかわってもらうべきであろう。また、いわゆる「押し貸し」に対する防御として、業者に知られている口座を解約することが必要となる場合もある。

(2) 警察への相談

一部の業者の執拗な脅迫行為が予想される。したがって、日常業務・告発活動などを通じて警察の担当者らとの協力関係を構築しておきたい。事案によっては、依頼者の自宅、勤務先、その他ヤミ金融業者が訪れたり、嫌がらせを行う可能性のある場所を管轄する警察署へ相談をし、万一の場合の対応を打ち合わせておくとよい。

また、不安を訴える依頼者には、自宅最寄りの交番にも事情を伝え、見回り時に注してほしいことや、何かあった場合にはすぐに連絡をすることを伝えておくと、安心につながるだろう。ヤミ金融業者は、実際には、自らが逮捕される危険のある場に姿を現すことはまずないため、このことを依頼者に説明して、その求めに屈してしまわないよう、よく説明しておくとよい。

(3) 勤務先・親族に対する説明

勤務先や親族・親族の勤務先などの情報が漏れている場合、それらへの嫌がらせの電話が予想される。そのような場合に備えて、嫌がらせを受けた職場や親族は、被害者であるので、警察に被害届を出すこと、電話は「被害者が委任をしている司法書士と話をしてください」とだけ言って早々に切るように説明しておくことが必要である。

(4) 不法原因給付

たとえば、2万円を受領し、以後、業者から言われるがまま毎週1万5000円の金員を利息として4回、合計6万円を支払ったケースを想定する。この場合で、不法原因給付が成り立ち、公序良俗違反により金銭消費貸借契約自体が無効であるとすれば、6万円の返還請求が認容され、受領した2万円についての返還義務は負わないはずである（民法708条）。

最判平成20・6・10民集62巻6号1488頁は、「反倫理的行為に該当する不法行為の被害者が、これによって損害を被るとともに、当該反倫理的行為に係る給付を受けて利益を得た場合には、同利益については、加害者からの不当利得返還請求が許されないだけでなく、被害者からの不法行為に基づく損害賠償請求において損益相殺ないし損益相殺的な調整の対象として被害者の損害額から控除することも、民法708条の趣旨に反するものとして許されないものというべきである」として、支払った全額を賠償する義務があると判示した。

3 手続の大まかな流れ

ヤミ金融業者への対応の大まかな流れは、〔図8〕のとおりである（基本事項と実務上の留意点は、後記4(2)(ア)～(エ)参照）。

〔図8〕 ヤミ金融業者への対応の大まかな流れ

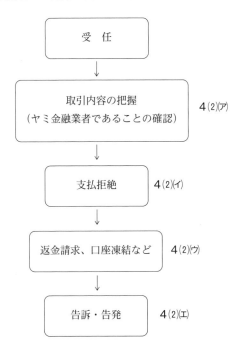

4 基本事項と実務上の留意点

(1) 適用されうる法律

(ア) **貸金業法および出資法の罰則**

(A) **貸金業法による罰則**

　平成19年1月20日に、貸金業法が一部施行されて（平成18年法律第115号の第2次施行）、①不正な手段による貸金業登録（同法47条1号。不正な手段によって同法3条1項の登録を受けた者）、②無登録営業（同法47条2号。同法11条1項の規定に違反した者）、③名義貸し営業（同法47条3号。同法12条の規定に違反した者）、④登録申請書など書類への虚偽記載（同法47条の3第1号。同法4条1項の登録申請書または同条2項の書類に虚偽の記載をして提出した者）、⑤無登録での営業表示・広告・勧誘（同法47条の3第2号。同法11条2項の規

定に違反した者)、⑥登録された営業所以外での営業行為(同法47条の3第2号。同法11条3項の規定に違反した者)、⑦広告における規定貸付条件の不記載もしくは虚偽記載(同法48条2号。同法15条1項の規定する事項を表示せず、もしくは説明せず、または虚偽の表示もしくは説明をした者)、⑧広告における連絡先として、登録されたもの以外を記載すること(同法48条2号の2。同法15条2項の規定に違反した者)に対する罰則が強化された。

　前記①～③については、従来は「5年以下の懲役若しくは1000万円以下の罰金に処し、又はこれを併科する」とされていたものを、「10年以下の懲役若しくは3000万円以下の罰金に処し、又はこれを併科する」と、④⑤については、従来は「100万円以下の罰金に処する」とされていたものを、「2年以下の懲役若しくは300万円以下の罰金に処し、又はこれを併科する」と、⑥については、従来は「1年以下の懲役若しくは300万円以下の罰金に処し、又はこれを併科する」とされていたものを、「2年以下の懲役若しくは300万円以下の罰金に処し、又はこれを併科する」と、⑦⑧については、従来は「100万円以下の罰金に処する」とされていたものを、「1年以下の懲役若しくは300万円以下の罰金に処し、又はこれを併科する」と、それぞれ罰則が加重された。

　(B)　**出資法による罰則**

　出資法についても、貸金業法と同様に(平成18年法律第115号の第2次施行)、①金銭の貸付けを行う者が業として金銭の貸付けを行う場合において、年109.5％を超える割合による利息の契約をした者、当該割合を超える割合による利息を受領し、またはその支払いを要求した者(同法5条3項)、②何らの名義をもってするを問わず、また、いかなる方法をもってするを問わず、前記②の規定に係る禁止を免れる行為をした者(同法8条2項)につき、「10年以下の懲役若しくは3000万円以下の罰金に処し、又はこれを併科する」ものとされた。従来は、①②とも、「5年以下の懲役若しくは1000万円以下の罰金に処し、又はこれを併科する」とされており、①につき、「当該割合を超える割合による利息を受領し、又はその支払を要求した者」が明記されて

Ⅶ　ヤミ金融業者等への対応

いなかったことから、これも大きな罰則の加重となっている。

(イ)　携帯電話不正利用防止法の活用

　ヤミ金融業者（特に振り込め詐欺を行う者）は携帯電話を使うことが多く、その携帯電話はそれらの犯罪に利用するために他人名義のものを取得している。そのため、これらの犯罪に実際に利用されても、利用者の特定が困難であったという実情を踏まえ、契約時の本人確認の義務化、携帯電話事業者に無断での譲渡の禁止、他人名義の携帯電話の譲渡または譲受の禁止、携帯電話のレンタル事業者は貸与の相手方の確認を厳格に行うことなどを規定し、これらの違反に対しては刑罰も規定する、携帯音声通信事業者による契約者等の本人確認等及び携帯音声通信役務の不正な利用の防止に関する法律（平成17年法律第31号。以下、「携帯電話不正利用防止法」という）が成立し、平成18年4月1日より全面施行されている。

　法律実務家である司法書士は、被害事例に対応するにあたっては、携帯電話不正利用防止法を適用した告訴・告発を積極的に行う責務があろう。なお、ヤミ金融業者からの借入れに至るほど追い詰められた者の中には、業者からの求めを拒むことができず、自らの名義の携帯電話を言われるがままに業者に交付してしまっていることがある。このような場合には、当該携帯電話の解約を行うなどして被害の拡大防止にあたる必要もあるため、事情の聴き取りは慎重に行うとよい。

(ウ)　振り込め詐欺救済法の活用

　平成20年6月21日に施行された、犯罪利用預金口座等に係る資金による被害回復分配金の支払等に関する法律（平成19年12月21日法律第133号。以下、「振り込め詐欺救済法」という）により民事裁判手続を経ることなく被害を回復できる事案も増えてきた。

　振り込め詐欺救済法が適用される犯罪（振込利用犯罪行為）は、詐欺その他の人の財産を害する犯罪行為であって、財産を得る方法として振込みが利用されたもの（同法2条3項）であり、ヤミ金融業者も当然に含まれるので、ヤミ金融業者の口座凍結の要請を金融機関に申請し、凍結した口座に残金が

存在する限り、その口座から分配を受けることができることになる。

　金融機関は、当該金融機関の預金口座等について、捜査機関等から当該預金口座等の不正な利用に関する情報の提供があることその他の事情を勘案して犯罪利用預金口座等である疑いがあると認めるときは、当該預金口座等に係る取引の停止等の措置を適切に講ずるものとする（振り込め詐欺救済法3条1項）とされており、一般社団法人全国銀行協会の事務取扱手続によると、認定司法書士から情報提供があった場合も口座凍結の措置がなされることになる。

　これらの手法による対抗策として、ヤミ金融業者が自らの債務者に開設させた預金口座を利用する事案もみられる。

(2) 具体的な実務対応

(ア) 聞き取り

　依頼者からヤミ金融業者との取引について聞き取ることになるが、ヤミ金融業者との取引を正確に覚えている依頼者はほとんどいない。したがって、預金通帳、振込明細書、手帳、メモ帳等の資料や支払日から逆算して借入日を推定するといったことから再現していくことになる。その際、犯罪事実一覧表（【書式19】参照）を利用すると便利であるので活用されたい。[9]

【書式19】　犯罪事実一覧表

	犯罪事実一覧表	□高金利　□無登録
被告発人	名称（店名）	
	個人名	
	住所	
	犯罪利用電話	
	FAX	
	登録番号	

---

[9] 全国ヤミ金融対策会議（現在は全国ヤミ金融・悪質金融対策会議）が発行する『ヤミ金撲滅マニュアル〔第3版〕』26頁。

犯罪利用口座	銀行					
	支店					
	口座番号					
	口座名義					
被害者	氏名	（　　　　　　　　　　）				
	住所					
	電話					
告発人	氏名					
	住所					
	電話					
特記事項	(取立規制違反の事実、犯罪利用電話・口座の追加情報、未払事案での高金利要求の事実等)					
証拠	□振込明細　□預金通帳　□ダイレクトメール　□録音　□写真　□メモ　□電報 □FAX文書　□督促状　□その他					
高金利	□契約　　　　　　□受領　　　　　　□要求					
	元　本	天引額	実交付額	期間(日数)	約定完済額	実質年率（％）
取引内容	年月日	実交付額	支払額	うち元金充当額	利　率	支払方法	証　拠

(イ)　ヤミ金融業者との交渉

　前述したとおり、被害者は連日の取立行為により焦燥しきっていることから、依頼を受けた即日に処理をする必要性が高いのであるが、業者が数十社にも及ぶケースが多いため、受任した司法書士としては、極めて迅速かつ合理的に事務処理を進めなければならない。

　ヤミ金融業者との取引について、出資法の上限金利をはるかに超えた暴利

であることから、金銭消費貸借契約自体が無効であり（貸金業法42条１項参照）、不法原因給付に該当することは明らかである。そこで、支払うべき債務がないことおよび支払った金員の全額を返還請求すること、本人および本人の勤務先並びに親族に対する取立行為を直ちにやめることを電話で伝える。

　かつては、都知事登録の業者も多かったので、住所やファクシミリ番号が判明している業者に対しては、書面による通知をしていた。しかし、現在は090金融のような無登録業者が少なくないので、書面による通知は不可能に近い。そこで、電話による交渉ということになるが、ヤミ金融業者の事件は、緊急性のある事件なので、むしろ迅速に対応できて望ましい結果となることが多い。ただし、住所やファクシミリ番号が判明している業者に対しては、書面による通知をあわせて行うとより効果的である。なお、電話による場合は、通知書に記載されている内容に沿って、熱くならずできるだけ冷静に伝えることが重要である。

　電話や通知書により、多くの業者は取立てをやめるが、任意に支払った金員の全額を返還する業者は少数である。

　ヤミ金融業者への対処の依頼を受けた司法書士は、依頼者にずっと付き添っているわけではない。自身の事務所から退出して一人になったときに、取立てが行われた際にもきちんと対処できるよう、依頼者に対処の方法を理解してもらう必要があると考える。ヤミ金融業者の貸付けは、貸付けに化体した恐喝行為であること、最低限の倫理であると考えられる法的な観点からみても返還義務のないことなどを依頼者が理解していない限り、取立ての恐ろしさから逃れようとするあまりヤミ金融業者に支払うという結果を招きかねない。司法書士が対処をして終了とするのではなく、依頼者自身が対処方法を理解することが重要であることを念頭におくべきである。

　　　(ウ)　口座凍結

　振り込め詐欺救済法により、口座凍結を行うことが、以前と比べると容易になった（振り込め詐欺等不正請求口座情報提供及び要請書は[DATA38]参照）。前述のとおり、ヤミ金融業者にとって、銀行口座は、大切な道具の一つであ

るので、その道具を潰すと共に、口座に残金があれば被害回復の可能性が期待できる。ヤミ金融業者に対し、受任通知が到達した後、または、電話をした後では引き出されてしまう可能性が大きいので、迅速な対応が求められる。

　　(エ)　警察への告発または被害届

代理人からの通告を無視して、依頼者やその家族、職場への取立て、嫌がらせが止まらない可能性があるので、所轄の警察署に、犯罪事実一覧表（前掲【書式19】参照）を、告発状または被害届として疎明資料としてそのまま添付して提出する。

　　(オ)　口座凍結の確認と被害回復分配金の支払手続

預金保険機構のホームページで、凍結要請をした口座が凍結されているかを確認する。

金融機関によっては、凍結要請をした司法書士に対して、口座がいつ凍結されたかを知らせてくれるところもあるが、すべての金融機関が知らせてくれるとは限らないので、定期的に預金保険機構のホームページを確認することになる。そして、口座に残金があれば、被害回復分配金の支払手続により被害回復を図ることになるが（被害回復分配金支払申請書は［DATA39］参照）、各金融機関によって、取扱いが異なるので、事前に必要書類等を確認しておくことが望ましい。

第4章
生活再建支援のための諸制度と
その活用方法

I　債務整理における生活再建支援の視点

　多重債務問題の解決の終着点は、依頼者の生活再建にある。本書の中心的テーマである「債務整理における生活再建の視点」について、ここで触れておきたい。

1　依頼の目的は将来にわたり生活を営めるようにすること

　依頼者は、何らかの理由により必要となった金銭を自ら補うことができないゆえにやむにやまれず借入れをして、返済というさらに金銭を必要とする状態を追加で抱え込み、返済のためにさらなる債務を負うという悪循環に陥っていく。

　多重債務状態は、依頼者の生活上抱えていた課題が、たまたまそのような形で表面上に現れてきたものといえる。依頼者は「生活していくため」に、やむにやまれず多重債務状態に陥ったのである。そして、多重債務状態に陥ると、その者は債務の返済を次第に「生活していくこと」よりも優先してしまい、時には自ら死を選択するほどまでに追い詰められていく。

　繰り返すが、依頼者の最終的な望みは、「生活していくこと」である。ここでいう「生活」は、単に命が続く程度のものではなく、自分らしさを確立しながら成長・発達していくことのできる、すなわち自身の幸福追求を可能とする程度のものである。この目的達成の「手段」として、多重債務状態を解消することを望むのである。

　したがって、多重債務状態への対処のみでは、依頼者の願いを真に達成することはできない。多重債務に陥った原因を放置すれば、本書ですでに解説した債務整理の手法あるいは親族の援助など何らかの手段により一時的に多重債務状態を脱したとしても、依頼者はいずれ「多重債務」状態に舞い戻ってしまうであろう。

　たとえば、経済的困窮者への給付制度の漏給状態にあり、慢性的な生活費不足ゆえに多重債務に陥った者の債務を取り除いたとしても、漏給を解消し

生活費が不足する状況を解決しなくては、その者は生活を営むためにどうしても再度借入れをせざるを得ない。

また、アルコール、ギャンブル依存などの依存症の問題を抱えるがゆえに多重債務に陥った者の依存症への対応を怠ったままであれば、一度多重債務状態を脱したとしても、いずれ同じ状態に陥ってしまうであろう。多重債務を招いた依存症からの回復を考えるうえで、なぜ依存の対象に向かうようになったのかを考え、依存の対象にとらわれすぎない新しい生き方を確立していく必要がある。

したがって、多重債務状態の解決という依頼を受けた司法書士としては、依頼者の生活が再び困難になることがないよう、依頼者の抱える課題に目を配り、その根本的な原因の解消に取り組む姿勢が必要である。

2　生活再建への取組みにおける連携

依頼者が多重債務に陥る原因は、千差万別である。また、原因は多様であるばかりでなく、通常はその一つひとつが複雑に入り組んでいる。したがって、法的側面からの支援だけでは本質的な解決に至ることはむしろ稀である。このように多重債務状態を招いた原因の解消に取り組むことは、大変な困難を伴うことではあるが、依頼を受けた司法書士が抱え込み、単独で対処するものではないし、むしろ抱え込んでしまってはならない。行政の各機関、福祉、医療などの各分野の専門家や支援者などと連携して対処していくことが必要性である。

そのためには、各連携先に関する知識や、自らの専門分野外の事項であっても連携の必要性に気がつくことを可能にする一定の知識を備えておくことが望ましい。また、実効性のある連携を取りうるようにするために、日常的な「顔の見える」ネットワークの構築を進めておくとよいであろう。

3　生活再建に取り組む主体

一人として同じ人間が存在しない以上、どのように生きていくのかといっ

た、自身の生活のあり方を選択していくのは依頼者自身である。そのため、生活再建の手段も千差万別であるから、生活再建に取り組むということは機械的な作業であるはずもなく、依頼者一人ひとりと司法書士とが真摯に向き合ったうえで行う、個別的な協働作業となる。

依頼者にその多重債務状態に陥った原因を聞き取る中で、依頼を受けた司法書士としてもにわかにその原因に共感できないときもある。しかし、依頼者が生活を営む中で、なぜそのような行為に及んだのかを聞き取っていけば、当初は理解しがたいと思えた依頼者の行動に理由が見えてくることも多い。

また、当初そのように感じた理由が、司法書士自身の知識不足にあると気がつかされることもある。依頼者は現実の社会を生きているのであるから、支援をする司法書士は、社会に起きているさまざまな事態、社会に存在する諸制度について関心をもっておかねばならない。依頼者が多重債務状態に陥った原因が依頼者個人の資質のみに帰着するわけではなく、社会的な要因も存在するという視点も忘れないようすべきである。依頼者の生活の背景、依頼者の心情にも配慮し、あくまでも生活再建の主体が依頼者自身にほかならないことを念頭におくことも重要である。

前述のとおり、生活再建の視点をもち、多重債務問題に取り組むとき、有機的な連携を実施したり、適時、依頼者にアドバイスを行ったりすることを可能とするためには、さまざまな社会保障制度の基礎的な知識を身につけておくことは必須である。

そこで、本章では、主要な社会保障制度を概観した後に（後記Ⅱ参照）、貧困化が急速に進む日本の状況において、生活再建を図るうえで、とりわけ重要な制度である生活保護制度について詳述するほか（後記Ⅲ参照）、関連する制度の概要に触れることとする（後記Ⅳ・Ⅴ）。

Ⅱ　社会保障制度の概要

1　社会保障制度とは

　日本国憲法(以下、「憲法」という)25条1項では、「すべて国民は、健康で文化的な最低限度の生活を営む権利を有する」と定め、同条2項では、「国は、すべての生活部面について、社会福祉、社会保障及び公衆衛生の向上及び増進に努めなければならない」と定められている。

　わが国に社会保障制度が整備されたのは第二次世界大戦後であるが、社会保障制度設計の基本となった昭和25年(1950年)10月16日付け社会保障制度審議会[1]「社会保障制度に関する勧告」(いわゆる1950年勧告)では、「社会保障制度とは、疾病、負傷、分娩、廃疾、死亡、老齢、失業、多子その他困窮の原因に対し、保険的方法又は直接公の負担において経済保障の途を講じ、生活困窮に陥った者に対しては、国家扶助によって最低限度の生活を保障するとともに、公衆衛生及び社会福祉の向上を図り、もってすべての国民が文化的社会の成員たるに値する生活を営むことができるようにすることをいう」と定義している。

2　社会保障制度の種類

　社会保障制度は、社会保険と社会扶助とに大きく分かれる。

　社会保険とは、保険料を財源として給付を行うしくみであり、国や公的な団体を保険者とし、被保険者は強制加入が原則である。たとえば、年金保険や医療保険などがあげられる(後記(1)参照)。一方、社会扶助とは、税を財源にして給付を行うしくみであり、国や地方公共団体の政策として、国民や住民に対して現金またはサービスの提供が行われる。たとえば、生活保護、児童福祉、障害者福祉などがあげられる(後記(2)参照)。

1　社会保障制度審議会は、平成12年の省庁再編により廃止され、現在は、厚生労働省に社会保障審議会がおかれている。

(1) 社会保険

社会保険には、年金保険、医療保険、介護保険、雇用保険、労働者災害補償保険の五つがある（各制度についての詳細は法規・文献等で確認されたい）。

㋐ 年金保険

年金保険とは、老齢、障害、生計維持者の死亡による所得の減少や喪失を補うために、定期的に現金が給付される制度であり、国民年金法（昭和34年法律第141号）、厚生年金保険法（昭和29年法律第115号）、国家公務員共済組合法（昭和33年法律第128号）をはじめとする各種共済組合法をその根拠とする。

年金保険制度による給付には、老齢年金、遺族年金、障害年金等がある（後記Ⅴ1参照）。

㋑ 医療保険

医療保険とは、疾病、障害を負った場合に、医療機関で一部負担金を支払うことで医療を受けられる制度であり、国民健康保険法（昭和33年法律第192号）、健康保険法（大正11年法律第70号）をその根拠とする。

医療保険制度による給付には、傷病手当金[2]、出産育児一時金[3]等がある。

㋒ 介護保険

介護保険とは、介護が必要となったときに要介護認定を受けて、介護サービスを利用できる制度であり、介護保険法（平成9年法律第123号）をその根拠とする。

介護保険制度による給付には、介護給付[4]、予防給付[5]がある。

---

[2] 傷病手当金とは、被保険者が業務外の病気やけがにより仕事に就くことができない場合に支給されるものである。

[3] 出産育児一時金とは、健康保険や国民健康保険などの被保険者またはその被扶養者が出産したときに、出産に要する経済的負担を軽減するため、一定の金額が支給されるものである。

[4] 介護給付とは、要介護認定において要介護1〜5とされた者に対する介護サービスである。

[5] 予防給付とは、要介護認定において要介護1・2とされた者に対する介護サービスである。

㈎　雇用保険

　雇用保険とは、労働者が失業したときに一定期間の給付を受けることにより生活保障がなされる制度であり、雇用保険法（昭和49年法律第116号）をその根拠とする。

　雇用保険制度による給付には、失業等給付がある（求職者給付、就職促進給付、教育訓練給付、雇用継続給付の４種類に大別される。後記Ⅴ２参照）。

　㈏　労災保険

　労働者災害補償保険（以下、「労災保険」という）とは、業務災害や通勤災害を被った場合、労働者やその遺族の生活保障のため給付がなされる制度であり、労働者災害補償保険法（昭和22年法律第50号。以下、「労災保険法」という）をその根拠とする。

　労災保険制度による給付には、療養（補償）給付、休業（補償）給付、障害（補償）年金・一時金、遺族（補償）年金・一時金、介護（補償）給付等がある（後記Ⅴ３参照）。

(2)　社会扶助

　㈰　生活保護

　生活保護とは、生活保護基準（世帯の収入と厚生労働大臣の定める基準）で計算される最低生活費を給付することにより、最低生活の保障と自立の助長を行う制度であり、生活保護法（昭和25年法律第144号）をその根拠とする（後記Ⅲ参照）。

　生活保護制度による給付には、生活扶助、教育扶助、住宅扶助、医療扶助、介護扶助等がある。

　㈪　児童福祉

　児童福祉とは、児童の健全育成のために、国、地方公共団体から各種給付を行う制度であり、児童手当法（昭和46年法律第73号）、児童扶養手当法（昭和36年法律第238号）、児童福祉法（昭和22年法律第164号）等をその根拠とする。

　児童福祉制度による給付には、児童手当（後記Ⅴ４参照）、児童扶養手当（後記Ⅴ５参照）、幼稚園就園奨励費補助金（後記Ⅴ６⑴参照）、就学援助（後

記Ⅴ6(2)参照)、高等学校等就学支援金（後記Ⅴ6(3)参照）、高校生等奨学給付金（後記Ⅴ6(4)参照）等、保育所サービス[6]、児童養護施設の利用[7]等がある。

(ウ) 障害者福祉

障害者福祉とは、身体障害・知的障害・精神障害を負っている障害者の日常生活および社会生活を総合的に支援する制度であり、障害者の日常生活及び社会生活を総合的に支援するための法律（平成17年法律第123号）、身体障害者福祉法（昭和24年法律第283号）、知的障害者福祉法（昭和35年法律第37号）、精神保健及び精神障害者福祉に関する法律（昭和25年法律第123号）、児童福祉法をその根拠とする。

障害者福祉制度による給付には、自立支援医療（育成医療・更生医療・精神通院医療）費[8]の支給がある。

(3) その他の制度

(ア) 生活福祉資金貸付制度

生活福祉資金貸付制度とは、生活に必要な資金を他から借り入れることが困難な世帯に対する貸付けを行う制度である（後記Ⅴ7参照）。

生活福祉資金貸付制度による給付には、総合支援資金、福祉資金、教育支援資金、不動産担保型生活資金の貸付けがある。

(イ) 奨学金制度

奨学金制度とは、経済的理由から就学が困難な学生に対して学費を給付または貸与する制度である。

奨学金制度による給付には、給付型奨学金、貸与（貸付）型奨学金がある。

---

6 保育所サービスとは、保護者が働いていたり、病気の状態にあったりするため、家庭において十分に保育することができない児童を家庭の保護者に代わって保育する児童福祉施設である。
7 児童養護施設とは、保護者がいなかったり、保護者の適切な養育を受けることができなかったりする児童を入所させ養護する施設である。
8 自立支援医療制度とは、心身の障害を除去・軽減するための医療について、医療費の自己負担額を軽減する公費負担医療制度である。

3 その他の各種制度への理解

　前述のとおり、多重債務問題への取組みにおいては、生活再建の視点から各種社会保障制度に対する幅広い知識が求められるところである。そのほかにも社会の中で機能している各種の制度についてある程度の知識を得ておく必要がある。日々変わっていく社会自体に常に関心をもっておくことも重要なことであろう。

Ⅲ　生活保護制度の活用方法

1　生活保護の原理・原則

ここでは、生活保護制度の原理・原則について概観する。[11]

(1)　生活保護の原理

(ア)　国家責任

国には、国民の最低限度の生活を保障する責任がある（憲法25条、生活保護法1条）。最低限度の生活を維持するために保護を受けることは「施し」を受けることではなく、「権利」である。

(イ)　無差別平等

困窮に陥った原因、男女、社会的身分等は問わず、生活保護法による保護を受けることができる（生活保護法2条）。その人の過去を問うのではなく、現在の状況で判断する。旧生活保護法（昭和25年法律第144号による改正前の生活保護法）には欠格条項があり、素行不良者や勤労を怠るものについては保護を行わないとされていたが、無差別平等の原理によって、この欠格条項は削除された。

(ウ)　最低生活保障

生活保護により維持する生活は「健康で文化的な」水準が維持されなくてはならず、命が絶えない程度の生活というわけではない（生活保護法3条）。

---

[11] 生活保護制度を理解するために必要である、①「生活保護法による保護の基準」（昭和38・4・1厚告第158号。以下、「生活保護基準」という）、②「生活保護法による保護の実施要領について」（昭和36・4・1発社第123号厚生事務次官通知。以下、「事務次官通知」という）、③「生活保護法による保護の実施要領について」（昭和38・4・1社発第246号厚生省社会局長通知。以下、「局長通知」という）については、福祉事務所の職員がマニュアルとして用いている『生活保護手帳』や『生活保護別冊問答集』のほかに、厚生労働省HP「生活保護制度」〈http://www.mhlw.go.jp/stf/seisakunitsuite/bunya/hukushi_kaigo/seikatsuhogo/seikatuhogo/〉（平成29年9月30日閲覧）からも確認することができる。

(エ) 補足性の原理

「補足性」とは、利用しうるすべてのものを利用しても最低生活を下回るときに初めて生活保護が利用できるということ（＝最後のセーフティネット）である。したがって、補足性の原理により生活保護を受けることができないということは、生活保護基準以上の生活が何らかの手段でできるということになる。逆に、生活保護以外の手段で生活保護基準を充足する生活が営めないのであれば、開始決定がされることになる。

なお、生活保護法4条1項は保護を受けるための「要件」であり、同条2項は保護に優先することを規定するにすぎない（詳細については、後記2(2)参照）。また、活用ができる資産を有していたとしても直ちに換価して活用できない場合などのように、緊急時においては保護を受けることが可能である（同条3項）。このような場合には、後日、本来は保護を受けなくても自らの資産活用で補えた部分について保護費の返還を求められることになる（生活保護法63条）。

(2) 生活保護の原則

(ア) 申請保護の原則

原則として、申請に基づき保護が開始される（生活保護法7条）。緊急時には申請がなくても保護開始できると規定される（同法25条3項）。

(イ) 基準および程度の原則

国の定めた基準を基礎として、要保護者の収入によってもその基準に達しないときにその不足部分を支給するということになる（生活保護法8条）。国の定める基準は、厚生労働大臣の告示（生活保護基準）によることとされているが、これは財政状況など、時の政治により最低限の生活が左右されることを避け、合理的な基礎資料によって算定されるべきものとする趣旨である。

(ウ) 必要即応の原則

その世帯の必要に応じて最低生活費の基準が決められている（生活保護法9条）。具体的には、生活扶助基準は、Ⅰ類（年齢別）とⅡ類（世帯の人数別）の基準があり、これを足して計算する。

(エ)　世帯単位の原則

　原則として、世帯単位で要否の判断（その世帯の総収入とその世帯の最低生活費の基準を比べて、下回るか否かを判断する）が行われる（生活保護法10条）。世帯単位によりがたい場合には、例外的に世帯分離が認められることがある。

(3)　被保護者の権利・義務

　保護は正当な理由なしに不利益変更されることはない（生活保護法56条）。また、保護費には課税されない（同法57条）。また、最低限度の生活を営むために支給されるものであるから、保護を受ける権利、受給した保護費は差し押さえされない（同法58条）。

　保護は、世帯構成や収入に応じて支給するものであるから、収入支出状況、居住地、世帯構成に異動があるときは福祉事務所に届ける義務がある（同法61条）。生活保護受給者から債務整理の依頼を受けた場合は、過払金の返還を受けた際に、福祉事務所へ収入の申告することをアドバイスすべきであろう。そのほか、就労して収入を得たときにはきちんと報告をすべきであることも伝える必要がある。なお、勤労収入には就労へのインセンティブのため一定額の控除がされた後の残額が収入として認定されるため、実際には勤労収入がある世帯は、ない世帯に比して使うことができる金銭の額が多いことになる。

　なお、福祉事務所は、保護の目的達成に必要な指示・指導ができる（生活保護法27条）。当然のことではあるが、被保護者の意思に反し、強制することはできず（同条3項）、指導は適法なものに限る。つまり、期限を区切ってその日までに就労しないと保護を廃止するなどという指導は違法である。雇用契約は、労働者の努力のみで成立する性質のものではないからである。

(4)　生活保護の廃止

　福祉事務所が任意に保護を廃止することはできず、保護の廃止は、①保護を必要としなくなったとき（最低生活費を上回る収入を得るようになったとき。生活保護法26条）、②福祉事務所の指示に従わないとき（ⓐ居住の場所の立入調査、医師への検診命令に従わないとき（同法28条）、ⓑ被保護者が希望したと

き、居宅での保護ができないときに施設で保護している場合の指導・指示、施設の管理規程に従わないとき（同法62条））、③被保護者が行方不明になり、保護の実施ができないとき、④保護の辞退の場合に限られる。

前記②については、違法な指示には従う必要はないから、廃止の前提となる指導は、適法な指導に限る。また、④については、保護が申請に基づき開始されることの裏返しである。ただし、辞退届を強要された末に餓死した者が生じた事件が過去に複数件起きていることからも明らかなとおり、生命にかかわる問題であるので、辞退に対して、安易に保護廃止にすることは問題がある。誤解・強要に基づく保護の辞退は認められず、また、急迫状態にある場合は辞退も認められない（生活保護法25条の職権保護の観点から考えると当然であろう）。

●生活保護制度の現状●

　生活保護制度は、憲法25条を具現化するために制定されている生活保護法に基づく。条文は非常に簡単なものであり、個別具体的な対応については運用に委ねられているのが実情である。その運用の中においては、かつてより、必ずしも法律（およびその趣旨）に基づかない運用も散見されたところであった。

　そのような中、昨今の社会全体を覆う貧困化の進展は、憲法25条にいう「最低限度の生活」を維持するには生活保護を利用するほかない国民を増加させた。本来、大きな役割を担うはずであった「第１のセーフティネット」である社会保険制度、雇用保険制度などの諸制度は、社会に広がる非正規雇用化などの労働環境の変容のため必ずしも十分に機能しているとはいえず、また、少子高齢化、核家族化などの家庭環境の変容は、家庭や地域社会における扶養も機能不全に陥らせた。そのため、「最後のセーフティネット」と呼ばれる生活保護制度の利用者が増加し続けることになったのである。さらには、生活保護受給者の増加にもかかわらず、生活保護を利用することもできない市民も多数存在することが明らかになった。平成20年末に、いわゆるリーマンショックの影響によって派遣切りに遭った多数の派遣労働者が日比谷公園に押し寄せた「派遣村」の出現である。本来機能すべき各社会保障制度がセー

第4章　生活再建支援のための諸制度とその活用方法

フティネットとして機能せず、失業により、直ちに路上生活を余儀なくされる事態が社会に大きく広がっていることが可視化されたのである。

　国は、このような状況を受け、生活保護に至る前に、生活再建を図ることができるように「第2のセーフティネット」として、住宅支援給付、求職者支援制度（職業訓練受講給付金）、総合支援資金貸付などを実施し、その一方で、主に財政上の理由から生活保護制度の運用の厳格化を進め、就労自立指導強化を行った。

2　生活保護の申請と論点

　以下、生活保護の申請・受給・廃止の各場面において論点となりうるもののうち、主要なものについて記述する。

(1)　生活保護の申請

　前述のとおり、職権で保護を開始する職権保護の規定はあるが、生活保護は、原則として、申請に基づいて開始される制度である。生活保護申請の現場は、法の趣旨に反し、いわゆる「水際作戦」と呼ばれる不法な申請妨害が散見される場面である。近時の法改正（平成25年法律第104号による改正）により申請は書面によることとされたが（生活保護法24条1項）、緊急の場合には書面によらずともよく、また、申請書の交付を求めれば拒まれることはない建前である。所定の様式があるというわけでもなく、適宜の用紙に記載して提出することで問題はない。なお、申請を受理する、受理しないという権限は福祉事務所にはない。申請が出されれば必ず受理しなければならない。

　福祉事務所は、申請を受理した場合には、原則として、①14日以内に開始または不開始決定し、②書面で、③理由を付して、④通知しなくてはならない（生活保護法24条3項～5項）。特別な理由があるときには、通知する期間は申請から30日以内となるが、通知の書面にその特別な理由を記載しなくてはならない。期間については、「以内」とされるので、30日以内に通知がないときには、申請が却下されたものとみなすことができ（みなし却下。同条7項）、不服申立ての手続に移ることができる。

申請が受理されると、要否判断のために、申請者の資産状況の確認が行われる（生活保護法28条）。この必要があるときには、福祉事務所は、銀行・雇主、官公署に報告を求めることができる（同法29条）。しかし、実際には、個人情報保護の観点から金融機関等は本人の同意がないと回答しないであろうから、申請したときに福祉事務所が要否判断のために申請した者の個人情報の開示を求めるための同意書の提出を求めることが通常である。この同意書について、福祉事務所が各所に情報開示請求を行うことが前提になっていることから何らかの不利益があるのではないかと申請をためらう者が出てくることもある。しかし、同意書があろうと、保護の要否判定のため「必要があると認めるときは」と明記されるとおり、必要な情報しか開示請求ができないことは当然のことである。可能であれば、申請書に最近記帳した通帳の写し、給与明細書などを添付して、福祉事務所の調査に協力すると決定までの時間も短縮できると思われる。もちろん、そのような資料を準備する経済的・時間的余裕がないときは、申請を急ぐことが肝要である。

　なお、補足性の原理から、扶養義務者に対して扶養照会がなされることがある。扶養照会とは、民法877条の扶養義務の履行について扶養義務者に保護の実施機関たる福祉事務所が照会をかけることをいう。ドメスティック・バイオレンス（以下、「DV」という）の事案など、照会することが不都合なときには配慮されるため、何らかの事情があるようであれば申し出ておくとよい。また、これまでの経緯から、照会しても無駄なようなとき（離婚した妻との間に子供がいるが未成年である、不仲で何十年も音信不通であるなど）はそのような事情を伝えるのもよいであろう。

　(2)　補足性の原理をめぐる問題点

　生活保護の水際作戦で問題となることの多い4点（資産の活用、稼働能力の活用、扶養優先、他法他施策優先）について詳述する。

　　㋐　資産の活用

　資産の活用については、「持ち家があると保護は受けられない」「生命保険があると保護は受けられない」「自動車があると生活保護の申請はできな

い」など、福祉事務所から間違った説明がなされ、保護申請時に問題となることの多いところである。

　まず、原則として、現実に最低生活の維持のために活用されており、かつ、処分するよりも保有しているほうが生活維持および自立助長に実効があがっていると認められるものは、処分しなくてよいとされる。すなわち、「処分」のみが「活用」ではない。

　以下、主な資産についての具体的な行政運用を紹介する。

　　(A)　**現金・預貯金**

　現金・預貯金は、生活保護申請時においては、最低生活費（世帯の構成員の人数・年齢等により異なる）の2分の1の額の保有が認められ、収入認定されない。所持するお金を使い切らないと申請ができないというわけではない。また、生活保護受給中に、保護費のやり繰りによって生じた預貯金は、使用目的が保護の趣旨目的に反しない限り、保有が認められる。

　　(B)　**自動車**

　自動車は、維持費がかかる等の理由により、原則として処分価値の有無にかかわらず、保有は認められず、現在所有している場合は、売却処分を求められる。

　例外として、次の①〜⑤の場合には、保有が認められる。

① 　事業用自動車の場合
② 　通勤用自動車であって、次のⓐ〜ⓓのいずれかに該当し（ⓐ以外は、勤労収入が自動車の維持費を大きく上回ることが必要）、自動車以外の通勤方法が全くないか、通勤が極めて困難で、自動車の保有が社会的に適当と認められる場合
　ⓐ 　障害者が自動車で通勤する場合
　ⓑ 　公共交通機関の利用が著しく困難な地域に居住する者等が自動車で通勤する場合
　ⓒ 　公共交通機関の利用が著しく困難な地域にある勤務先に自動車で通勤する場合

ⓓ　深夜勤務等の仕事に就いている者が自動車で通勤する場合
　③　障害者が自動車で通院・通所・通学する場合
　④　短期間での自立が見込まれる場合（処分指導を「保留」する）
　⑤　保育所等の送迎のための通勤用自動車であって、次のⓐⓑのいずれにも該当するとき
　　ⓐ　当該自治体の状況等により公共交通機関の利用が可能な保育所等が全くないか、あっても転入所が極めて困難であること
　　ⓑ　転職するよりも現在の仕事を継続することが自立助長の観点から有効であると認められること

　前記①②について、燃料費、修理費、自賠責保険料、任意保険料は必要経費として勤労収入から控除される。

　前記③について、通院・通所・通学に使用する場合の自動車の維持費については、他からの援助や障害者加算で賄われる見通しがあることが必要とされる。

　前記④について、保護の開始申請時には失業や傷病により就労を中断しているが、就労を再開する際には通勤に自動車を利用することが見込まれる場合、おおむね6カ月以内に就労により保護から脱却することが確実に見込まれる者で、保有する自動車の処分価値が小さいと判断されるものは、処分指導を行わないとされる。

(C)　125cc以下のオートバイおよび原動機付自転車

　125cc以下のオートバイおよび原動機付自転車は、次の①～④をすべて満たす場合に、生活用品として保有が認められる。なお、125ccを超えるオートバイについては、自動車の保有要件と同じである。

①　現実に、最低生活の維持のために活用されており、かつ、処分するよりも保有しているほうが生活維持および自立助長に実効があがっていると認められること
②　当該地域の一般世帯との均衡を失しないこと
③　自賠責保険と任意保険に加入すること

④　維持費の捻出が可能であること

　(D)　**居住用の不動産**

　居住用の不動産は、処分価値が利用価値に比べて著しく大きい場合を除き、保有が認められる。ただし、住宅ローンが残っている場合は、住宅ローンの支払いの継続および住宅の保有継続を認めると、生活にあてるべき保護費からローンの返済を行うこととなるので、原則として認められない。

　福祉事務所から「持ち家がある人は保護が受けられない」と誤った説明がなされることがあるが、前述のとおり、そもそも活用は「処分」のみを意味せず「利用」も活用に入るし、債務整理業務との関係からは、破産手続開始の申立てを予定している等でローンの返済を停止しており、住宅の保有を前提としていない場合については、そもそも資産ではなく、問題なく保護が利用できるものであるから、福祉事務所に対して、破産手続開始の申立てを予定している旨の説明を行うとよいだろう。また、このような場合に、後日、転居が必要になれば、転居費用（敷金、礼金、仲介手数料、火災保険料、保証人がいない場合の保証料）が、住宅扶助基準額の3倍以内で支給される（3倍を超えて支給される地域もある）。

　(E)　**要保護世帯向け長期生活支援資金制度**

　平成19年度から、持ち家に居住している世帯で、世帯構成員の中に65歳以上の者がいる場合（当該世帯員の配偶者が満65歳未満である場合を除く）には、保護を利用する前に、要保護世帯向け長期生活支援資金制度を利用することとされた。同制度はリバースモーゲージの一種である。

　リバースモーゲージとは、貸付限度額に至るまで毎月決まった額の融資を受け、限度額に達した段階で貸付けがストップされる制度で、原則として、貸付けを受けた者の死亡により償還期限が到来し、債務の承継人は一括でこれを返済する義務を負うというものである。償還額は原則として償還時の売却額の範囲内とされ、回収不能額は償還免除のうえ、原資の不足が生じる場合は予算措置を行うとされる。

　リバースモーゲージの利用を要するとされるのは、500万円以上の評価（固

定資産評価額×7分の10もしくは公示価格で、最終的には不動産鑑定士の鑑定評価による）のある居住用不動産（建物のみの場合を除く）を所有している場合である。ただし、借入申込者が所有している居住用不動産に賃借権等の利用権および抵当権等の担保権が設定されていない場合に限る。

　毎月の貸付額は、生活保護基準の1.5倍から収入額を控除した額であり、貸付総額が、建物を含む評価額の7割（敷地権付きマンションの場合は5割）に達すると、生活保護が適用される。

　この制度の利用の可否は、貸付けを行う社会福祉協議会の審査を経て決定される。この審査の結果、可とされた場合に活用可能な資産になったと判断されるものであり、初回の貸付けがなされるまでの期間は生活保護の受給は可能であるし、支給を受けた保護費は法63条返還（後記(I)参照）の対象にもならない。

(F)　生命保険の解約返戻金

　生命保険の解約返戻金は、原則として、解約し、資産として活用することが求められる。ただし、保険の種類が死亡・障害や入院給費などの危険に備えるもので、解約返戻金が最低生活費の3カ月程度以下であり、保険料が最低生活費の1割程度以下で、保険加入による利益が生活保護利用世帯のものとなる場合には、保有が認められる。

　この場合、満期返戻金か解約返戻金を受け取ったときは、保護開始当時の解約返戻金相当額を、すでに支給を受けた生活保護費の範囲で福祉事務所に返還すること（生活保護法63条に定める費用返還義務に基づく返還。以下、「法63条返還」という）が条件となる。

(G)　学資保険

　保護費を原資として学資保険に加入した場合について、最判平成16・3・16民集58巻3号647頁〔中嶋訴訟〕により、その保有が認められた。なお、生活保護申請時にすでに学資保険に加入している場合については、15歳満期または18歳満期の学資保険に加入している場合で、解約返戻金が50万円以下の場合、保有が認められる。この場合において、満期保険金等を受領したと

きは、開始時の解約返戻金相当額について、法63条返還の対象となるものであるが、本来の目的である就学等の費用にあてられる限り、返還を要しないとされる。また、開始時の解約返戻金相当額以外の分は、「保護費のやり繰りによって生じた預貯金」と同様に扱われるが、これは、生命保険と同様である。

　(H)　その他の生活用品

　当該地域の普及率が70％を超えるものについては、地域住民との均衡等を勘案のうえ、原則として保有を認める。

　(I)　資産がある場合と法63条返還

　生活保護法63条は、「被保護者が、急迫の場合等において資力があるにもかかわらず、保護を受けたときは、保護に要する費用を支弁した都道府県又は市町村に対して、すみやかに、その受けた保護金品に相当する金額の範囲内において保護の実施機関の定める額を返還しなければならない」と定めるが、この場合、保護利用世帯の自立助長を考慮して、返還額を「実施機関が定める額」に減額できる。

　なお、法63条返還が問題になる場合として、債務整理との関係では過払金の取扱いがあげられるだろう。かつては、司法書士から受給者が返金を受けた時点で収入認定をするという考え方と、すでに過払金という財産がありながら保護を受給していたものとして法63条返還で対応するという考え方があったが、現在は、過払金から司法書士報酬を支払い、他の残債務が残る債権者への弁済を行い、さらに残額がある場合に、受給者が司法書士から返金を受けた段階で収入認定をするという処理に統一されている。

　なお、資力があるにもかかわらず保護を受けた場合には、後日、本来受ける必要がなかった部分の保護費に相当する金額の返還を求められる法63条返還に対して、不実の申請や不正な手段により保護を受けた場合に徴収される制度（生活保護法78条に定める徴収。以下、「法78条徴収」という）もある。両者の基準があいまいな部分もあるところ、法78条徴収においては、140％までの範囲で徴収されるというペナルティもあるために、実際においてどうで

あったのか慎重な判断が本来要請されるべき場面である。

　　(イ)　**稼働能力の活用**

　生活保護をめぐる誤解の中に、「65歳以上でないと保護は受けられない」というものがある。補足性の原理から、働ける人はその能力に応じて働いて生活費を賄うこととされ、原則として18歳から64歳までは稼働能力があるとして、求職活動が求められる。しかし、これは、稼働能力を有する者が保護を受けられないということではない。一所懸命に求職活動をしても職が見つからないことは多々あり、このように、稼働能力があっても、それを現実に活用する環境がない場合には、補足性の要件に反するものではなく、保護を利用できる。

　この点につき、林訴訟第1審判決（名古屋地判平成8・10・30判タ933号109頁）は、「補足性の要件は、申請者が稼働能力を有する場合であっても、その具体的な稼働能力を前提とした上、申請者にその稼働能力を活用する意思があるかどうか、申請者の具体的な生活環境の中で実際にその稼働能力を活用できる場があるかどうかにより判断すべきであり、申請者がその稼働能力を活用する意思を有しており、かつ、活用しようとしても、実際に活用できる場がなければ、『利用し得る能力を活用していない』とは言えない」とし、この解釈については、控訴審（名古屋高判平成9・8・8判タ969号146頁）においても同旨であった。

　また、路上生活を余儀なくされた者が稼働能力の不活用を理由に三度に渡り生活保護申請を却下されたことに端を発する、いわゆる新宿七夕訴訟第1審判決（東京地判平成23・11・8賃社1553・1554号63頁）では、ホームレス状態にあった状態からの就労を強いたことに対して、「法は不可能を強いることができない」と明快に判示し、当該状況において活用できないのであれば（「その意思のみに基づいて直ちにその稼働能力を活用する就労の場を得ることができた」という状況でもない限り）稼働能力の不活用にはあたらないとしている。この結論は、控訴審判決（東京高判平成24・7・18賃社1570号42頁）においても維持されている。

なお、局長通知では、稼働能力を活用しているか否かについて、次の①～③により判断するとされている。

① 稼働能力の有無　年齢や医学的な面だけでなく、資格、生活歴・職歴等を把握・分析し、客観的かつ総合的に勘案して評価する

② その具体的な稼動能力を前提として、その能力を活用する意思の有無　求職状況報告書等により求職活動の実施状況を把握し、前記①で評価した稼働能力を前提として真摯に求職活動を行ったかどうかを踏まえて評価する

③ 実際に稼働能力を活用する就労の場を得ることの可否　前記①で評価した稼働能力を前提として、地域における有効求人倍率や求人内容等の客観的な情報、育児や介護の必要性等その者の就労を阻害する要因を踏まえて評価する

　稼働能力があることのみをもって生活保護の申請が受け付けられない場合には、前記裁判例や厚生労働省の解釈を説明するほか、求職活動をしてもなお仕事が見つからないという事実を、具体的に、ハローワークの登録カードや就職活動経過を記した報告書をもって説明するとよいだろう。

　　　(ウ)　**扶養優先**

「親族に扶養してもらいなさい」などという形で水際作戦に遭いやすいところである。

　扶養義務関係にある者から援助が受けられる場合には、その援助を優先することとされるが、ここでいう「優先」とは、実際に扶養援助を受けられる場合には、その扶養援助を優先するという意味であって、扶養援助の調査をしなければ生活保護の申請ができないということではない。申請があった後に、扶養家族の有無や援助の可否を確認すればよいのであって、このような対応は、申請権を侵害するものであり、違法である。

　なお、要保護者の生活歴等から特別な事情があり、明らかに扶養ができない扶養義務者に対する扶養照会について、当該扶養義務者が要保護者と生活保持義務関係にある場合は、扶養義務者に対して直接照会することが真に適

当でない場合として取り扱ってよく、また、当該扶養義務者が生活保持義務以外の関係にある場合は、個別の慎重な検討を行い、扶養の可能性が期待できない者として取り扱ってよいとされている。

このほか、DVの場合の調査方法については、まず関係機関等に対して照会を行い、なお扶養能力が明らかにならないときは、加害者の居住地を所管する保護の実施機関に書面をもって調査依頼を行うか、またはその居住地の市区町村長に照会するとされ、加害者に直接連絡がいくということのないよう配慮がなされている。

 (エ) **他法他施策優先**

年金や手当など、他の法律で給付が受けられるものがある場合には、まずはそちらを活用するというものであり、他法他施策としては、年金、介護保険、雇用保険、児童扶養手当等があげられる。

なお、ホームレスの自立の支援等に関する特別措置法(平成14年法律第105号)により設置され、現行は生活困窮者自立支援法に引き継がれている路上生活を余儀なくされた者の一時入所施設である自立支援センターを選択するか否かは申請者の自由であり、自立支援センターは生活保護に優先する他法他施策に該当しない。

(3) **その他の論点**

 (ア) **審査請求(不服申立て)**

福祉事務所は、都道府県および市(特別区を含む)に設置が義務づけられており(社会福祉法(昭和26年法律第45号)14条2項)、町村は任意で設置することができ(同条3項)、いずれの地域にも管轄する保護の実施機関として福祉事務所が存在する。

福祉事務所により生活保護の申請が認められなかった場合や、緊急に保護開始決定を行わなければならない状況であるにもかかわらず、保護を行わない場合(不作為)には審査請求をすることができる(行政不服審査法(平成26年法律第68号)2条・3条)。また、保護の申請をした後、30日を経過しても何の決定もないまま放置されている等の場合にも、保護申請が却下されたも

のとみなして(みなし却下。生活保護法24条7項)、審査請求をすることができる。

　審査請求先は、次の①～④のように、福祉事務所を設置したのが都道府県であるか、市区町村であるか、また、処分に対する不服申立てであるか、不作為に対する不服申立てであるかによって異なる。なお、審査請求は、福祉事務所を経由して提出することも可能である(行政不服審査法21条)。

　① 市区町村の設置する福祉事務所長の行った保護の決定・実施に関する処分に対しては、都道府県知事に審査請求を行う(生活保護法64条)
　② 都道府県の設置する福祉事務所長の行った保護の決定・実施に関する処分に対しては、都道府県知事に審査請求を行う(行政不服審査法4条)
　③ 市区町村の設置する福祉事務所長の不作為に対しては、市区町村長に審査請求を行う(同法3条・4条)
　④ 都道府県の設置する福祉事務所長の不作為に対しては、都道府県知事に対して審査請求を行う(同法3条・4条)

原則として、不服の対象となる処分があったことを知った日の翌日から起算して3カ月以内に、審査請求をしなければならない(行政不服審査法18条1項)。審査請求の決定に不服がある場合には、厚生労働大臣に対して再審査請求をすることができる(生活保護法66条)。

　なお、決定に対して、不服申立てにより是正を図ることも一つの手段であるが、結論が出るまで時間を要することも事実である。却下された場合には、すぐに再度の申請を出して新たな結論を出すように働きかけることも、また有効な手段である。

(イ) ホームレス状態にある者からの申請

　ホームレス状態にある者に対する水際作戦として、住民登録がない者が申請できないという誤った対応がなされたり、ホームレス状態にある者は、自立支援センターに入ってもらっているなどと劣等処遇を受ける事案が多い。住民登録にかかわりなく、現在生活の本拠がない者は、現在地にて保護申請することとされている(生活保護法19条)。前述のとおり、要保護者の希望で

あれば自立支援センターに入所することでもよいが、他法他施策に該当しないため、要保護者が生活保護を希望する場合には、その利用を強制されることもない。

また、生活保護法は、居宅での保護実施を原則としており、健康面などの理由で居宅での生活に困難がある場合には更生施設などの生活保護法上の施設を利用することが原則であり（同法30条1項）、居宅生活を営むことができる者であれば、原則どおり、居宅への入居の一時金を支出してもらうことが可能である。入居のための一時金申請も保護申請の一部であるため、申請が必要であり、申請に対して福祉事務所は受理するまたは受理しないという決定権限はなく、受理しなければならない。そして、受理した場合には、原則として14日以内に、書面で、理由を付して決定をしなければならない（同法24条4項・5項）。

●生活保護法の改正および生活困窮者自立支援法の制定●

生活困窮者対策と生活保護制度の見直しを総合的に行うために、平成25年12月に生活保護法の一部改正（平成25年法律第104号による改正）および生活困窮者自立支援法（平成25年法律第105号）の制定が行われた。生活保護法の改正点は、①就労による自立の促進（勤労控除制度の見直し、就労収入自立給付金の創設など）、②健康・生活面等に着目した支援、③不正・不適正受給対策の強化等、④医療扶助の適正化である（生活困窮者自立支援制度については、後記Ⅳ参照）。

ここでは、前記③に関連して、少し触れておく。生活保護申請の現場においては、これまでもさまざまに指摘されるとおり、生活保護制度の「適正」化（おおむね、実務の現場における「適正」の語は、財政上からの抑制策を指すことが多いと感じられる）が行われてきた。個々の世帯の実情に応じた要否判定により、結果として社会全体の保護費が減少するのであれば「適正」化ともいえようが、保護基準以下の生活者が多い実態の改善もせず、さらに個々の世帯の実情にかかわりなく社会全体の保護の削減を志向するならば、これはすなわち減給の推進であろう。

なお、生活保護費の基準は、法律ではなく厚生労働大臣の告示（生活保護

基準）により定められている。このことは、厚生労働大臣が自由裁量により基準を定めうることを意味するのではなく、生活保護費の基準は、憲法および生活保護法の趣旨を具現化するものであることに鑑み、政治上・財政上の観点に左右されず合理的な基礎資料に基づき専門的知見により定めるべきであるということにある。しかし、前述の生活保護法改正に先立つ告示の改正（平成25・5・16厚労告第174号による改正）により生活扶助基準が段階的に引き下げられ、平成27年には住宅扶助基準が引き下げられた。

3　生活保護制度の利用と債務整理

(1)　生活保護利用者の債務整理手続の選択

　生活保護利用者（被保護者）の債務整理手続については、保護費を債務の返済にあてると最低生活を下回る生活を強いられるため、分割返済は相当ではなく、原則として、破産手続を選択することになろう。

　また、この場合には、民事法律扶助制度を積極的に活用すべきである。生活保護利用者については、通常、立替金の償還猶予や免除が認められるので、立替金の償還により生活困窮に再度陥ることのないよう、依頼者に教示することも必要であろう。

(2)　生活保護と破産

　破産手続を選択するときは、過払金についての法63条返還決定が問題となることがある。また、過払金でなくとも、保護利用中に借入れをし、未申告のまま保護を利用し続けると、後に、法63条返還または法78条徴収決定を受けることがあるので、注意が必要である。

　なお、福祉事務所からは、これらの返還決定を他の債権者への配当よりも優先するように言われることがあるが、法63条返還に係る債権は一般破産債権であり、これを優先して支払うと偏頗弁済に問われかねない。法78条徴収に係る債権は生活保護法改正により（平成25年法律第104号による改正）、租税債権に準じた扱いとされた。

(3) 生活保護と任意整理

前述のとおり、保護費からの返済は最低限度の生活を下回る生活を債務者に強いることになるし、そもそも保護費は生活に用いるものとして支給されるため、原則的に、適切な手続選択とはいえない。

●法律家としてのかかわり方●

　生活保護の現場では、法律に基づいた対応を心がけ、親身になってくれる行政職員がいる一方では、個々の行政職員の想いにかかわらず、行政内部の組織的な対応において、法律を離れた運用が多くの場面でなされていることもまた事実である。法的な知識に疎い方の中には、役所のいうことであるからと、行政のともすれば不適切な運用ともいえる対応を「法律」と誤ってとらえ、法律は救いにならないものであると諦めている者も多い。虐待や自殺に起因する事件報道の背景に、慢性的な生活苦があると推測できる場合も多く、生活保護を受けていれば事件発生自体を防ぐことができたのではないかと思われるものもある。

　現場の運用が法律の趣旨を損なうようなことをしているのであれば、法律家がこれを是正していくことが必要であろう。そもそも、法制度に対して誤解をもっている方々に正しい制度の形を伝えることも法律家の使命である。マスコミの報道や伝聞情報に惑わされず、現実を踏まえ憲法・法律はどのような思想の下で規定しているのか認識したうえで、議論することがそもそも必要である。

　国の施策としては、社会保障にあてられる財源を縮小しようとする意図が明確である。現実に生活する人として依頼者と接する法律家には、個々の人の生活から制度を眺め直し、財源不足という現実により規定される制度ではなく、あるべき制度の形を提言していくことも求められよう。

　また、法律家であれば、自身の個人的な意見にかかわらず、正確な知識で、利用可能な手続を、その制度を利用することが可能な方に対してアドバイスすることは、職責の一部である。

Ⅳ 生活困窮者自立支援制度の活用方法

1 生活困窮者自立支援制度とは

　生活困窮者自立支援制度とは、生活保護に至る前の段階の生活困窮者に対する包括的・継続的な自立支援強化を図るため、生活困窮者自立支援法（平成27年4月1日施行）により実施される諸制度である。

2 生活困窮者自立支援制度の概要と課題

(1) 生活困窮者自立支援法における各事業

　生活困窮者自立支援法に規定される事業は、生活困窮者自立相談支援事業（同法2条2項）、生活困窮者住居確保給付金の支給（同条3項）、生活困窮者就労準備支援事業（同条4項）、生活困窮者一時生活支援事業（同条5項）、生活困窮者家計相談支援事業（同条6項）等である（各事業の比較は [DATA40] 参照）。このうち、必須事業は生活困窮者自立相談支援事業および生活困窮者住居確保給付金の支給の2事業のみであり（同法4条・5条）、その他の事業は任意事業である（同法6条）。

　そして、事業実施主体は地方公共団体であり（生活困窮者自立支援法3条）、各事業の国庫負担の割合が定められており（同法9条）、地方公共団体の財政規模次第で、行われる社会保障施策がまちまちになる可能性を有する。

(2) 生活困窮者就労訓練事業の認定

　生活困窮者自立支援法では、雇用による就業を継続して行うことが困難な生活困窮者に対し、就労の機会を提供するとともに、就労に必要な知識および能力の向上のために必要な訓練、生活支援並びに健康管理の指導などを供与する事業を行う者は、当該就労訓練事業が生活困窮者の就労に必要な知識および能力の向上のための基準に適合していることにつき都道府県知事の認定を受けることができるとされている（同法10条）。

　福祉的就労と一般就労の中間として「中間的就労」を設けるものであるが、

そもそも中間的就労を認めるべき意義がややあいまいである。生活困窮者をして、安価な労働力の給源とすることは、貧困の連鎖を招く危険もあり、さらには労働者としての生活困窮者の尊厳を侵す懸念がある。

(3) 生活困窮者自立支援法における「自立」の概念

生活困窮者自立支援法にいう、「自立」の概念についても簡単に触れておく。「自立」とは、「経済的自立」のみをいうのではない。さまざまな社会的資源を利用しながら自分らしく生きることを選択し、日常を送ることも自立の一概念である。日常生活において自立した生活を送る「日常生活自立」、社会的なつながりを維持・回復する「社会生活自立」も、「経済的自立」と並列して、同法にいう「自立」をとらえなくてはならない。したがって、就労による経済的自立のみを優先するような運用はなされるべきではない。

(4) 生活困窮者自立支援制度の課題

生活困窮者自立支援法は、「第２のセーフティネット」の充実・強化のために制定された。同法は、生活保護制度の運用の適正化と軌を一にするものとして制定され、従来個々の社会保障制度が対応しきれなかった多様な課題に対して、対人支援をとおして取り組むための制度設計がされている。うまく機能するのであれば、個人を尊重し、経済的自立のみをいうのではない、真の自立を支援する制度として発展する可能性もあるということもできる（前記(3)参照）。

生活困窮者自立支援制度は、失業等により直ちに住居を失い生活保護制度を利用するほかない状態に陥ることのないよう、生活保護に至る前の低所得者をその対象としている。同法第２条において「生活困窮者」とは、「現に経済的に困窮し、最低限度の生活を維持することができなくなるおそれのある者をいう」（圏点は筆者による）と定義される。現に最低限度の生活を営むことができない状況にある者は、生活保護制度の対象であり、これらの者をいたずらに生活困窮者自立支援制度の対象とし、最低限度の生活の維持を否定することは、憲法の要請を侵すものであろう。同法の運用は、生活保護制度と同様に、その多くが運用に委ねられている。

また、生活困窮者自立支援法は、今日において貧困の状態にある者が社会的に孤立し、複合的かつ多様な課題を抱えていることを認識し、貧困状態にある家庭に育った者が、貧困に陥る危険性が高くなる「貧困の再生産」を防ぐ視点を有している。公的部門のみならず民間部門もその事業主体となりうることも前提に据え、創意工夫に富んだ取組みを可能としている。ただし、これについても、その運営が法の建前を遵守する形で、利用者の意思の尊重や主体性を重んじる運用となるのであれば、意義を有する取組みがなされるといえるが、その一方で、責任があいまいとなる形で運用されるならば、人の命を損なうような結論さえ導きかねない。

　多くが運用に委ねられている以上、法の趣旨を具現化するためには現場での取組みがいかに行われるのかが、とりわけ重要になると思われる。

3　生活困窮者自立支援制度の利用と債務整理

　破産により債務を解消するだけでは生活の維持ができず、かつ、生活保護の基準を上回り生活保護制度を利用できない者にとっては、自立を支援するために有用な事案もあると思われる。

　また、前述のとおり、地域により創意工夫に富んだ取組みがなされていることもあるため、それぞれの地域でどのような事業が実施されているのかを把握し、依頼者を事業による支援につないでいけるようにするとよいだろう。

4　生活困窮者自立支援法の見直しの動き

　生活困窮者自立支援法は、その附則2条において、施行後3年をめどに、「施行の状況を勘案し、生活困窮者に対する自立の支援に関する措置の在り方について総合的に検討を加え、必要があると認めるときは、その結果に基づいて所要の措置を講ずるものとする」と規定されており、その規定に基づいて厚生労働省に設置された「生活困窮者自立支援のあり方等に関する論点整理のための検討会」において「生活困窮者自立支援のあり方に関する論点整理（案）」（平成29年3月6日に付け第7回検討会）が公表された。その後、

同省社会保障審議会に「生活困窮者自立支援及び生活保護部会」が設置され、生活困窮者への対応にあたって相互に密接に関連する生活困窮者自立支援制度および生活保護制度の課題やその対応策について、それぞれの施行状況を踏まえて一体的な議論がなされている（平成29年9月30日現在）。

V　その他の制度の活用方法

1　国民年金

(1)　国民年金

　国民年金とは、年金保険制度の形式をとる社会保障制度である。国民年金が備える保険事故は、老齢になること、障害を有するようになること、生計の中心となる者が死亡することであり、これらの出来事が生じることにより、毎年一定の額を支給する年金制度となっている。保険事由の種類によって、主に、老齢基礎年金、障害基礎年金、遺族基礎年金の3種類が設けられている。[12]

　ここでは、このうち、債務整理事件の処理に関連すると思われる老齢年金と障害年金について概観する。

(2)　老齢年金

㋐　老齢年金とは

　老齢年金とは、20歳から60歳になるまでの40年間の全期間にわたって保険料を納めた者に対して65歳から支給される年金で、国民年金から支給される老齢基礎年金と、老齢基礎年金を受けるのに必要な資格期間（年金保険料納付済期間が25年以上）を満たした者が65歳になったときに、老齢基礎年金に上乗せして厚生年金保険から支給される老齢厚生年金がある（以下、老齢基礎年金と老齢厚生年金をあわせて「老齢年金」という）。

㋑　受給要件等

　老齢基礎年金の被保険者は、国民年金への加入の仕方により、次の①～③のとおり分類されている。

①　第1号被保険者　　第2号被保険者、第3号被保険者のいずれにも

---

[12] 国民年金制度については、日本年金機構HP「年金の受給」〈http://www.nenkin.go.jp/service/jukyu/index.html〉（平成29年9月30日閲覧）など参照。

分類されない20歳以上60歳未満の者（自営業者、農業等に従事する者、学生、フリーター、無職の人など）
② 第2号被保険者　被用者保険である厚生年金や共済年金を通じて国民年金に加入する者
③ 第3号被保険者　第2号被保険者に扶養されている配偶者で20歳以上60歳未満の者（ただし、年間収入が130万円以上で健康保険の扶養となれない人は第3号被保険者とはならず、第1号被保険者となる）

国民皆年金制度であるため、第1号被保険者には所得にかかわりなく年金保険料が課される。そして、国民年金から支給される老齢年金である老齢基礎年金の受給資格は、保険料納付済期間が25年以上あることとされている。この期間には、保険料の免除や猶予の制度を利用した期間も含まれる。

(ｳ) **低所得者が利用できる制度**

低所得者への配慮として存在する、保険料の免除や猶予の制度を概観する。[13]

(A) **全額免除制度・一部納付制度**

所得が少なく本人・世帯主・配偶者の前年所得（1月から6月までに申請される場合は前々年所得）が一定額以下の場合や失業した場合などに、住民登録のある市区町村役場の国民年金担当部署へ申請書を提出し、申請が承認されると、保険料の納付が免除になる。[14] 免除される額は、保険料の全額、4分の3、半額、4分の1の4種類がある。

(B) **DVを受けた者の国民年金保険料の特例免除**

DVにより、DV加害者と住居が異なる者（DV被害者）は、配偶者の所得にかかわらず、本人の前年所得が一定以下であれば、保険料の全額または

13　制度の一覧については、日本年金機構HP「国民年金保険料の免除・猶予・追納」〈http://www.nenkin.go.jp/service/kokunen/menjo/index.html〉（平成29年9月30日閲覧）など参照。

14　申請方法等については、日本年金機構HP「保険料を納めることが、経済的に難しいとき」〈http://www.nenkin.go.jp/service/kokunen/menjo/20150428.html〉（平成29年9月30日閲覧）など参照。

一部が免除になる。申請・相談窓口は、最寄りの年金事務所である。[15][16]

　(C)　**学生納付特例制度**

　学生については、本人の所得が一定以下（親族の所得は問わない）の場合、申請により在学中の保険料の納付が猶予される制度が設けられている。[17]住民登録のある市区町村役場の国民年金担当部署、最寄りの年金事務所のほか、在学中の大学等の窓口へも申請できる場合がある。

　(D)　**納付猶予制度**

　納付猶予制度は、かつては30歳未満の者を対象としていたが、中高年層の非正規労働者が増加していることを受け、平成28年7月1日から平成37年6月末までの時限措置として、対象年齢が50歳未満とされている。[18]住民登録のある市区町村役場の国民年金担当部署へ申請書を提出し、承認されると保険料の納付が免除になる。

　なお、20歳から60歳になるまでの40年間の全期間にわたって保険料を納めた者は、65歳から満額の老齢基礎年金が支給されるが、保険料を全額免除された期間の年金額は2分の1（平成21年3月分までは3分の1）となり、また、保険料の未納期間は年金額の計算の対象期間にならない。このように、保険料の免除や猶予の承認を受けた期間がある場合、全額納付した場合に比して受給できる年金額が低額となる。そこで、免除等の承認を受けた期間の保険料につき、後から納付することにより、受給できる老齢基礎年金の金額を増やすことができる。

15　申請方法等については、日本年金機構HP「配偶者からの暴力を受けた方の国民年金保険料の特例免除について」〈http://www.nenkin.go.jp/service/kokunen/menjo/20150402-02.html〉（平成29年9月30日閲覧）など参照。

16　最寄りの年金事務所については、日本年金機構HP「全国の相談・手続き窓口」〈http://www.nenkin.go.jp/section/soudan/〉（平成29年9月30日閲覧）など参照。

17　申請方法等については、日本年金機構HP「学生納付特例制度」〈http://www.nenkin.go.jp/service/kokunen/menjo/20150514.html〉（平成29年9月30日閲覧）など参照。

18　前掲（注9）参照。

(E) **国民年金保険料の後納制度**

　後納制度とは、時効で納めることができなかった年金保険料について、平成27年10月から平成30年9月までの3年間に限り、過去5年分まで納めることができる制度である。相談窓口は、「ねんきん加入者ダイヤル」(0570-003-004)あるいは、最寄りの年金事務所である。

(F) **付加保険料の特例納付制度**

　付加保険料の特例納付制度とは、過去に付加保険料を納付期限までに納めなかったことにより、法律上辞退したものとみなされ、納めることができなかった付加保険料を過去10年間までさかのぼって納めることが可能となる制度である。この制度は、平成28年4月からの施行であり、平成28年4月から3年間（平成31年3月31日まで）に限られる。相談窓口は、「ねんきん加入者ダイヤル」(0570-003-004)あるいは、最寄りの年金事務所である。

　また、受給する老齢基礎年金の額については、受給開始年齢によっても異なることになる。すなわち、原則として受給開始年齢は65歳であるが、60歳から70歳までの間で選択することが可能となっている。65歳になる前に繰り上げ支給を受けると金額は減少し、65歳より後に繰り下げ支給をすると金額は増加する。

　その年齢になれば自動的に老齢基礎年金を受給できるわけではないため、年金事務所へ所定の申請書に必要書類を揃えて提出し、裁定を求める必要がある。

(エ) **老齢年金に関する法改正**

　前述のとおり、現在、老齢基礎年金の受給要件は年金保険料納付済期間（老齢厚生年金は被保険者期間）が25年以上あることとなっているが、本書執

19　申請方法等については、日本年金機構HP「国民年金保険料の後納制度」〈http://www.nenkin.go.jp/service/kokunen/hokenryo/20150520.html〉（平成29年9月30日閲覧）など参照。

20　申請方法等については、日本年金機構HP「付加保険料の特例納付制度」〈http://www.nenkin.go.jp/service/kokunen/hokenryo/0201.html〉（平成29年9月30日閲覧）など参照。

筆時点（平成29年3月）においては、老齢年金の受給資格期間短縮の施行期日を「消費税率の10％への引上げ時」から「平成29年8月1日」に改め、その期間を「25年」から「10年」とする改正法が（平成28年法律第84号による国民年金法、厚生年金保険法の改正）、平成28年11月24日に公布されている。

遡及して受給することはできず、納付した期間に応じて計算された額となるため、生活保護制度における最低生活費を下回る金額となる者が多数になると思われる。

(3) 障害年金

(ｱ) 障害年金とは

障害年金とは、精神や身体に一定程度の障害が残った場合に支給される年金で、国民年金から支給される障害基礎年金と、厚生年金保険から支給される障害厚生年金がある。（以下、障害基礎年金と障害厚生年金をあわせて「障害年金」という）。[21]

(ｲ) 受給要件

障害年金は、国民年金または厚生年金保険の被保険者（被保険者であった者）が、法令で定める障害の状態に該当し、かつ障害の原因となった病気やけがについて、初めて医師または歯科医師の診療を受けた日（これを「初診日」という）において一定の保険料納付要件を満たしている場合に受給することができる。障害年金を受給するためには、①初診日、②保険料の納付要件、③障害状態であることの3要件を満たす必要がある。

(A) 初診日

初診日とは、障害の原因となった傷病について、初めて医師または歯科医師（以下、「医師等」という）の診療を受けた日をいう。国民年金または厚生

---

21 障害基礎年金については、日本年金機構HP「障害基礎年金の受給要件・支給開始時期・計算方法」〈http://www.nenkin.go.jp/service/jukyu/shougainenkin/jukyu-yoken/20150514.html〉、障害厚生年金については、同機構HP「障害厚生年金の受給要件・支給開始時期・計算方法」〈http://www.nenkin.go.jp/service/jukyu/shougainenkin/jukyu-yoken/20150401-02.html〉（双方とも平成29年9月30日閲覧）など参照。

Ⅴ　その他の制度の活用方法

年金に加入している間に初診日があることを要する。

　障害年金における初診日は、初診日にどの年金制度に加入していたかにより受給できる障害年金が異なったり、初診日の前日において保険料納付要件を満たしているかどうかを判断したりと、障害年金の請求において大変重要なスタート地点となる。

　(B)　**保険料の納付要件**

　初診日の前日において、①初診日のある月の前々月までの直近1年間の被保険者期間に、保険料の未納期間がないこと、または、②初診日のある月の前々月までの公的年金の加入期間のうち、保険料納付済期間と保険料免除期間を合算した期間が3分の2以上納付していることのいずれかの要件を満たしていることを要する。

　(C)　**障害状態であること**

　①ⓐ初診日が、国民年金加入中にある場合は、初診日から1年6カ月を経過した日、またはその期間内にその傷病が治った日（以下、「障害認定日」という）において、1級または2級の障害の状態にあること、ⓑ厚生年金加入中に初診日がある場合は、1級、2級または3級の障害の状態にあること、②障害認定日には障害の状態になくても、65歳に達する日の前日までの間に障害の状態が重くなった場合は、その日までに事後重症の請求をすることができる。なお、初診日から5年以内に病気やけがが治り、障害厚生年金を受けるよりも軽い障害が残ったときには障害手当金（一時金）が支給される場合もある。

　(ウ)　**障害年金額**

　障害基礎年金額および障害厚生年金額（平成28年4月分から）は、次のとおりである。[22]

---

[22]　請求手続等は、日本年金機構HP「障害になったとき」〈http://www.nenkin.go.jp/service/jukyu/tetsuduki/shougai/20150401.html〉（双方とも平成29年9月30日閲覧）など参照。

〔障害基礎年金額〕
　1級　77万9300円×1.25＋子の加算額
　2級　77万9300円＋子の加算額
　　※子の加算額　第1子・第2子＝各22万4300円
　　　　　　　　　第3子以降　　＝各7万4800円

〔障害厚生年金額〕
　1級（報酬比例の年金額）×1.25＋配偶者の加給年金額
　2級（報酬比例の年金額）　　　＋配偶者の加給年金額
　3級（報酬比例の年金額）最低保障額58万4500円
　　※配偶者の加給年金額　22万4300円
　　※1級または2級に該当するときは、障害基礎年金に上乗せして障害厚生年金を受け取ることができる。

(エ)　障害年金制度の利用上の留意点

(A)　障害認定日請求（障害年金の遡及請求）

通常は、初診日を確定後、1年6カ月経過した日を障害認定日とするが、症状固定と判断される欠損障害などの場合は1年6カ月待つ必要はなく、障害状態を満たし、障害認定日が認められるのであれば、さかのぼって年金を受け取ることができる。

時効の関係で5年以上経過した分については受け取ることはできないが、最大で約5年分の障害年金をさかのぼって受け取ることができる。

(B)　審査請求、再審査請求

年金の決定に不服があるときは、決定があったことを知った日の翌日から起算して3カ月以内に、文書または口頭で、地方厚生局内に設置された社会保険審査官に審査請求をすることができる。その決定に対して、さらに不服があるときは、決定書の謄本が送付された日の翌日から起算して2カ月以内に社会保険審査会（厚生労働省内）に再審査請求できる。なお、決定の取消

しの訴え（行政事件訴訟等）を起こす場合は、原則として、審査請求の決定を経た後でないと提起できない（行政事件訴訟法（昭和37年法律第139号）8条）。

(C) 障害年金の障害認定基準

障害年金の障害認定基準については、毎年変更がある[23]。医師の診断内容や各個人の症状によって異なることも多く、注意が必要である。

2 雇用保険

(1) 雇用保険とは

雇用保険とは、政府が管掌する公的保険制度であり、労働者が失業した場合の失業給付のほか、失業の予防、雇用構造の改善、労働者の職業能力の開発・向上、その他労働者の福祉の増進等を目的として、各種の助成・援助を行う。

(2) 保険の対象者

会社の規模や業種を問わず、雇用されている者であれば、雇用保険の対象となる。ただし、65歳に達した日以後に雇用される者、1週間の所定労働時間が20時間未満である者、同一の事業主の適用事業に継続して31日以上雇用されることが見込まれない者、季節的に雇用される者であって、4カ月以内の期間を定めて雇用される者または1週間の所定労働時間が20時間以上30時間未満である者、学生または生徒など、対象とならない者もある（雇用保険法6条）。

(3) 保険給付

雇用保険制度では、被保険者を勤務形態や年齢によって、①一般社員やパートタイマーなどは「一般被保険者」、②65歳以上の労働者は「高年齢継続被保険者」、③日雇い労働者は「日雇労働被保険者」、④季節労働者は「短期雇用特例被保険者」の四つに分類し、それぞれに異なる基準で異なる給付

---

23 最終改正は平成28年6月1日。日本年金機構HP「障害認定基準改正に関すること（障害年金）」〈http://www.nenkin.go.jp/pamphlet/shougainintei.html〉（平成29年9月30日閲覧）など参照。

を行う。

　雇用保険から給付される求職者給付、雇用継続給付、就職促進給付および教育訓練給付を総称して、失業等給付と呼んでいる。[24]

　　㋐　求職者給付

　一般被保険者については、求職者手当として、基本手当、技能習得手当、寄宿手当および傷病手当が支給される。

　　　(A)　基本手当

　被保険者が失業した場合において、離職の日以前2年間に被保険者期間が通算して12カ月以上あったときに支給される（雇用保険法13条1項）。ただし、離職の理由が、事業の倒産、事業の縮小・廃止、解雇、有期労働契約の雇止め、またはやむを得ない理由による自己都合離職である場合には、離職の日以前1年間に被保険者期間が通算して6カ月以上あれば、基本手当が支給される（同条2項・3項）。

　　　(B)　技能手当

　受給資格者が職業訓練を受けるため、基本手当に加えて支給される。

　　　(C)　寄宿手当

　受給資格者がハローワーク等の指示する職業訓練を受けるため、同居の親族と一時的に別居して寄宿する場合に支給される。

　　　(D)　傷病手当

　病気やけが等により求職活動ができない場合は、基本手当が受給できないので、このような場合に代わって給付される。

　　㋑　雇用継続給付

　高年齢者や育児休業・介護休業を取得した者の雇用の継続を支援するための給付で、高年齢雇用継続給付、育児休業給付および介護休業給付の3種類がある。

24　雇用保険については、ハローワークインターネットサービスHP「雇用保険手続きのご案内」〈https://www.hellowork.go.jp/insurance/insurance_guide.html〉（平成29年9月30日閲覧）など参照。

(A) **高年齢雇用継続給付**

高年齢雇用継続給付には、高年齢雇用継続基本給付金と高年齢再就職給付金がある。

高年齢雇用継続基本給付金は、被保険者期間が5年以上ある60歳以上65歳未満の被保険者が、賃金額が60歳時点の賃金額の75％未満に低下した状態で働き続けている場合に支給される。高年齢再就職給付金は、いったん離職して基本手当を受給した者が、60歳に達した後に再就職した場合に支給される。

(B) **育児休業給付**

被保険者がその1歳（父母が共に育児休業を取得する場合は1歳2カ月、雇用の継続のために特に必要な場合には1歳6カ月）に満たない子を養育するために休業した場合で、休業開始日前2年間に被保険者期間が通算して12カ月以上ある場合に支給される。

(C) **介護休業給付**

家族を介護するために休業した被保険者に対して、介護休業給付金として支給される。

(ウ) **就職促進給付**

失業者が早期に再就職するのを援助・促進することを目的としており、就業手当、再就職手当、常用就職支度手当の3種類がある。

(エ) **教育訓練給付**

教育訓練を受講した者が一定の条件を満たした場合に、受講料の一部が支給される。すでに会社等で働いている就業者と、失業中の求職者の両方が給付を受けられる。受講する教育訓練の内容によって一般教育訓練給付金と専門実践教育訓練給付金の2種類があり、それぞれ支給条件や支給額が異なる。専門実践教育訓練給付金は、特定の専門職の資格取得をめざす専門実践教育訓練の受講者に対して支給され、一般教育訓練給付金はそれ以外の教育訓練の受講者に対して支給される。

3　労災保険

(1)　労災保険とは

労災保険とは、労働者の業務上の事由または通勤による負傷・疾病・障害・死亡に対して必要な給付を行う保険である。[25]

(2)　保険給付

療養（補償）給付と休業（補償）給付が主なものである。このほかに、障害（補償）給付、遺族（補償）給付、葬祭給付、傷病（補償）年金、介護（補償）給付、二次健康診断等給付がある。

保険給付にあたっては、「労働者の業務上の負傷、疾病、障害又は死亡」（労災保険法7条1項1号。以下、「業務災害」という）、または、「労働者の通勤による負傷、疾病、障害又は死亡」（同項2号。以下、「通勤災害」という）であることが求められる。

「業務上」とは、労働者が労働契約に基づいた雇用関係、事業主の支配下にあり、業務と傷病等に一定の因果関係があることである。保険給付にあたって、請求者は一定の因果関係、業務起因性の立証が求められることになる。特に、過労死や過労自死については、裁判で争われることが多くなっている。

(ア)　療養の給付

業務災害または通勤災害による傷病について、労災病院または労災指定医療機関等で療養する場合に直接医療機関等に支給される。

(イ)　療養の費用の支給

業務災害または通勤災害による傷病について、労災病院または労災指定医療機関以外の医療機関等で療養する場合に療養に要した費用全額が支給される。

---

[25]　労災保険については、厚生労働省HP「労働保険制度（制度紹介・手続き案内）」〈http://www.mhlw.go.jp/stf/seisakunitsuite/bunya/koyou_roudou/roudoukijun/hoken/980916_1.html〉（平成29年9月30日閲覧）など参照。

(ウ) 休業（補償）給付

業務災害または通勤災害による傷病に係る療養のため労働することができず、賃金を受けられない日が4日以上に及ぶ場合に、休業4日目から休業1日につき給付基礎日額の60％相当額が支給される。このほかに、休業特別支給金が給付基礎日額の20％相当額が支給される。

4　児童手当

(1)　児童手当とは

児童手当は、家庭等の生活の安定に寄与するとともに、次代の社会を担う児童の健やかな成長に資することを目的として、中学校修了までの子どもを養育している父または母、未成年後見人等であって日本国内に住所を有する者に支給される[26]。

(2)　手当月額と支給月

児童手当は、次の額が月を単位として（児童手当法6条）、毎年2月、6月および10月の3期に、それぞれの前月分までが指定金融機関等で支給される（同法8条4項）。

〔所得制限額未満である者〕
　3歳未満　　　　　　　　　　　　　　　月額1万5000円
　3歳以上小学校修了前（第1子、第2子）　月額1万　　円
　3歳以上小学校修了前（第3子以降）　　 月額1万5000円
　中学生　　　　　　　　　　　　　　　　月額1万　　円
〔所得制限額以上である者〕
　当分の間の特例支給（法附則）　　　　　月額　 5000円

26　児童手当については、内閣府HP「児童手当」〈http://www8.cao.go.jp/shoushi/jidouteate/index.html〉（平成29年9月30日閲覧）など参照。

(3) 所得制限

前年の所得（1月から5月までの月分の児童手当については前々年度の所得）が、①扶養親族等および児童がいないときは622万円以上、②扶養親族等および児童があるとき622万円に扶養親族等および児童一人につき38万円（老人控除対象配偶者または老人扶養親族の場合は44万円）を加算した額以上である場合は支給されない（児童手当法5条、児童手当法施行令（昭和46年政令第281号）1条）。

5 児童扶養手当

(1) 児童扶養手当とは

児童扶養手当とは、児童が育成される家庭の生活の安定と自立の促進と児童の福祉の増進を目的として、父または母と生計を同じくしていない児童を対象に、その児童の養育者に支給される[27]。児童手当（前記4参照）と児童扶養手当は、併給することができる。

(2) 手当月額と支給月

児童扶養手当は、次の額が月を単位として（児童扶養手当法5条）[28]、毎年4月、8月および12月の3期に、それぞれの前月分までが指定金融機関等で支給される（同法7条3項）。

第1子　　　　　全額支給：4万2330円

　　　　　　　　一部支給：4万2330円〜9990円

第2子の加算額　全額支給：1万　　円

　　　　　　　　一部支給：　　9900円〜5000円

---

[27] 児童扶養手当については、厚生労働省HP「児童扶養手当について」〈http://www.mhlw.go.jp/bunya/kodomo/osirase/100526-1.html〉（平成29年9月30日閲覧）など参照。

[28] 平成28年8月時点の額。所得に応じて一部が支給されず、一定の事由による公的年金給付等を受けることができるときは全部または一部が支給されない。

第 3 子以降の加算額（1 人につき）

　　　全額支給：　　6000円

　　　一部支給：　　5990円～3000円

6　児童福祉制度における教育費の父母負担の軽減

(1)　幼稚園就園奨励費補助金

　平成27年4月から、幼稚園の保育料を補助する、子ども・子育て支援新制度[29]が始まった。国の基準では、最大30万8000円を補助するものとなっているが、この制度は市区町村が実施をした場合に、国が原則3分の1を補助するというしくみになっているため、国の基準より低い補助しか受けられない市区町村や、実施自体を行っていない市区町村もあり、また施設によっては従前から存在する私学助成や就園奨励費補助制度と併存しているため確認をする必要がある。

(2)　就学援助

　就学援助とは、経済的理由によって就学困難と認められる学齢児童生徒の保護者に対して、市区町村が必要な援助を与える制度である（学校教育法19条）[30]。

　就学援助の対象者は、①要保護者（生活保護法6条2項）、②準要保護者（市区町村教育委員会が生活保護法6条2項に規定する要保護者に準ずる程度に困窮していると認める者）である。準要保護者についての所得基準については、各市区町村によって異なるので、対象となるか否かを確認する必要がある。

　要保護者に対する就学援助の補助対象品目は、学用品費、体育実技用具費、

29　子ども・子育て支援新制度については、内閣府HP「制度の概要」〈http://www8.cao.go.jp/shoushi/shinseido/outline/index.html〉（平成29年9月30日閲覧）など参照。
30　就学援助については、文部科学省HP「就学援助制度について（就学援助ポータルサイト）」〈http://www.mext.go.jp/a_menu/shotou/career/05010502/017.htm〉（平成29年9月30日閲覧）など参照。

新入学児童生徒学用品費等、通学用品費、通学費、修学旅行費、校外活動費、医療費、学校給食費、クラブ活動費、生徒会費、PTA会費とされているが、このすべてを補助の対象としているとは限らず、市区町村において独自に補助項目を設けているものもあるため、確認をする必要がある。

　要保護者に対する就学援助は、国からの補助が2分の1であるのに対して、準要保護者に対する就学援助は、税源移譲・地方財政措置により各市区町村が独自に実施しているため、確認をする必要がある。

　(3) **高等学校等就学支援金**

　高等学校等就学支援金は、平成26年4月1日以降に入学した、高等学校（専攻科・別科を除く）、中等教育学校後期課程（専攻科・別科を除く）、特別支援学校の高等部、高等専門学校（1学年～3学年）、専修学校後期課程、専修学校の一般課程、各種学校（高等学校入学資格者を入所資格とする国家資格者の養成施設および告示で指定した外国人学校）に在学している者で、保護者等の市区町村民税所得割額が30万4200円未満である者を対象として、授業料にあてるための就学支援金が支給される[31]。

　高等学校等就学支援金の支給限度額は、次のとおりである。

国立高等学校、国立中等教育学校の後期課程	月額9600円
定時制の公立高等学校、公立中等教育学校の後期課程	月額2700円
通信制の公立高等学校、公立中等教育学校の後期課程	月額 520円
国立・公立特別支援学校の高等部	月額 400円
上記以外の支給対象高等学校等	月額9900円

　私立高等学校、私立中等教育学校の後期課程、私立特別支援学校、国立・公立・私立高等専門学校、公立・私立専修学校、私立各種学校については、

31　高等学校等就学支援金については、文部科学省HP「高等学校等就学支援金制度（新制度）について」〈http://www.mext.go.jp/a_menu/shotou/mushouka/〉（平成29年9月30日閲覧）など参照。

Ⅴ　その他の制度の活用方法

次のとおり、世帯の収入に応じて、月額9900円を1.5倍～2.5倍した額が支給される。

```
年収250万円　　　　　未満程度（市区町村民税所得割非課税の世帯）
　　　　　　　　　　　　　　　　　　　　　　年額29万7,000円
年収250万円～350万円未満程度（市区町村民税所得割5万1300円未満の世
帯）　　　　　　　　　　　　　　　　　　　　年額23万7,600円
年収350万円～590万円未満程度（市区町村民税所得割5万1300円未満の世
帯）　　　　　　　　　　　　　　　　　　　　年額17万8,200円
```

(4)　高校生等奨学給付金

　高校生等奨学給付金は、平成26年4月1日以降に、就学支援金の支給対象である高等学校、中等教育学校後期課程、高等専門学校（1学年～3学年）、専修学校後期課程（県外の学校も含む）に入学した、①生活保護世帯、②市区町村民税所得割非課税世帯の第1子の生徒、③市区町村民税所得割非課税世帯で23歳未満の扶養されている兄や姉がいる第2子以降の生徒の保護者等を対象として、授業料以外の教育費（教材費、学用品費、通学用品費、校外活動費、生徒会費、PTA会費、入学用品費等）が支給される。[32・33]

　高校生等奨学給付金の支給額は、生活保護受給世帯は全日制等・通信制ともに、国公立の高等学校等に在学する者は年額3万2300円、私立の高等学校等に在学する者は年額5万2600円である（給付金は収入認定から除外される）。また、非課税世帯は、①全日制等（第1子）で、ⓐ国公立の高等学校等に在学する者は年額5万9500円、ⓑ私立の高等学校等に在学する者は年額6万

32　高校生等奨学給付金については、文部科学省HP「高校生等奨学給付金」http://www.mext.go.jp/a_menu/shotou/mushouka/1344089.htm〉（平成29年9月30日閲覧）など参照。

33　各都道府県において制度の詳細が異なるため、詳しくは、文部科学省HP「高校生等奨学給付金のお問合せ先一覧」〈http://www.mext.go.jp/a_menu/shotou/mushouka/detail/1353842.htm〉（平成29年9月30日閲覧）に問い合わせる必要がある。

7200円、③全日制等（第2子以降）で、ⓐ国公立の高等学校等に在学する者は年額12万9700円、ⓑ私立の高等学校等に在学する者は年額13万8000円、③通信制で、ⓐ国公立の高等学校等に在学する者は年額3万6500円、ⓑ私立の高等学校等に在学する者は年額3万8100円である。

7　生活福祉資金貸付制度

　生活福祉資金貸付制度とは、低所得世帯や障害者・高齢者が属する世帯を対象に、無利子または低利で資金を貸し付ける制度である。厚生労働省が定め、都道府県社会福祉協議会が、実施する。[34]

8　機構の給付奨学金制度

　機構の給付奨学金制度の概要について、ここでは、平成30年度進学予定者の場合を例に紹介することとする。[35]

(1)　機構の給付奨学金制度とは

　機構の給付奨学金制度とは、高等学校等（高等学校、中等教育学校（後期課程）、特別支援学校（高等部）、専修学校（高等課程））において優れた生徒であって、大学等（大学（学部）、短期大学、高等専門学校、専修学校（専門課程））への進学の目的および意志が明確であるにもかかわらず、経済的理由により進学が極めて困難な生徒に対して、返還の必要のない奨学金を交付することにより、大学等への進学を後押しすることを目的とするものである。

(2)　給付奨学金の概要

㋐　対象者（申込資格）

　給付奨学金の対象者（申込資格）は、平成30年度進学予定者の場合、平成

34　生活福祉資金貸付制度については、厚生労働省HP「生活福祉資金貸付条件等一覧」〈http://www.mhlw.go.jp/stf/seisakunitsuite/bunya/hukushi_kaigo/seikatsuhogo/seikatsu-fukushi-shikin1/kashitsukejoken.html〉（平成29年9月30日閲覧）など参照。

35　機構HP「平成30年度進学者」〈http://www.jasso.go.jp/shogakukin/kyufu/info.html〉（平成29年9月30日閲覧）参照。

30年度に大学等への進学を希望する者で優れた資質・能力をもっており、住民税非課税世帯または社会的養護を必要とする者（18歳時点で児童養護施設、児童自立支援施設、児童心理治療施設、自立援助ホームに入所している者もしくは入所していた者、または18歳時点で里親、小規模住居型自動養育事業委託者（ファミリーホーム）のもとで養育されている者もしくは養育されていた者）であって、①平成30年3月末に高等学校等を卒業予定の者、②高等学校等を卒業後2年以内の者、③高卒認定試験合格者で合格後2年以内の者または合格する見込みの者のいずれかに該当する者である。

(イ) 基　準

(A) 家計基準

家計基準は、①家計支持者（父母。同一世帯に父母いずれもいないときは、代わって家計を支えている者）が住民税非課税である場合、または、②社会的養護を必要とする者である場合である。

(B) 学力・資質基準

家計支持者が住民税非課税の場合は、ⓐ十分に満足できる高い学習成績を収めており、進学後も特に優れた学習成績を収める見込みがあること、または、ⓑ教科外の活動が特に優れ、かつ、おおむね満足できる学習成績を収めており、進学後に特に優れた学習成績を収める見込みがあることに該当し、進学の目的および意志が明確な給付奨学生としてふさわしい者を、高等学校等が定める基準に基づき学校長が推薦する。[36]

また、社会的養護を必要とする者は、ⓐ特定の分野において特に優れた資質能力を有し、大学等への進学後、特に優れた学習成績を修める見込みがあること、ⓑ大学等における学修に意欲があり、大学等への進学後、特に優れた学習成績を収める見込みがあることのいずれかに該当するとして、各高等学校等の学校長から推薦される者も学力・資質基準を満たす。

36　機構が高等学校等に示すガイドラインを参考に、各高等学校等において推薦基準を定める。

(C) 人物・健康基準

人物・健康基準は、学習活動その他生活の全般を通じて態度や行動が学生にふさわしく、将来良識ある社会人として活動できる見込みがあり、修学に十分耐えうるものと認められる者であることである。

(ウ) 給付奨学金の対象校

給付奨学金の対象となる大学等は〈表3〉のとおりである。ただし、正規の学生である場合に限る（科目等履修生、聴講生等は対象外）。

〈表3〉 給付奨学金の対象校

学校種別・過程		給付採用
大学短期大学	学部・学科	○
	通信教育課程・放送大学	△（※1）
	専攻科・別科・付属施設	△（※2）
専修学校	専門課程	△（※3）
	通信教育課程	△（※1）
	高等課程・一般過程	×
高等専門学校4・5年生		○
その他の学校（予備校、語学学校、職業訓練校等（※4）、海外の大学等（海外大学日本校含む））		×

※1 夏季・冬季スクーリングまたは通年スクーリングを受ける者が対象となる。また、放送大学は全科履修生で面接授業を受ける者が対象となる。

※2 貸与型奨学金の対象課程であれば、給付奨学金も対象となる（専攻科は本科から継続して交付を受ける場合に限る）。

※3 進学予定先の学科が機構の貸与型奨学金の対象課程であれば、給付奨学金も対象となる。専修学校の貸与対象学科は機構HP「専修学校（専門課程）の奨学金対象学科」〈http://www.jasso.go.jp/shogakukin/seido/kijun/yoyaku/senshu/gakkalist.html〉（平成29年9月30日閲覧）に一覧表が掲載されている。

※4 自治医科大学（医学部）、防衛大学校、防衛医科大学校、海上保安大学校、気象大学校、国立看護大学校、職業能力開発大学校、水産大学校等である。

V　その他の制度の活用方法

　　㈐　給付方法・給付期間
　㈰　給付方法

進学後、原則として毎月1回、本人名義の口座に振り込まれる（通信教育課程に進学する者で、夏季・冬季スクーリングの場合は、面接授業を受ける年度について1回、通年スクーリングの場合は、面接授業を受ける期間について毎月給付される）。

　㈪　給付期間

平成30年4月分（平成30年度進学予定者の場合）から卒業する（修業年限の終期）までの期間である。

　　㈑　給付金額
　㈰　月　額

進学先学校の設置者、通学形態の違いにより異なる。ここでは、大学・短期大学・高等専門学校（4年生）、専修学校（専門課程）の場合について紹介する（なお、社会的養護を必要とする人は、「自宅外通学」の月額が適用される）。[37]

```
国立および公立の場合   自宅通学    2万円
                      自宅外通学   3万円
私立の場合            自宅通学    3万円
                      自宅外通学   4万円
```

　㈪　一時金

社会的養護を必要とする者については、一時金として入学時に別途24万円の交付を受けることができる（一時金は、振込開始月に上乗せして振り込まれ、進学前には振り込まれない）。

37　通信教育課程に進学する人については、日本学生支援機構 HP「給付型奨学金を希望する皆さんへ」〈http://www.jasso.go.jp/shogakukin/kyufu/__icsFiles/afieldfile/2017/04/25/h30annai_kyuhu.pdf〉（平成29年9月30日閲覧）など参照。

(カ) 適格認定

給付奨学生に採用された後も、給付奨学生としての適格性を保ち続ける必要があり、毎年度学力等について給付奨学生としての適格性を審査し、翌年度の奨学金交付の可否等を決定することとなっている。[38]

(キ) 在籍確認

給付奨学生が進学先の大学等に在籍していることを確認するため、インターネットを通じて定期的に在籍状況についての報告を求めることとなっているようであり（7月、10月）、定められた期限までに報告がない場合は、奨学金の交付を止めることとなっている。

(ク) 給付奨学金の返還

学業成績が著しく不振、停学等の学校処分等により交付が打ち切られた場合、交付済みの奨学金について返還を求められる場合がある。

38　①学業成績が著しく不振の場合、②停学等の学校処分を受けた場合、③経済状況の回復が見られる場合（返還は求められない）などは、奨学金の交付を廃止（打ち切り）または一定期間停止とするほか、交付済奨学金の返還を求められることがある。

●事項索引●

〔数字〕

090金融　237
17条決定　→調停に代わる決定
17条書面　99
18条書面　99

〔あ行〕

悪意の受益者　177
新たな債務負担行為の禁止　82
委任契約（書）　45, 74, 81, 96, 119
一部請求　50
一連計算　180
オレオレ詐欺　239

〔か行〕

カード　92
架空請求詐欺　240
合算説　20
過払金の充当　179
過払金返還請求（訴訟）　117, 127, 162, 164, 170
換金屋　238
簡易援助　64
簡裁訴訟代理等関係業務　12, 75
管財事件　206, 214, 216
還付金等詐欺　240
期限の利益の喪失　182
給与・年金等の振込口座　91
給与所得者等再生　186, 192, 195, 200
金銭消費貸借関係書類　92
業務遅滞　48

業務を行い得ない事件　78
クリン　69
クレサラ対協　→全国クレサラ・生活再建問題対策協議会
携帯金融　237
減額報酬　46
個人破産　118, 205
個人民事再生　118, 186, 191
個別額説　20, 133
個別訴訟物説　20
雇用保険　289
口座凍結　248
広告　42
告発　249
国民年金　282

〔さ行〕

債権額説　20, 133
債権者の法的権利行使　83
債権者平等の原則　89
債権調査　96
再生計画　189, 196
再生手続開始の申立て　192
最低生活保障　260
裁判外の和解　18
裁判外の和解の代理権の範囲　19
裁判書類作成関係業務　19, 25, 28, 75
裁判書類作成関係業務の報酬　25, 47
債務額の確定　126
債務整理開始通知　84
債務整理事件における報酬に関する

指針　30
債務整理事件の処理に関する指針　30
債務弁済協定調停　13
事件の選り好み　44
システム金融　238
失念債権の届出　82
指定信用情報機関　66
児童手当　293
児童扶養手当　294
児童福祉制度　295
自動引落し　89
辞任通知　119
支払代行報酬　47
司法書士の職務範囲　81
司法書士倫理　30, 79, 132
社会保障制度　255
受益額説　20, 133
受任通知　83
自由財産　216
自由財産拡張の裁判　216
住宅資金貸付債権　194
住宅資金特別条項　194
奨学金債務　232
奨学金制度　232, 298
所有権留保物件　92
書類作成援助　62
小規模個人再生　186, 192, 195, 199
消滅時効　134, 181, 234
障害年金　286
審査請求　273, 288
信用情報機関　66, 82
生活困窮者自立支援制度　278
生活再建支援　252

生活福祉資金貸付制度　298
生活保護制度　260
成功報酬　46
清算価値保障の原則　186
善管注意義務　26
全国クレサラ・生活再建問題対策協
　　議会　11
総額説　20, 133
相談　18, 54
双方代理の禁止　78
訴訟の目的の価額　12
訴訟費用　185
租税公課　94

〔た行〕
代理　18
代理援助　62
代理人辞任通知　17
多重債務問題改善プログラム　10
短期業者　236
着手金　45
仲裁　18
調査嘱託　159
調停に代わる決定　142, 161
調停に代わる決定に対する異議申立て
　　12, 162
調停前の措置命令の申立て　12, 154
調停を求める事項の価額　12
提携司法書士　38
同時廃止事件　206, 213, 216
特定調停　13, 117, 141, 145
特定調停の代理権　146
特定調停の申立て　146

独立行政法人日本学生支援機構　232
取立行為への対応　88
取引の一連性　176
取引履歴の一部開示　178
取引履歴の開示請求　104
取引履歴の再現による仮計算　173

〔な行〕
日本司法支援センター　61
任意整理　116, 122, 125

〔は行〕
破産　118, 205
破産審尋　230
破産手続開始の申立て　224, 225
被害回復分配金　249
非免責債権　189, 221
物的担保　92
不法原因給付　242
振り込め詐欺　239
文書提出命令　144
紛争の目的の価額　18
分断計算　180
弁済計画　144
弁済原資　92
保証人　92
補足性の原理　261, 265
報酬　45
報酬表　45
法テラス　→日本司法支援センター
冒頭0円スタート計算　174
法律相談援助　63
法63条返還　270

法78条徴収　270
本人確認　95

〔ま行〕
みなし弁済　9, 97, 177
民事再生　118, 186
民事執行停止の申立て　149
民事調停　12
民事調停の代理権　22
民事に関する紛争　18
民事法律扶助　61
免責　217
免責審尋　230
免責許可の申立て　229
免責不許可　211, 217

〔や行〕
ヤミ金融業者　212, 236, 243
融資保証金詐欺　240
預貯金口座　89

〔ら行〕
労災保険　292
老齢年金　282
履行可能性　126
履行の管理　131
利息制限法に基づく引直計算　105

〔わ行〕
和解案の策定　129
和解交渉　130
和解に代わる決定　185

●判例索引●

〔最高裁判所〕

最判昭和30・9・27民集9巻10号1444頁 …………………………………… 137
最判昭和36・12・13民集15巻11号2803頁 ………………………………… 220
最判昭和37・6・13民集16巻7号1340頁 …………………………………… 105
最大判昭和39・11・18民集18巻9号1868頁 …………………………… 3, 97, 105
最判昭和43・11・13民集22巻12号2526頁 ………………………………… 105
最判昭和43・11・21民集22巻12号2726頁 ………………………………… 208
最判昭和46・7・14刑集25巻5号690頁 ……………………………………… 39
最判昭和50・6・27判時785号100頁 ………………………………………… 137
最判昭和55・1・24判時955号529頁 ………………………………………… 181
最判平成11・3・11民集53巻3号451頁 …………………………………… 110
最判平成12・1・28金商1093号15頁 ………………………………………… 222
最判平成15・7・18民集57巻7号895頁 ……………………………… 9, 99, 179, 180
最判平成16・2・20民集58巻2号380頁 ……………………………………… 10
最判平成16・2・20民集58巻2号475頁 …………………………………… 100
最判平成16・3・16民集58巻3号647頁 …………………………………… 269
最判平成17・7・19民集59巻6号1783頁 ……………………………… 100, 103, 174
最判平成17・12・15民集59巻10号2899頁 ……………………………… 100, 103
最判平成18・1・13民集60巻1号1頁 …………………………………… 100, 177, 178
最判平成19・2・13民集61巻1号182頁 ………………………………… 101, 113, 180
最判平成19・6・7民集61巻4号1537頁 ………………………………… 101, 180
最判平成19・7・13民集61巻5号1980頁 ………………………………… 173
最判平成19・7・13集民225号103頁 …………………………………… 101, 112, 177
最判平成19・7・19民集61巻5号2175頁 ………………………………… 102, 181
最判平成20・1・18集民62巻1号28頁 ………………………………… 102, 181, 184
最判平成20・6・10民集62巻6号1488頁 ………………………………… 242
最判平成21・1・22民集63巻1号247頁 ………………………………… 102, 182
最判平成21・4・14集民230号353頁 ……………………………………… 110
最判平成21・7・10民集63巻6号1170頁 ………………………………… 103
最判平成21・9・4集民231号477頁 ………………………………………… 103
最判平成21・9・11集民231号495頁 ……………………………………… 110, 182

最判平成21・9・11集民231号531頁 …………………………………………… 110, 182
最判平成22・4・20民集64巻3号921頁 ……………………………………………… 107
最判平成23・7・14集民237号263頁 ………………………………………………… 103
最判平成23・12・1集民238号189頁 ………………………………………………… 103
最判平成24・2・6刑集66巻4号85頁 ………………………………………………… 135
最判平成25・4・11集民243号303頁 ………………………………………………… 113
最判平成25・7・18集民244号55頁 …………………………………………………… 108
最判平成27・9・15集民250号47頁 …………………………………………………… 162
最判平成28・6・27民集70巻5号1306頁 ………………………… 19, 28, 74, 97, 133

〔高等裁判所〕
東京高決昭和33・7・5金法182号3頁 ………………………………………………… 115
大阪高決昭和35・5・19下民集11巻5号1125頁 ……………………………………… 115
福岡高決昭和52・10・12判時880号20頁 ……………………………………… 115, 215
大阪高決平成2・6・11判時1370号70頁 ……………………………………………… 220
名古屋高判平成9・8・8判タ969号146頁 ……………………………………………… 271
東京高判平成13・1・25消費者法ニュース47号42頁 ………………………………… 110
広島高判平成17・4・6兵庫県弁護士会HP ……………………………………… 176, 179
福岡高宮崎支判平成20・10・24判例集未登載 ………………………………………… 178
東京高判平成24・7・18賃社1570号42頁 ……………………………………………… 271
東京高判平成25・6・19金法2040号82頁 ……………………………………………… 163
大阪高判平成26・5・29民集70巻5号1380頁 …………………………………… 24, 28

〔地方裁判所〕
名古屋地判昭和60・2・8判タ554号281頁 …………………………………………… 112
神戸地判平成元・9・7判時1336号116頁 ………………………………………… 220, 224
大阪地判平成4・8・4判タ794号263頁 ………………………………………………… 222
札幌地判平成6・7・18消費者法ニュース22号31頁 …………………………………… 91
名古屋地判平成8・10・30判タ933号109頁 …………………………………………… 271
東京地判平成11・1・19判タ1049号256頁 …………………………………………… 112
東京地決平成12・5・15金商1119号9頁 ……………………………………………… 215
大分地判平成12・10・17判タ1097号301頁 …………………………………………… 224
福岡地判平成13・3・13判タ1129号148頁 …………………………………………… 139

東京地八王子支判平成16・3・10判例集未登載 ………………………………… 175, 176
広島地判平成16・8・3判例集未登載 …………………………………………… 175, 179
盛岡地遠野支判平成17・6・24兵庫県弁護士会HP ………………………………… 170
大坂地判平成20・12・26判例集未登載 ………………………………………………… 178
東京地判平成23・11・8賃社1553・1554号63頁 ……………………………………… 271
和歌山地判平成24・3・13民集70巻5号1347頁 ………………………………………… 19

〔簡易裁判所〕
佐世保簡判昭和60・9・24判タ577号56頁 …………………………………………… 110
札幌簡判平成10・12・22判タ1040号211頁 …………………………………………… 138
東京簡判平成11・3・19判タ1045号169頁 …………………………………………… 139
宇都宮簡判平成24・10・15金法1968号122頁 ………………………………………… 139

● 執筆者紹介 ●

松村　謙介（まつむら・けんすけ）

略　歴　平成17年司法書士登録（広島司法書士会）、広島司法書士会理事、日本司法書士会連合会中央研修所所員、日本司法書士会連合会多重債務問題対策委員会副委員長を経て、広島司法書士会登記制度検討委員会委員長（現職）、日本司法書士会連合会多重債務問題対策委員会委員長（現職）

（以下、登録年順）

水谷　英二（みずたに・えいじ）

略　歴　昭和58年司法書士登録（愛知県司法書士会）、愛知県司法書士会社会問題委員会委員長、日本司法書士会連合会研究委員会委員を経て、日本司法書士会連合会多重債務問題対策委員会委員（現職）

著書等　『個人民事再生の実務〔全訂増補版〕』（共著、民事法研究会）、『ヤミ金融被害救済の実務』（共著、民事法研究会）、『個人債務整理実務マニュアル』（共著、新日本法規）ほか

外山　敦之（とやま・あつし）

略　歴　平成4年司法書士登録（新潟県司法書士会）、日本司法書士会連合会中央研修所所員、新潟県司法書士会常任理事・副会長を経て、日本司法書士会連合会多重債務問題対策委員会委員（現職）、新潟県司法書士会会長（現職）

著書等　『クレサラ・ヤミ金事件処理の手引〔第3版〕』（共著、民事法研究会）、『個人民事再生の実務〔第3版〕』（共著、民事法研究会）、『実務のための新貸金業法〔第2版〕』（共著、民事法研究会）

黒澤　賢一（くろさわ・けんいち）

略　歴　平成13年司法書士登録（東京司法書士会）、東京司法書士会クレサラ研究室室長を経て、日本司法書士会連合会多重債務問題対策委員会委員（現職）

執筆者紹介

著書等 『クレサラ・ヤミ金事件処理の手引〔第3版〕』（共著、民事法研究会）、『実務のための新貸金業法〔第2版〕』（共著、民事法研究会）

力丸　寛（りきまる・ひろし）

略　歴 平成14年司法書士登録（熊本県司法書士会。平成16年東京司法書士会に登録変更）、東京司法書士会理事、東京司法書士会多重債務・自死問題対策委員会（現自死問題対策委員会）委員長を経て、日本司法書士会連合会多重債務問題対策委員会委員（現職）

著書等 「自己破産　破産と東京地裁の運用の問題（サラ金・商工ローン）」消費者法ニュース79号126頁以下

三田　委永（みた・もとひさ）

略　歴 平成17年司法書士登録（愛知県司法書士会）、全国青年司法書士協議会消費者問題対策委員会委員長、愛知県司法書士会消費者問題対策委員会委員、愛知県司法書士会理事を経て、日本司法書士会連合会多重債務問題対策委員会委員

田端　克彦（たばた・かつひこ）

略　歴 平成22年司法書士登録（群馬司法書士会。平成26年埼玉司法書士会に登録変更）、群馬司法書士会消費者問題委員会委員長を経て、日本司法書士会連合会多重債務問題対策委員会委員

〔編者所在地〕

日本司法書士会連合会

〒160-0003　東京都新宿区四谷本塩町4番37号
☎03-3359-4171(代)　FAX03-3359-4175
http://www.shiho-shoshi.or.jp/

債務整理事件処理の手引

平成29年11月3日　第1刷発行
令和3年6月10日　第2刷発行

定価　本体3,500円＋税

編　者　　日本司法書士会連合会
発　行　　株式会社　民事法研究会
印　刷　　藤原印刷株式会社

発行所　株式会社　民事法研究会
〒150-0013　東京都渋谷区恵比寿3-7-16
〔営業〕TEL 03(5798)7257　FAX 03(5798)7258
〔編集〕TEL 03(5798)7277　FAX 03(5798)7278
http://www.minjiho.com/　info@minjiho.com

落丁・乱丁はおとりかえします。　ISBN978-4-86556-169-2　C3032　¥3500E
カバーデザイン：鈴木　弘

司法書士裁判実務大系シリーズ（全3巻）

司法書士法の解釈と裁判例から導かれる具体的な執務のあり方を示す！

司法書士裁判実務大系 第1巻［職務編］

日本司法書士会連合会　編

Ａ５判・421頁・定価 4,400円（本体 4,000円＋税10％）

　本人訴訟支援および簡裁代理の理論を探究し、司法書士による裁判実務の指針を示すとともに、司法制度における司法書士制度・司法書士法改正の位置づけ、法律相談・法律判断・倫理等の論点に論及！　第2巻［民事編］、第3巻［家事編］において解説される事件類型別の実務の基礎となる考え方がわかる！

民事事件を事件類型別に整理し、あるべき本人支援型の紛争解決の実務指針を示す！

司法書士裁判実務大系 第2巻［民事編］

日本司法書士会連合会　編

Ａ５判・336頁・定価 3,740円（本体 3,400円＋税10％）

　事案の態様に応じた紛争解決手続の選択基準と事件対応に関する基本的な流れを示すとともに、具体的な実務の留意点を書式を織り込み解説！
　改正債権法、働き方改革関連法、改正民事執行法などの民事事件に関連する最新法令・運用に対応！

家事事件を事件類型別に整理し、あるべき本人支援型の紛争解決の実務指針を示す！

司法書士裁判実務大系 第3巻［家事編］

日本司法書士会連合会　編

Ａ５判・422頁・定価 4,180円（本体 3,800円＋税10％）

　書類作成業務を通じた家事審判・調停における事件対応に関する基本的な流れを示すとともに、具体的な実務の留意点を書式を織り込み解説！
　改正相続法、改正民事執行法、後見申立書式の統一などの家事事件に関連する最新法令・運用に対応！

発行　民事法研究会

〒150-0013　東京都渋谷区恵比寿3-7-16
（営業）TEL 03-5798-7257　FAX 03-5798-7258
http://www.minjiho.com/　info@minjiho.com

■加藤新太郎教授推薦！ 和歌山訴訟を踏まえた具体的な執務を提示！

再考
司法書士の訴訟実務

日本司法書士会連合会　編

A 5 判・303頁・定価 3,850円（本体 3,500円＋税10％）

▷▷▷▷▷▷▷▷▷▷▷▷▷▷▷▷▷▷▷ 本書の特色と狙い ◁◁◁◁◁◁◁◁◁◁◁◁◁◁◁◁◁◁◁

▶相談、事件の把握、手続選択、主張立証活動などの留意点を具体事例に即して解説し、簡裁代理および書類作成による本人訴訟支援の執務指針を示す！
▶説明助言義務や送達受取りなどの和歌山訴訟を踏まえた現代的論点にも応える、「司法書士の、司法書士による、司法書士のための」民事訴訟実務の必携書！
▶訴状・証拠説明書・準備書面・陳述書等はもちろん、委任契約書や各種報告書等の記載例も収録しているので実務に至便！
▶「読者は、本書を読み進める中で、訴訟代理で苦労しながらスキルを体得してきた執筆陣が得難くかつ貴重な蓄積を惜しげもなく発信してくれていることに気づかれるであろう」（加藤教授による「推薦の辞」より）。

❖❖❖❖❖❖❖❖❖❖❖❖❖❖❖❖❖ 本書の主要内容 ❖❖❖❖❖❖❖❖❖❖❖❖❖❖❖❖❖

第1章　司法書士の裁判業務――今こそ温故知新
第2章　相　談
第3章　事実認定の構造
第4章　事例にみる事実認定と判断――山本和子事件を題材に
第5章　手続選択
第6章　和　解
第7章　訴状の作成
第8章　期日ごとの対応
第9章　立　証
第10章　判決後の対応
第11章　報　酬

発行　民事法研究会

〒150-0013　東京都渋谷区恵比寿3-7-16
（営業）TEL. 03-5798-7257　FAX. 03-5798-7258
http://www.minjiho.com/　info@minjiho.com

信頼と実績の法律実務書

― 実務に即対応できる好評既刊書！―

2020年10月刊 相続法の大改正や最新の税制改正、法令に対応させ改訂増補！

ケースブック
不動産登記のための税務〔第9版〕
―売買・贈与・相続・貸借から成年後見・財産管理まで―

第9版では、相続法、家事事件手続法の改正および法務局による遺言書の保管等に関する法律の施行により新たに制度化された配偶者居住権、持戻し免除の推定、特別の寄与等の事例や最新の税法と登記実務を収録！

林　勝博・丹羽一幸　編　　編集協力　大崎晴由

（Ａ5判・384頁・定価4400円（本体4000円＋税10％））

2017年8月刊 相手方不動産の探索・調査から価値把握までの手法を詳解！

ケースブック
保全・執行のための不動産の調査
―仮差押え・差押えに活かす探索・調査・評価の実務―

勝訴判決を無価値にしないために、鑑定・評価の基礎知識から各種不動産の探索・調査の実務上の留意点までを活用しやすい142のケースにして解説！　民事裁判の証拠資料収集マニュアルとして活用できる1冊！

不動産鑑定士　曽我一郎　著

（Ａ5判・453頁・定価4620円（本体4200円＋税10％））

2017年9月刊 難解事例に対する理論的・実務的思考のあり方を示唆！

ケースブック
不動産登記実務の重要論点解説〔第2版〕
―問題解決のための思考回路と実務指針―

平成16年改正不動産登記法下の最新の理論上、実務上で判断の難しい多様な事例に対して、高度な専門家である司法書士、土地家屋調査士は、いかにして結論を導き出すべきか、160ケースにわたり鋭く論及した実践的手引書！

林　勝博　編　大崎晴由　監修

（Ａ5判・488頁・定価4730円（本体4300円＋税10％））

2020年5月刊 外国人がかかわる相続登記の基礎知識から実務までがわかる！

ケースブック
渉外相続登記の実務

渉外相続登記に関する適用法令や相続人・相続財産、遺言、添付書面、税務の基礎知識とともに、国・地域ごとの実務上の留意点をＱ＆Ａ方式で解説！　最新の諸外国の法律事情をもとに、13ヵ国の相続登記実務を解説した関係者必携の書！

特定非営利活動法人　渉外司法書士協会　編

（Ａ5判・352頁・定価3960円（本体3600円＋税10％））

発行　民事法研究会

〒150-0013　東京都渋谷区恵比寿3-7-16
（営業）TEL03-5798-7257　FAX 03-5798-7258
http://www.minjiho.com/　　info@minjiho.com

最新実務に役立つ実践的手引書

2020年7月刊 破産管財人の必携書として好評の『破産管財シリーズ』の応用編！

破産管財
ADVANCED
―応用事例の処理方法と書式―

基礎編の『破産管財BASIC』、実践編の『破産管財PRACTICE』をさらにステップアップし、破産財団増殖のための事業譲渡、債権者申立て、業種類型別・財産別の処理、否認権行使のノウハウ等を書式を織り込み徹底解説！

中森　亘・野村剛司　監修　破産管財実務研究会　編著

（Ａ５判・347頁・定価 3960円（本体3600円＋税10％））

2017年2月刊 破産管財人の必携書として好評の『破産管財ＢＡＳＩＣ』の実践編！

破産管財
PRACTICE
―留意点と具体的処理事例―

業種別（第１部）と実務の場面ごと（第２部）に、事務処理上の留意点や直面する悩みへの着眼点、知恵・工夫を網羅！　業種別では、製造業、小売業から整骨院、牧畜業まで種々掲載！

中森　亘・野村剛司　監修　破産管財実務研究会　編著

（Ａ５判・330頁・定価 3740円（本体3400円＋税10％））

2014年2月刊 初動から終結までそのノウハウを徹底公開！

破産管財
ＢＡＳＩＣ
―チェックポイントとＱ＆Ａ―

通常の破産管財実務書では触れられていない実務上の疑問にも答えるとともに破産管財人経験者が、多くの破産管財事件を通じて長年培ってきたノウハウを惜しみなく開示！

中森　亘・野村剛司・落合　茂　監修　破産管財実務研究会　編著

（Ａ５判・494頁・定価 4620円（本体4200円＋税10％））

発行　民事法研究会

〒150-0013　東京都渋谷区恵比寿3-7-16
（営業）TEL 03-5798-7257　FAX 03-5798-7258
http://www.minjiho.com/　info@minjiho.com

会社法改正等の最新法令や新型コロナリスケ実施要領等各種ガイドラインの改定に対応！　判例要旨411件を収録！

コンパクト　倒産・再生再編六法2021
──判例付き──

A5判・並製・731頁・定価4,290円（本体3,900円＋税10％）

編集代表　伊藤　眞／多比羅　誠／須藤　英章
〔編集委員〕土岐敦司／武井一浩／中村慈美／須賀一也／三上　徹

▶再生型・清算型の倒産手続から事業再生、M＆Aまで、倒産・再生・再編手続にかかわる法令・判例等を精選して収録した実務のための六法！　2020年11月1日現在の最新法令！
▶〔倒産法関係編〕民事再生法・会社更生法・破産法等の倒産関係法令・最高裁判所規則のほか、民事再生法（88件）・会社更生法（54件）・破産法（267件）・外国倒産処理手続の承認援助に関する法律（1件）、会社法（1件）には、実務上重要な判例を条文ごとに登載！
▶〔基本法関係編〕株主総会に関する規律や取締役等に関する規律の改正を織り込んだ会社法の改正などを収録！
▶〔関係法令・ガイドライン関係編〕中小企業者を対象とした「新型コロナウイルス感染症特例リスケジュール実施要領」、東日本大震災被災者を対象に含めて改正された「自然災害による被災者の債務整理に関するガイドライン」および新型コロナの特則を新たに収録！

収録法令一覧

倒産法関係編
民事再生法【判例付】／民事再生法施行規則／民事再生規則／会社更生法【判例付】／会社更生法施行規則／会社更生規則／破産法【判例付】／破産規則／外国倒産処理手続の承認援助に関する法律【判例付】／外国倒産処理手続の承認援助に関する規則

基本法関係編
民法（抄）／会社法【判例付】／商法（抄）／民事訴訟法／民事執行法（施行令）／民事保全法／非訟事件手続法／民事調停法／特定債務等の調整の促進のための特定調停に関する法律／特定調停手続規則／裁判外紛争解決手続の利用の促進に関する法律／動産及び債権の譲渡の対抗要件に関する民法の特例等に関する法律／仮登記担保契約に関する法律

関係法令・ガイドライン関係編
産業競争力強化法（抄）／経済産業省関係産業競争力強化法施行規則（抄）／産業競争力強化法第五十四条第一項の経済産業省令・内閣府令で定める基準を定める命令／経済産業省関係産業競争力強化法施行規則第二十九条第一項第一号の資産評定に関する基準／経済産業省関係産業競争力強化法施行規則第二十九条第二項に基づき認証紛争解決事業者が手続実施前に確認を求める事項／特定認証ADR手続に基づく事業再生手続規則／株式会社地域経済活性化支援機構法／債権管理回収業に関する特別措置法／私的整理に関するガイドライン／国、地方公共団体、独立行政法人中小企業基盤整備機構及び認定支援機関が講ずべき支援措置に関

する指針／中小企業再生支援スキーム／中小企業再生支援協議会事業実施基本要領／「中小企業再生支援協議会事業実施基本要領」Q＆A／中小企業再生支援協議会等の支援による経営者保証に関するガイドラインに基づく保証債務の整理手順／「十分な資本的性質が認められる借入金」の活用による再生支援手法について／中小企業再生支援協議会版「資本的借入金」～／経営者保証に関するガイドライン／新型コロナウイルス感染症特例リスケジュール実施要領／自然災害による被災者の債務整理に関するガイドライン／「自然災害による被災者の債務整理に関するガイドライン」を新型コロナウイルス感染症に適用する場合の特則

・倒産関係法事項索引
・判例索引（年月日順）

〒150-0013　東京都渋谷区恵比寿3-7-16
（営業）TEL. 03-5798-7257　FAX. 03-5798-7258
http://www.minjiho.com/　info@minjiho.com

発行　民事法研究会